公路工程养护管理百问

Gonglu Gongcheng Yanghu Guanli Baiwen

王永新　王信棠　主编

人民交通出版社
China Communications Press

内 容 提 要

本书内容共12章，主要包括：公路养护管理、公路养护质量管理、公路养护计划管理、公路养护工程施工管理、公路养护工程施工组织设计、公路养护工程经济管理、公路养护物资机械设备管理、公路养护工程作业安全管理、公路养护工程全面质量管理、农村公路养护管理、公路沿线设施管理、公路机电系统养护管理等。

全书内容全面，解析精练明确，具有很好的实用价值。本书可供从事公路工程管理的技术人员参考或培训用，亦可供高校相关师生学习参考。

图书在版编目(CIP)数据

公路工程养护管理百问/王永新，王信棠主编. —北京：人民交通出版社，2007.8

ISBN 978-7-114-06763-1

I.公… II.①王…②王… III.公路养护-管理-问答 IV.U418.2-44

中国版本图书馆CIP数据核字(2007)第128847号

书　　名：公路工程养护管理百问
著 作 者：王永新　王信棠
责任编辑：师　云
出版发行：人民交通出版社
地　　址：(100011)北京市朝阳区安定门外外馆斜街3号
网　　址：http://www.ccpress.com.cn
销售电话：(010)59757969,59757973
总 经 销：北京中交盛世书刊有限公司
经　　销：各地新华书店
印　　刷：北京凯通印刷厂
开　　本：787×960　1/16
印　　张：16.5
字　　数：274千
版　　次：2007年8月　第1版
印　　次：2008年8月　第2次印刷
书　　号：ISBN 978-7-114-06763-1
印　　数：3501～6500册
定　　价：30.00元

前言 *Preface*

“公路通，经济兴”，公路作为国民经济的重要基础设施，起着推动地区间的经济交流，促进国民经济发展的重要作用。为维持公路运输及再生产连续进行，国家必须对公路进行科学的养护管理，保障公路完好和畅通，提升公路网的公共服务能力，为社会各界提供安全、舒适、畅通的公路交通环境。

公路养护是建设的延续，是一项技术性较强的长期工作。随着我国高等级公路数量的不断增长，社会对公路养护质量的要求也越来越高。根据国家交通部提出的“建养并重，协调发展；深化改革，强化管理；提高质量，保障畅通”公路养护管理指导方针，交通公路部门要正确处理公路建设与养护的关系，坚持“建设、管理、养护”并重，构建科学高效的公路养护管理体制尤为必要。为切实加强公路工程养护管理工作，适应广大公路养护管理人员更新知识、提高业务技能的实际需求，我们借鉴公路养护专家及广大管理人员的公路养护管理经验与科研成果，组织编写了这本《公路工程养护管理百问》。该书采用问答形式，有针对性地、较系统地提出公路养护工程与管理中遇到的常见问题，再用通俗易懂的语言予以解答，全面讲解公路养护工程管理方法。本书可作为公路工程养护管理人员培训及学习用书，亦可给高校相关专业师生提供参考。

本书由王永新、王信棠主编，全书由王信棠统稿。全书共分十二章，第一章公路养护管理由王永新、徐生根编写；第二章公路养护质量管理由王信棠编写；第三章公路养护计划管理由郦晓黎编写；第四章公路养护工程施工管理由王晖编写；第五章公路养护工程施工组织设计由余泉编写；第六章公路养护工程经济管理由陈海峰编写；第七章公路养护物资机械设备管理由孙振华编写；第八章公路养护工程作业安全管理由王辉编写；第九章公路养护全面质量管理由刘增永编写；第十章农村公路养护管理由周怀治、王辉编写；第十一章公路沿线设施管理由刘毅、何伟南编写；第十二章公路机电系统养护管理由周怀治编写。

本书在编写时浙江省交通厅、浙江省公路局对本书的编写大纲和主要内容给予悉心的审查，在编写过程中参考和引用了有关的管理文件和著作中的部分内容，在此向这些同仁和作者一起表示感谢。

限于编写的水平和时间，书中难免有不足和疏漏之处，敬请各位读者给予谅解并批评指正，意见可寄至绍兴市公路管理处（邮编312000）。

编　者

2007 年 6 月

目 录 *Contents*

第一章　公路养护管理…………………………………………………… 1

第一节　公路养护管理基本概念………………………………………… 1

1. 什么是公路？其基本组成有哪些？ ……………………………… 1

2. 公路等级分为哪几类？ ……………………………………………… 1

3. 什么是公路养护？公路养护的一般内容有哪些？ ………………… 1

4. 公路养护工程管理工作的原则是什么？ …………………………… 2

5. 公路养护管理依据有哪些？ ………………………………………… 2

6. 公路养护管理的作用是什么？ ……………………………………… 2

7. 公路养护的目的和基本任务是什么？ ……………………………… 3

8. 公路养护的特点是什么？ …………………………………………… 4

9. 公路养护工程的分类有哪些？ ……………………………………… 4

10. 公路养护管理应采取的措施是什么？ ……………………………… 4

11. 我国公路养护工程管理的组织机构是如何设置的？ ……………… 7

12. 公路养护工程管理中各级公路管理机构职责是什么？ …………… 7

13. 公路养护定期检查的目的与内容是什么？ ………………………… 8

14. 公路养护经费管理的原则是什么？ ………………………………… 9

15. 养护工程检查与验收评定有哪些内容与要求？ …………………… 9

第二节　公路养护技术管理 …………………………………………… 10

16. 公路养护管理的技术政策是什么？ ……………………………… 10

17. 公路养护技术措施应遵循的原则是什么？ ……………………… 10

18. 公路养护技术管理一般规定有哪些？ …………………………… 11

19. 公路养护工程的技术管理工作主要内容有哪些? …… 11
20. 什么是交通量,如何进行调查? …… 12
21. 公路交通情况调查的目的、内容与要求什么? …… 13
22. 交通量观测站点设置原则有哪些? …… 14
23. 连续式交通量观测站点的设置要求有哪些? …… 15
24. 间隙式交通量观测站点的设置要求有哪些? …… 16
25. 交通量换算的概念及如何换算? …… 16
26. 如何进行车速调查与观测? …… 17
27. 什么是 OD 调查? OD 调查的目的是什么? …… 18
28. OD 调查点选择的要求是什么? …… 18
29. OD 调查的方法有哪些? …… 19
30. 四类交通量比重调查的目的与规定有哪些? …… 19
31. 轴载调查的目的与计算方法有哪些? …… 20
第三节 公路信息化管理 …… 20
32. 公路养护信息化管理的作用是什么? …… 20
33. 什么是公路信息编码和公路数据库? …… 21
34. 什么是公路调查? 什么是路况登记? …… 21
35. 公路路况登记的内容与要求是什么? …… 21
36. 什么是公路养护管理系统? …… 22
37. 什么是路面养护管理系统? …… 24
38. 路面养护管理系统的结构是怎样的? …… 24
39. 什么是桥梁养护管理系统? …… 26
40. 桥梁养护管理系统一般包括哪些内容? …… 26
41. 桥梁养护管理系统的工作流程是怎样的? …… 26
42. 桥梁养护管理系统结构是怎样的? …… 26
第二章 公路养护质量管理 …… 28
第一节 普通公路养护质量检查与评定 …… 28
43. 公路养护质量考核的要求是什么? …… 28
44. 公路养护质量等级如何进行检查与评定? …… 28
45. 什么是公路好路率? …… 29
46. 公路养护质量路面评分的标准是什么? …… 29
47. 公路养护质量路基构造物的评分标准是什么? …… 31
48. 公路养护质量桥涵隧道的评分标准是什么? …… 31

49. 公路养护质量沿线设施的评分标准是什么？ …………………… 32
50. 公路养护质量绿化的评分标准是什么？ ……………………… 32
51. 公路养护质量检查有哪些规定？ ……………………………… 32
52. 什么是公路养护质量综合值，如何计算？ …………………… 33
第二节　农村公路养护质量检查与评定 ……………………… 34
53. 如何对农村公路养护质量等级进行检查评定？ …………… 34
第三节　高速公路养护质量检查与评定 ……………………… 35
54. 高速公路养护质量要求是什么？ …………………………… 35
55. 高速公路养护质量指数 MQI 是如何确定的？ …………… 35
56. 高速公路养护质量的检测方法有哪些？ …………………… 42
57. 高速公路养护质量评定方法有哪些规定？ ………………… 43

第三章　公路养护计划管理 ……………………………………… 45

第一节　公路养护计划管理 …………………………………… 45
58. 什么是公路养护计划管理？编制公路养护计划的作用是什么？ …………………………………………………… 45
59. 公路养护工程计划的编制原则是什么？ …………………… 45
60. 公路养护计划管理的主要任务是什么？ …………………… 46
61. 公路养护计划管理的内容有哪些？ ………………………… 46
62. 公路养护工程经费的来源有哪些？收费公路的养护工程费来源有哪些？ ……………………………………………… 47
63. 如何编制公路大、中修年度计划？ ………………………… 48
64. 如何编制公路小修保养年度计划？ ………………………… 49
第二节　公路养护统计管理 …………………………………… 49
65. 公路养护统计工作的任务是什么？ ………………………… 49
66. 公路养护统计工作的内容是什么？ ………………………… 49

第四章　公路养护工程施工管理 ……………………………… 53

第一节　建设市场管理 ………………………………………… 53
67. 建设市场的主体有哪些？ …………………………………… 53
68. 什么是项目法人责任制？ …………………………………… 53
69. 项目法人资格标准是什么？ ………………………………… 53
70. 公路养护工程市场管理的原则是什么？ …………………… 54
71. 公路养护工程市场准入实行什么制度？ …………………… 54

72. 如何申报公路养护工程资质? …… 55
73. 公路养护工程从业单位的资质如何划分? …… 55
74. 申请一类公路养护工程从业资质的从业单位应具备哪些条件? …… 55
75. 申请二类公路养护工程从业资质的从业单位应具备哪些条件? …… 56
76. 如何进行公路养护工程从业资质评定与管理? …… 57
77. 公路建设从业单位有哪些义务? …… 58
78. 施工图设计审查包括哪些主要内容? …… 58
79. 施工图设计文件审批应提供哪些材料? …… 58
80. 项目施工需要具备哪些条件? …… 59
81. 项目法人在申请施工许可时应提交哪些材料? …… 59
82. 对于转包、分包如何规定? …… 59
第二节 养护工程施工招标投标管理 …… 60
83. 招标的养护工程项目应具备哪些条件? …… 60
84. 可自行办理养护施工招标事宜的招标人应当具备哪些条件? …… 60
85. 公路养护工程有哪些招标方式? …… 60
86. 公路养护工程公开招标包括哪些程序? …… 60
87. 公路养护工程邀请招标包括哪些程序? …… 61
88. 什么是招标资格审查? …… 61
89. 招标人发售的资格预审文件应包括哪些主要内容? …… 61
90. 投标人递交的资格预审文件应包括哪些主要内容? …… 62
91. 什么是工程量清单?工程量清单的作用是什么? …… 62
92. 公路养护工程招标文件的主要内容有哪些? …… 62
93. 公路养护工程投标文件的主要内容有哪些? …… 63
94. 评标委员会由哪些人员组成? …… 63
95. 公路养护工程施工招标的评标方法有哪些,有何区别? …… 63
96. 什么情况下作废标处理? …… 64
97. 公路养护工程评标、定标原则是什么? …… 64
98. 评标报告应当包含哪些内容? …… 64
99. 如何选定中标人? …… 65
第三节 设计变更管理 …… 65
100. 什么是设计变更? …… 65
101. 设计变更可分哪几类? …… 65

102. 申请设计变更应提交哪些材料？ …… 65
103. 设计变更的设计内容由什么单位承担？ …… 66
104. 设计变更审报应提交哪些材料？ …… 66
105. 设计变更部分的施工由什么单位承担？ …… 66
106. 设计变更的费用由谁承担？ …… 66
第四节　合同管理 …… 67
107. 合同管理包括哪些主要内容？ …… 67
108. 公路养护工程合同包括哪些主要条款？ …… 67
109. 公路养护工程合同由哪几部分组成？ …… 68
110. 施工承包合同包括哪些内容？ …… 68
111. 公路养护工程合同如何计量？ …… 68
112. 工程变更价款如何计算？ …… 69
第五节　现场施工管理 …… 69
113. 施工项目管理分哪几个阶段？ …… 69
114. 施工项目管理各阶段的主要工作是什么？ …… 69
115. 施工项目管理采用什么方法？ …… 70
116. 边通车边施工的项目如何做好施工项目管理？ …… 71
117. 施工项目需要建立哪些管理制度？ …… 71
118. 施工前技术准备工作的内容和任务是什么？ …… 72
119. 施工技术管理的任务是什么？ …… 72
120. 施工技术管理包括哪些主要内容？ …… 72
121. 现场技术组织措施有哪些？ …… 73
122. 图纸会审的内容有哪些？ …… 73
123. 技术交底方式有哪些？ …… 74
124. 技术交底包括哪些主要内容？ …… 74
125. 施工日记和施工记录包括哪些主要内容？ …… 74
126. 工程质量事故如何定义？ …… 75
127. 工程质量事故如何分类、标准是什么？ …… 75
128. 质量事故书面报告包括哪些内容？ …… 76
129. 发生重大质量事故的现场如何保护？ …… 76
第六节　公路养护工程竣(交)工验收管理 …… 77
130. 公路养护工程验收分哪两个阶段？各阶段由谁负责组织？ …… 77
131. 公路养护工程竣(交)工验收的依据是什么？ …… 77
132. 交工验收应具备哪些条件？ …… 77

133. 交工验收的主要工作内容有哪些？ …………………………… 78
134. 参加交工验收单位的主要职责是什么？ ………………………… 78
135. 工程质量如何评定？ ………………………………………… 78
136. 竣工验收应具备哪些条件？ …………………………………… 79
137. 竣工验收的主要工作内容有哪些？ …………………………… 79
138. 竣工验收委员会由哪些人组成？ ……………………………… 80
139. 参加竣工验收工作各方的主要职责是什么？ ………………… 80
140. 竣工验收工程质量如何评定？ ………………………………… 80
141. 什么是施工项目结算？ ……………………………………… 81
142. 施工项目结算有哪些具体的结算项目？ ……………………… 81
第七节　竣工文件归档管理 ……………………………………… 82
143. 公路养护工程归档文件材料的收集原则是什么？ …………… 82
144. 公路养护工程竣工归档文件材料的整理有哪些要求？ ……… 82
145. 案卷包括哪些部分？各部分的内容由哪些项目组成？ ……… 83
146. 公路养护工程竣工图归档应符合哪些要求？ ………………… 84

第五章　公路养护工程施工组织设计 ………………………… 85

第一节　公路养护工程施工组织设计 …………………………… 85
147. 公路养护工程基本建设程序是怎样的？ ……………………… 85
148. 公路养护大中修工程建设基本程序怎样的？ ………………… 88
149. 公路养护工程施工工序是怎样的？ …………………………… 88
150. 公路养护工程施工组织设计的主要内容有哪些？ …………… 92
151. 公路养护工程施工组织设计的任务是什么？ ………………… 92
152. 公路养护工程施工组织设计的编制依据有哪些？ …………… 93
153. 公路养护工程施工组织设计的编制程序是怎样的？ ………… 93
154. 公路养护工程施工组织设计的阶段与文件组成有哪些？ …… 94
155. 公路养护工程施工过程是如何划分的？ ……………………… 95
156. 公路养护工程施工过程的组织原则是什么？ ………………… 96
157. 公路养护施工过程时间组织的类型有哪些？ ………………… 97
158. 施工过程时间组织的基本作业方法及具体应用方式有哪些？ … 97
159. 流水作业图的形式有哪些？ …………………………………… 99
160. 流水作业图作图要点有哪些？ ……………………………… 100
第二节　公路养护施工进度计划 ……………………………… 101
161. 施工进度计划编制的作用是什么？ ………………………… 101

162. 施工进度图分为哪几种？ …………………………………… 101
163. 编制施工进度计划的依据有哪些？ ……………………………… 103
164. 编制施工进度计划的主要步骤有哪些？ ………………………… 103
165. 如何选择施工方法？ ………………………………………… 105
166. 如何正确选择施工机(械)具？ ……………………………… 106
167. 安排施工顺序的原则有哪些？ ………………………………… 107
168. 如何进行施工进度计划的检查与调整？ ………………………… 108
第三节　公路施工平面图…………………………………………… 109
169. 施工平面图布置的原则要求是什么？ ………………………… 109
170. 施工平面图布置的依据有哪些？ ……………………………… 110
171. 施工平面图的类型有哪些？ ………………………………… 110
172. 施工总平面图布置的内容有哪些？ …………………………… 111
第四节　公路网络计划…………………………………………… 111
173. 网络计划的概念是什么？ …………………………………… 111
174. 网络计划技术有哪几类？ …………………………………… 112
175. 网络计划技术的特点有哪些？ ………………………………… 113
176. 什么是双代号网络计划？ …………………………………… 114
177. 什么是双代号时标网络计划？ ………………………………… 115
178. 什么是单代号网络计划？ …………………………………… 116
179. 网络计划优化的概念是什么？ ………………………………… 117
180. 如何对网络计划的工期进行优化？ …………………………… 118
181. 如何对网络计划的工期—资源进行优化？ ……………………… 118
182. 如何对网络计划的工期—成本进行优化？ ……………………… 119
183. 如何用网络计划法编制施工进度计划？ ………………………… 120
184. 施工中如何对网络进度计划进行检查？ ………………………… 123
185. 施工中如何对网络进度计划进行调整？ ………………………… 124
第六章　公路养护工程经济管理………………………………………… 125
第一节　公路养护工程定额管理…………………………………… 125
186. 什么是公路工程定额？ ……………………………………… 125
187. 公路工程定额主要有哪些？分别有哪些用途？ ………………… 126
188. 什么是公路养护工程定额？ ………………………………… 126
189. 公路养护工程预算的作用是什么？ …………………………… 126
190. 公路养护工程预算编制依据是什么？与建设工程定额有

什么主要区别？ …… 127
第二节 公路养护工程财务管理 …… 127
191. 什么是公路财务管理？ …… 127
192. 公路财务管理的任务有哪些？ …… 127
193. 公路财务管理的原则是什么？ …… 128
194. 公路养护资金如何筹集？ …… 129
195. 什么是财政预算拨款？ …… 130
196. 什么是专用基金？ …… 131
197. 专用基金管理原则是什么？ …… 131
第三节 公路养护工程成本管理 …… 131
198. 什么是公路养护工程成本？ …… 131
199. 公路养护工程成本主要包括那些内容？ …… 132
200. 公路养护工程成本管理的任务是什么？ …… 132
201. 公路养护工程成本管理的要求有哪些？ …… 133
202. 公路养护工程成本管理有哪几大环节？ …… 133
203. 什么是成本预测？ …… 134
204. 什么是工程成本计划？ …… 134
205. 什么是成本控制？ …… 134
206. 什么是成本分析？ …… 134
207. 成本分析的方法有哪些？ …… 135
208. 什么是成本核算？ …… 135
209. 成本核算的任务是什么？ …… 136
210. 公路小修保养、养护工程成本是由哪些部分组成？ …… 136
211. 公路小修保养成本核算的方法是什么？ …… 137
212. 从公路部门来说，要降低工程成本应做好哪些方面？ …… 137
第四节 公路养护班组经济管理 …… 139
213. 公路养护道班（公路站）组成和作用是什么？ …… 139
214. 什么是班组经济核算制？ …… 140
215. 班组经济核算的内容和指标是什么？ …… 140
216. 如何有效的进行班组经济核算？ …… 141
217. 道班（公路站）财务管理任务是什么？ …… 141
218. 道班（公路站）财务管理的原则要求是什么？ …… 141
219. 道班经济核算的目的和任务是什么？ …… 142
220. 如何进行道班（公路站）经济核算？ …… 142

第五节　公路养护固定资产管理…………………………………………… 142
221. 什么是固定资产？ ………………………………………………… 142
222. 固定资产具有哪些特点？ ………………………………………… 143
223. 什么是固定资产计价？ …………………………………………… 143
224. 固定资产常用计价方法有哪些？ ………………………………… 144
225. 什么是固定资产折旧？ …………………………………………… 144
226. 固定资产计算折旧的范围和依据是什么？ ……………………… 145
227. 固定资产折旧的计算方法有哪些？ ……………………………… 146
228. 如何对固定资产进行有效的日常管理？ ………………………… 148
229. 什么是流动资金？流动资产可分哪几类？ ……………………… 149

第七章　公路养护物资机械设备管理………………………………………… 151

第一节　公路养护物资管理…………………………………………………… 151
230. 什么是施工企业的物资管理？ …………………………………… 151
231. 施工企业物资管理包括哪些内容？ ……………………………… 151
232. 制定物资消耗定额的基本方法是什么？ ………………………… 151
233. 如何确定公路养护物资的需要量？ ……………………………… 153
234. 什么是物资库场管理,其作用和主要内容有哪些？ …………… 153
235. 什么是物资储备定额,如何分类？ ……………………………… 154
236. 编制物资计划的原则和要求？ …………………………………… 155
237. 物资计划的实施要求？ …………………………………………… 156
238. 如何做好公路养护物资储备工作？ ……………………………… 156
239. 如何做好料场物资的保管？ ……………………………………… 156
第二节　公路养护机械设备管理……………………………………………… 158
240. 根据现行《公路养护技术规范》要求,公路养护每百公里需
配备哪些养护机械？ ………………………………………………… 158
241. 机械设备管理的任务是什么？ …………………………………… 166
242. 机械化施工计划的内容是什么？ ………………………………… 166
243. 什么是机械作业计划？机械作业计划与年度计划的主要
区别是？ ……………………………………………………………… 167
244. 什么是机械设备的大修理基金？ ………………………………… 167
245. 什么是机械设备的“三定”制度？实行“三定”制度的优点
是什么？ ……………………………………………………………… 168
246. 如何统计机械数量和能力？ ……………………………………… 169

247. 如何统计机械设备装备程度? …… 169
248. 如何统计机械设备的效率? …… 170
249. 如何统计机械化程度? …… 171
250. 如何统计机械设备的利用率和完好率? …… 171
251. 如何统计机械设备新度系数? …… 172
252. 机械改装的要求是什么? …… 172
253. 哪些机械可以更新? …… 172
254. 报废设备应符合什么条件? …… 173
255. 机械设备的事故如何定性? …… 173
256. 机械设备的事故如何分类? …… 174
257. 如何做好机械事故的预防工作? …… 174
258. 机械设备的事故如何处理? …… 175

第八章　公路养护工程作业安全管理 …… 176

259. 什么是安全生产责任制度? …… 176
260. 施工项目如何进行安全控制? …… 176
261. 施工项目安全生产有哪些管理制度? …… 176
262. 施工安全管理有哪些基本要求? …… 177
263. 什么是"三级"安全教育? …… 177
264. 项目经理对安全事故如何处理? …… 177
265. 如何预防安全事故? …… 178
266. 公路应急预案主要分哪几类?其主要内容包括哪些? …… 178

第九章　公路养护工程全面质量管理 …… 180

第一节　公路养护工程全面质量管理 …… 180
267. 什么是质量管理? …… 180
268. 全面质量管理包含哪些基本思想? …… 180
269. 全面质量管理基本方法有哪些? …… 181
270. PDCA 循环特点有哪些? …… 181
271. 什么是质量保证? …… 183
272. 什么是质量反馈? …… 183
273. 公路养护工程质量是怎么形成的? …… 183
274. 公路建设的质量保证体系是什么? …… 183
275. 公路养护全面质量管理应做哪些基础工作? …… 183

276. 施工准备阶段的质量管理包括哪几个方面的内容？ ········ 184
277. 什么是施工过程的质量管理？ ···················· 185
278. 施工过程质量管理的主要内容有哪些？ ·············· 185
279. 施工过程质量管理的依据有哪些？ ·················· 185
280. 质量分项管理是怎么划分的？ ······················ 186
281. 施工过程中质量管理的基本方法有哪些？ ············ 186
第二节 公路养护工程质量管理常用统计方法 ················ 187
282. 质量管理常用统计方法有哪些？ ···················· 187
283. 什么是质量管理排列图？ ·························· 187
284. 排列图的作法是怎样的？ ·························· 187
285. 排列图一般有什么用途？ ·························· 188
286. 排列图的应用应注意事项有哪些？ ·················· 188
287. 什么是质量因果分析图？ ·························· 188
288. 因果分析图的作法是怎样？ ························ 188
289. 什么是质量管理调查表？ ·························· 189
290. 调查表根据调查目的有几种格式？ ·················· 189
291. 什么是质量管理分层分析法？ ······················ 189
292. 什么是质量管理直方图？ ·························· 189
293. 频数分布直方图的步骤是怎样的？ ·················· 190
294. 什么是管理图？ ·································· 190
295. 绘制管理图的基本方法是什么？ ···················· 190
296. 管理图中判定异常情况的原则有哪些？ ·············· 191
297. 什么是相关分析图？ ······························ 191
第十章 农村公路养护管理 ································ 192
298. 农村公路的概念和范畴是什么？ ···················· 192
299. 农村公路养护管理体制是什么？ ···················· 192
300. 农村公路的养护管理模式可以有哪些？ ·············· 193
301. 农村公路养护工程招投标如何开展？ ················ 195
302. 农村公路养护资金渠道有哪些？ ···················· 195
303. 如何加强农村公路养护资金使用管理？ ·············· 196
304. 农村公路养护财务管理应包括哪些内容？ ············ 196
305. 农村公路养护机械设备管理有哪些内容？ ············ 197
306. 如何对养护人员实行合同管理？ ···················· 198

307. 如何实现农村公路管养分离,推进公路养护市场化? ········ 199
308. 农村公路的养护技术档案应包括哪些内容? ················ 200

第十一章　公路沿线设施管理 ······························ 201

第一节　交通标志 ·· 201
309. 什么是公路交通标志? ································ 201
310. 公路交通标志的设置目的是什么? ······················ 201
311. 公路交通标志设置的基本要求有哪些? ·················· 201
312. 交通标志的设置原则有哪些? ·························· 202
313. 公路交通标志分为哪几类? ···························· 203
314. 公路交通标志的类别特征是什么? ······················ 203
315. 公路交通标志的三要素是什么? ························ 204
316. 道路施工安全标志分哪几类,各有什么作用? ·············· 204
317. 关于施工警告灯号有何规定? ·························· 205
318. 如何正确使用辅助标志? ······························ 205
319. 如何规范使用可变信息标志? ·························· 206
320. 交通标志版面布置的要求是什么? ······················ 206
321. 交通标志按设置方式有几种? ·························· 207
322. 交通标志如何选择支撑方式? ·························· 207
323. 交通标志反光材料有哪些种类,其性能作何要求? ·········· 208
324. 交通标志如何选用材料? ······························ 208
325. 公路交通标志的管理维护要求有哪些? ·················· 209
326. 交通标志板的形状、尺寸及外观质量有何要求? ············ 210
327. 对交通标志进行质量检验评定时应掌握的基本要求
是什么? ·· 210

第二节　交通标线 ·· 211
328. 什么是公路交通标线? ································ 211
329. 路面标线涂料是如何分类的? ·························· 211
330. 哪些公路必须设置反光标线? ·························· 211
331. 道路交通标线按设置方式如何分类? ···················· 211
332. 公路交通标线按功能如何分类? ························ 211
333. 公路交通标线按形态如何分类? ························ 212
334. 公路交通标线的标划如何区分? ························ 212
335. 一般路段交通标线的设置原则有哪些? ·················· 213

336. 特殊路段的交通标线的设置原则有哪些？ …………………… 213
337. 公路平交路口标线的设置原则有哪些？ ……………………… 214
338. 互通式立体交叉、服务区、停车区出入口交通标线设置原则有哪些？ ………………………………………………………… 214
339. 突起路标的设置原则有哪些？ …………………………………… 215
340. 如何设置高速公路交通标线？ …………………………………… 215
341. 高速公路哪些部位应设置立面标记？ ………………………… 216
342. 高速公路如何设置视线诱导标？ ……………………………… 216
343. 交通标线施工的要求是什么？ ………………………………… 216
344. 标线施工具有哪些特殊性？ …………………………………… 217
345. 交通标线施工应把握的“三性一度”是指什么？ ……………… 217
346. 如何正确选用交通标线材料？ ………………………………… 218
347. 常温型涂料标线的缺陷有哪些，如何解决？ ………………… 218
348. 热熔型标线的缺陷有哪些，如何解决？ ……………………… 220
349. 如何安全使用公路涂料及其底漆和稀释剂？ ………………… 223
350. 热熔型涂料使用时应注意哪些事项？ ………………………… 224
351. 如何安全使用标线施工用的 LP 气(液化石油气)？ ………… 225
352. 如何落实标线施工安全管理？ ………………………………… 225
353. 路面标线的维护管理包括哪些内容？ ………………………… 226
第三节 公路其他设施管理………………………………………………… 227
354. 公路安全设施的实施原则是什么？ …………………………… 227
355. 哪些路段应设置安全设施？ …………………………………… 227
356. 护栏防护等级有哪些？ ………………………………………… 229
357. 各级护栏适用条件是什么？ …………………………………… 229
358. 根据不同的路段情况，护栏该如何设置？ …………………… 229
359. 哪些路段应设置避险车道？ …………………………………… 230
360. 公路安全设施的实施步骤怎样？ ……………………………… 230
361. 公路安全设施养护有哪些内容？ ……………………………… 232
第四节 公路交叉的管理…………………………………………………… 232
362. 平面交叉改善一般有哪些规定？ ……………………………… 232
363. 公路与公路平面相交有哪些要求？ …………………………… 233
364. 在公路上增设平面交叉道口应报哪些资料？ ………………… 237
365. 公路与铁路平面相交有哪些要求？ …………………………… 237
366. 公路与乡村道路平面相交有哪些要求？ ……………………… 237

367. 公路与沿线单位出入道路平面相交有哪些要求？ ………… 238
368. 公路与架空送电线相交有哪些要求？ …………………… 238
369. 公路与原油、天然气输送管道相交有哪些要求？ ………… 238

第十二章　公路机电系统养护管理……………………………………… 240

370. 公路机电系统包含哪些子系统？ ……………………… 240
371. 机电系统的维护应遵循哪些基本要求？ ………………… 240
372. 机电系统维护的一般规定是什么？ ……………………… 240
373. 机电系统的管理包括哪些主要内容？………………………… 241
374. 机电系统的维护包括哪些主要内容？ ……………………… 241
375. 监控系统是由哪些部分组成的？维护的一般规定是什么？ …… 242
376. 收费系统维护的包括哪些内容？ ………………………… 243
377. 通信系统维护的一般规定是什么？ ……………………… 243
378. 公路沿线的专用变配电设施主要由哪些部分组成？ ……… 243

参考文献………………………………………………………………… 244

第一章

公路养护管理

第一节　公路养护管理基本概念

1. 什么是公路？其基本组成有哪些？

答：公路是指按国家现行的《公路工程技术标准》修建的联结城乡间、乡间可供汽车行驶的公共道路。

公路主要由：路基、路面、桥梁、涵洞、渡口码头、隧道、绿化、通信、照明等设施及其他沿线设施组成。

2. 公路等级分为哪几类？

答：根据我国现行《公路工程技术标准》，公路根据功能和适应的交通量分为五个技术等级：高速公路、一级公路、二级公路、三级公路、四级公路。

根据行政等级，公路可分为：国道、省道、县道、乡道和村道。

3. 什么是公路养护？公路养护的一般内容有哪些？

答：公路养护是保证公路的正常使用而进行的经常性保养、维修、预防和修复灾害性损坏，以及为提高使用质量和服务水平而进行的大中修、加固、改建。

公路养护的一般内容包括：

(1)路基工程养护；

(2)路面工程养护；

(3)桥涵、隧道、渡口及交叉工程养护;

(4)沿线设施及绿化养护。

4. 公路养护工程管理工作的原则是什么?

答:公路养护工程管理工作实行“统一领导,分级管理”的原则。

国务院交通主管部门主管全国公路养护工程的管理工作。

省级交通主管部门主管本行政区域内公路养护工程的管理和监督工作。公路养护工程的具体管理工作,根据省级人民政府交通主管部门的授权,以及目前各级公路管理机构的职责分工,由县级以上人民政府交通主管部门设置的公路管理机构负责。

企业经营的收费公路,其养护工程由经营企业根据省级人民政府交通主管部门授权的省级公路管理机构提出的公路服务质量指标,安排资金组织实施,省级公路管理机构或受其委托的地市级公路管理机构负责监督。

乡道养护工程的管理工作,由乡(镇)人民政府负责,县级交通主管部门或受其委托的县(市)级公路管理机构负责行业管理和技术指导。

5. 公路养护管理依据有哪些?

答:公路养护管理依据主要有:《中华人民共和国公路法》、《中华人民共和国公路管理条例》、《中华人民共和国公路管理条例实施细则》,交通部《公路桥梁养护管理工作制度》、《关于加强公路绿化工作若干意见》、《公路渡口管理规定》、《公路养护技术规范》、《公路水泥混凝土路面养护技术规范》、《公路沥青路面养护技术规范》、《公路桥涵养护规范》、《公路隧道养护规范》、《公路养护安全作业规程》、《收费公路管理条例》等。

6. 公路养护管理的作用是什么?

答:公路养护管理的作用如下。

(1)及时了解并正确评价公路的状况及服务水平,及时安排公路的小修保养、大中修工程及改建工程,保障公路的良好行车环境。通过调查建立相应的技术状况数据库,为公路的养护管理提供完整、科学的技术数据,并将数据分析处理后为决策服务。

(2)预防公路及其附属设施病害的发生,适时处理出现的损坏,防止微小病害的进一步扩大,尽可能延长公路及其附属设施的使用寿命,延缓大中修周期。

(3)及时发现并弥补因各种原因造成的公路及其设施的缺陷。一般来说,

公路投入使用后，在实际使用中经常会出现排水不畅、边坡滑塌、路基沉降、桥头跳车等方面的缺陷，这些缺陷可通过公路养护加以弥补，并逐步完善公路的使用和服务功能。因此说公路养护是对公路建设的补充与完善。

7. 公路养护管理的目的和基本任务是什么?

答:公路养护管理的目的是为了经常保持公路及其附属设施处于良好的技术状态，从而保障车辆安全、经济、舒适地运行。它的基本任务包括以下内容。

(1)根据《中华人民共和国公路法》，交通部颁布的公路养护技术规范、作业规程，以及各级公路管理部门制订的有关管理办法，制订养护工作指导书。

(2)养护工作的实施应遵循“全面养护、科学管理、预防为主、防治结合、保障畅通”的方针，认真执行国家和交通主管部门所规定的技术规范和操作规程。

(3)养护工作的主要职责是采取正确有效的技术措施和科学先进的管理办法，加强维修保养，及时维修损坏的路产设施，保持公路及其沿线设施的完好，保障公路的畅通。

(4)加强基建项目的组织和管理，严格基建程序，保证工程质量和工期，降低工程造价。采取正确的技术措施，提高养护质量，延长公路及设施的使用寿命。

(5)治理病害和隐患，逐步提高抗灾能力，做好灾毁修复工程和交通战备路桥保障工作。

(6)对达不到技术标准和影响使用的路段、构造物及沿线设施，应进行分期改建和增建，逐步提高其使用质量和服务水平。

(7)及时作出预测，采取预防性养护措施，减少各种灾害造成的损失。

(8)坚持机械化养护为主，确保公路及其沿线设施迅速得到养护与维修。

(9)认真执行交通部关于桥涵的管理制度，加强桥涵的检测、维修、加固和改建。

(10)依靠科技养护，积极采用新技术、新工艺、新材料和先进的管理方法，提高养护技术水平。

(11)重视环境保护，搞好所辖路段的绿化、美化，保护沿线景观和文物古迹，防止环境污染，治理水土流失，营造“畅、洁、绿、美”的交通环境。

(12)对养护过程中出现的新现象、新问题积极开展科学研究，采取必要的技术手段，如检测、试验等，对出现的新情况分析其产生的原因，并对其产生的后果进行定量、定性分析，采取科学、经济、有效的预防和修复措施，效果明显的予以推广。

(13)逐步采用现代化、科学化的管理措施与技术措施,建立相应的数据库,提高养护管理水平,延长公路的使用寿命。

8. 公路养护管理的特点是什么?

答:公路养护管理具有以下特点。

(1)养护实施的地域性、季节性。不同的地域、不同的季节,公路养护具有不同的工作特点。

(2)养护对策的预防性。公路养护管理的特点在于预防为主、防治结合。加强预防性养护,一是可避免由于公路失养带来的安全性损失,二是补充完善设计和施工中的不足和缺陷,消除潜在的隐患,延长公路及其附属设施的使用寿命,延缓大(中)修周期,降低公路的养护成本。

(3)养护管理的科学性。一要制定科学的养护方针:日常维修与集中整治相结合;维修作业与病害根治相结合;有计划地安排大中修工程;严格按规定进行养护作业,确保养护质量。二要建立完善的规章制度,确保养护规范化,做到职责明确,责任落实。三要加大科技投入,加强对新技术、新材料、新工艺的推广应用。

(4)养护手段的逐渐机械化。针对公路养护的线长、面广、突发性事件频繁,要确保公路的畅通,必须逐渐建立以机械为主、人工为辅的机械化养护队伍,走机械化养护的道路,这在高等级公路养护中尤为重要。

9. 公路养护工程的分类有哪些?

答:公路养护工程有如下分类。

(1)按养护对象及部位分类,可划分为路面养护、路基养护、桥梁养护、涵洞养护、隧道养护、沿线设施养护、绿化养护等。这种分类具有单一性特征,所指的养护对象也很明确,特别适合于有针对性地制订养护措施,研究养护工艺。

(2)按养护性质、规模及技术难易程度分类,我国对公路养护划分为小修保养、中修工程、大修工程和改建工程四类。表1-1为公路养护工程分类表。

10. 公路养护管理应采取的措施是什么?

答:交通部《公路养护与管理发展纲要》(2001~2010年)发展的总体目标是:公路网总体技术水平显著提高,服务水平明显提高;公路养护技术进步主导作用显著增强,公路管理的信息化程度与发达国家的差距明显缩小;公路管理法规体系基本健全,公平竞争、规范有序的公路养护体系基本建立,公路养护管理工作实现快速发展。为实现这一目标,公路养护管理工作应采取以下措施。

公路养护工程分类 表1-1

项目＼内容	小修保养	中修工程	大修工程	改建工程
路基	**保养** (1)整理路肩、边坡，修剪路肩、分隔带上的草木，清除杂物，保持路容整洁； (2)疏通边沟，保持排水系统畅通； (3)清除挡土墙、护坡上滋生的有碍设施功能发挥的杂草，维修伸缩缝、疏通泄水孔、处理松动石块； (4)路缘带的维修 **小修** (1)小段开挖边沟、截水沟或分期铺砌边沟； (2)清除零星坍方，填补路基缺口，轻微沉陷翻浆的处理； (3)桥头接线或桥头、涵顶跳车的处理； (4)修理挡土墙、护坡、护坡道、泄水槽、护栏和防冰雪设施等局部损坏； (5)局部加固路肩	(1)局部加宽，加高路基，或改善个别急弯、陡坡、视距； (2)全面修理、接长或个别添建挡土墙、护坡、护坡道、泄水槽、护栏及铺砌边沟； (3)清除较大坍方，大面积翻浆、沉陷处理； (4)整段开挖边沟、截水沟或铺砌边沟； (5)过水路面的处理； (6)平交道口的改善； (7)整段加固	(1)在原路技术等级内整段改善线形； (2)拆除、重建或增建较大挡土墙、护坡等防护工程； (3)大坍方的清除及善后处理	整段加宽路基，改善公路线形，提高技术等级
路面	**保养** (1)清除路面上泥土、杂物，保持路面整洁； (2)排除路面积水、积雪、积冰、积砂，铺防滑料、除雪剂或压实积雪维持交通； (3)砂土路面刮平，修理车辙； (4)碎砾石路面匀、扫面砂，添加面砂，洒水润湿，刮平波浪，修补磨耗层； (5)处理沥青路面的泛油、拥包、裂缝、松散等病害； (6)水泥混凝土路面日常清缝、灌缝及堵塞裂缝； (7)路缘石的修理和刷白 **小修** (1)局部处理砂石路的翻浆变形、添加稳定料； (2)碎砾石路面修补坑槽、沉降，整段修理磨耗层或扫浆铺砂； (3)桥头、涵顶跳车的处理； (4)沥青路面修补坑槽、沉陷、处理波浪、局部龟裂、啃边等病害； (5)水泥混凝土路面板块的局部修理	(1)砂土路面处理翻浆，调整横坡； (2)碎砾石路面局部路段加厚、加宽，调整路拱加铺磨耗层，处理严重病害； (3)沥青路面整段封层罩面； (4)沥青路面严重病害的处理； (5)水泥混凝土路面严重病害的处理； (6)水泥混凝土路面接缝材料的整段更换； (7)整段安装、更换路缘石； (8)桥头搭板或过渡路面的整修	(1)整段用稳定材料改善土路； (2)整段加宽、加厚或翻修重铺碎砾石路面； (3)翻修或补强重铺铺装、简易铺装路面； (4)补强、重铺或加宽铺装、简易铺装路面	(1)整线整段提高公路技术等级，铺筑铺装、简易铺装路面； (2)新铺碎砾石路面； (3)水泥混凝土路面病害处理后，补强或改造为沥青混凝土路面

续上表

内容 项目	小修保养	中修工程	大修工程	改建工程
桥梁、涵洞、隧道	**保养** (1)清除污泥、积雪、积冰、杂物,保持桥面的清洁; (2)疏通涵管,疏导桥下河槽; (3)伸缩缝养护,泄水孔疏通,钢支座加润滑油,栏杆油漆; (4)桥涵的日常养护; (5)保持隧道内及洞口清洁 **小修** (1)局部修理、更换桥栏杆和修理泄水孔、伸缩缝、支座和桥面的局部轻微损坏; (2)修补墩、台及河床铺底和防护圬工的微小损坏; (3)涵洞进出口铺砌的加固修理; (4)通道的局部维修和疏通修理排水沟; (5)清除隧道洞口碎落岩石和修理圬工接缝,处理渗漏水	(1)修理、更换木桥的较大损坏构件及防腐; (2)修理更换中小桥支座、伸缩缝及个别构件; (3)大中型钢桥的全面油漆除锈和各部件的检修; (4)永久性桥墩、台侧墙及桥面的修理和小型桥面的加宽; (5)重建、增建、接长涵洞; (6)桥梁河床铺底或调治构造物的修复和加固; (7)隧道工程局部防护加固; (8)通道的修理与加固; (9)排水设施的更换; (10)各类排水泵站的修理	(1)在原技术等级内加宽、加高、加固大中型桥梁; (2)改建、增建小型桥梁和技术性简单的中桥; (3)增改建较大的河床铺底和永久性调治构造物; (4)吊桥、斜拉桥的修理与个别索的调整更换; (5)大桥桥面铺装的更换; (6)大桥支座、伸缩缝的修理更换; (7)通道改建; (8)隧道的通风和照明,排水设施的大修或更新; (9)隧道的较大防护、加固工程	(1)提高公路技术等级,加宽、加高大中型桥梁; (2)改建、增建小型立体交叉桥; (3)增建公路通道; (4)新建渡口的公路接线、码头引线; (5)新建短隧道工程
交通工程及沿线设施	**保养** 标志牌、里程碑、百米桩、界牌、轮廓标等埋置、维护或定期清洗 **小修** (1)护栏、隔离栅、轮廓标、标志牌、里程碑、百米桩、防雪栏栅等修理、油漆或部分添置更换; (2)路面标线的局部补划	(1)全线新设或更换永久性标志牌、里程碑、百米桩、轮廓标、界牌等; (2)护栏、隔离栅、防雪栏栅等的全面修理更换; (3)整段路面标线的划设; (4)通信、监控、收费、供配电设施的维修	(1)护栏、隔离栅、防雪栏栅等增设; (2)通信、监控、收费、供配电设施的更新	(1)整段增设护栏、隔离栅等; (2)整段增设通信、监控、收费、供配电设施
绿化	**保养** (1)行道树、花草的抚育、抹芽、修剪、治虫、施肥; (2)苗圃内幼苗的抚育、灭虫、施肥、除草 **小修** (1)行道树、花草缺株的补植; (2)行道树冬季刷白	更新、新植行道树、花草、开辟苗圃等		

(1)正确处理公路建设、养护、管理三者的关系,充分认识加强公路养护工作的重要性。各级交通部门要牢固树立建设是发展,养护管理也是发展的指导思想。充分认识到加强公路养护管理工作,既是保持路网技术状况,发挥公路服务功能的重要保证,又是实现交通运输长远发展战略目标和公路可持续发展的需要,把养护管理工作抓好。

(2)积极推进公路养护运行机制改革。公路养护改革的主要目标是解决好投资与效益的关系,使有限的资金发挥最大的效益。各地要积极稳妥地探索适应公路养护管理发展特点的运行机制。逐步建立公路养护市场准入制度,规范公路养护市场招投标行为,使公路养护市场朝着公平、公正、规范和有序的方向发展。

(3)提高公路养护管理水平。一是要继续加大科技投入,加强对新技术、新材料、新工艺的研究开发;二是要认真组织,做好软科学课题研究,加强养护管理的信息化工作,为公路养护提供科学决策;三是加快科学成果产业化步伐,加大对新技术的推广应用,全面提高公路养护技术水平和工作效率。

(4)合理安排公路养护工程,全面提高公路服务水平。强化公路标准化、美化和管理规范化建设,有计划组织实施 GBM 工程和文明样板路创建工作,进一步带动公路养护管理工作上新台阶。要根据公路养护规划,妥善制订总体计划和年度实施计划,精心组织,认真落实。

(5)加强精神文明建设,努力造就一支高素质的公路养护队伍。一是采取积极措施,营造良好环境,吸收有较高素质的人才充实到公路养护队伍中来,改善养护职工队伍的知识结构;二是通过培训,加强对养护队伍进行科学文化、岗位技能、知识更新教育,提高职工队伍的整体素质。

11. 我国公路养护工程管理的组织机构是如何设置的?

答:根据目前我国现状,公路养护工程管理实行的是“统一领导,分级管理”的管理原则。国务院交通主管部门主管全国公路养护工程的管理工作。省级交通主管部门主管本行政区域内公路养护工程的管理和监督工作,并授权设省级公路管理机构负责全省公路养护工程管理工作。市级交通主管部门主管本行政区域内公路养护工程的管理和监督工作,并授权市级公路管理机构负责全市公路养护工程管理工作。县级交通主管部门主管本行政区域内公路养护工程的管理和监督工作,并授权县级公路管理机构负责全县(市)公路养护工程管理工作。

12. 公路养护工程管理中各级公路管理机构职责是什么?

答:公路养护工程管理中各级公路管理机构职责介绍如下。

1)省级公路管理机构职责

(1)贯彻执行国家有关公路养护方针、政策、标准、规程、规定等,并结合实际制订相应的办法和措施。

(2)制订全省公路养护大中修工程规划和计划,并指导督促计划的执行。

(3)监督、检查养护大中修工程质量,及时总结推广新技术、新设备、新工艺和新材料,组织经验交流、评比表彰活动。

(4)帮助解决比较重大的技术难题,审查比较复杂的技术方案。

2)市级公路管理机构职责

(1)负责本辖区公路养护行业管理,贯彻和执行国家、省公路养护方针、政策、标准、规程、规定等,结合实际制订相应的办法和措施。

(2)负责本辖区范围内公路养护大中修工程规划和计划的编报、下达,并指导督促计划的执行。

(3)组织有关单位进行大中修设计,负责审批养护工程项目设计、预算文件(另有规定的项目除外),项目的招标(另有规定项目的除外)。

(4)督促、检查施工单位的工程质量、进度和施工现场管理等实施工作,组织验收(另有规定的项目除外),协助解决较难的技术难题和技术方案。

3)县(市)级公路管理机构职责

(1)负责本辖区内公路养护病害损坏及现状调查,提出建议计划。

(2)具体负责项目的质量检查养护大中修工程质量现场管理维护及督促,政策处理。

(3)填报项目进展情况,办理上级公路管理机构委托的各项事宜。

13. 公路养护定期检查的目的与内容是什么?

答:公路养护定期检查的目的是掌握公路质量的变化情况,考核公路养护生产和管理工作效果以及为计划编制提供依据。

全国性公路养护与管理工作检查的内容一般包括:省、市、县级公路部门管理情况;工区(站)管理情况;公路养护质量执行情况;公路养护技术政策执行情况;大中修及改建工程的执行情况;养路机械化水平与管理以及路政管理等方面。

县(市)级公路管理机构的公路养护与管理工作检查的内容可适当减少。

同时,各级公路管理部门应坚持和完善公路检查制度。县(市)级公路管理机构每季检查一次;地(市)级公路管理机构每半年检查一次;省公路管理局每年检查一次;全国性的公路检查,由交通部5年组织或委托组织一次大检查。各

级公路管理机构可结合本地区的养护里程、自然条件、路况、管理水平等实际情况，组织专线、专项公路检查。

工区（站）应坚持每天巡回检查路况。危桥、险路和易出现病害地段应列为检查的重点。巡查后应做好记录。内容包括：路段桩号、公路状况（病害名称及数量、损害程度）、对策措施（修复方法及期限、责任人）等。

14. 公路养护经费管理的原则是什么？

答：公路养护经费的使用，必须坚持专款专用的原则，首先满足小修保养、中修、大修和灾害性修复的需要，然后安排必要的改建工程。

15. 养护工程检查与验收评定有哪些内容与要求？

答：为确保大中修、改善工程质量，工程应严格执行检查与验收制度。工程检查分为日常作业检查、定期检查、中间检查和竣工验收检查。

（1）作业检查：由施工单位的现场技术负责人对施工作业班组的每个施工环节、每道工序、工程位置及各部尺寸、所用材料、操作程序、安全质量等通过班组自检后进行检查，填写原始记录，并经工地监理工程师查验核实、签证。

（2）定期检查：定期检查的内容包括施工组织及设备的适应程度和合理与否；工程进度和质量情况；材料计量和规格质量是否符合要求；技术安全措施是否得当；技术操作是否符合规程；各项原始记录中完成的指标与实际是否符合，与设计要求相符程度等，以及岗位责任及存在问题。

（3）中间检查：包括隐蔽工程和已完局部工程检查。隐蔽工程检查的主要内容有：路基填土前的原地面处理；路面铺筑前的基层、垫层和路槽；基础施工前的基底土质、高程和各部尺寸；浇筑混凝土前的埋设钢筋规格、数量、位置；隧道衬砌前的围岩开挖质量以及其他隐蔽部分的检查。局部工程检查的内容有：路基、路面、桥梁、涵洞、构造物等部分工程或分部、分项工程已完工的检查。中间检查后应做好检查记录，必要时还应对隐蔽工程拍照留存。中间检查应经驻地或上级监理工程师检查签证。

（4）竣（交）工验收检查：当工程已按施工合同及设计文件的要求建成，并已按规定编制完成工程竣（交）工文件，由施工单位提出验收申请，经建设单位核实确已具备验收条件时，可报请主管部门或建设单位组织验收。

养护工程项目原则上采用一阶段竣工验收。公路养护大中修工程交竣工可一并进行。工程竣工验收前，由竣工验收领导小组组织几个检查组，对全部施工资料、竣工图表、工程决算、财务决算、上级批准有关文件、工程总结等进行审查并检验评定工程各部的质量；对比各项技术经济指标和使用指标；提出存在的有关问题。竣工验收参照现行《公路工程竣工验收办法》执行，检验评定标准按现行《公路工程质量检验评定标准》(JTG F80/1—2004)或相应的其他标准执行。

第二节　公路养护技术管理

16. 公路养护管理的技术政策是什么？

答：公路养护管理应遵循的技术政策如下。

(1)公路养护工作必须贯彻“预防为主、防治结合”的方针。根据积累的技术经济资料和当地具体情况，通过科学分析，预作防范，消除导致公路损毁的因素，增强公路设施的耐久性和抗灾能力，特别要做好雨季的防护工作，以减少水毁损失。

(2)因地制宜，就地取材，尽量选用当地天然材料和工业废渣，充分利用原有工程材料和原有工程设施，以降低养护成本。

(3)加强以路面养护为中心的全面养护。积极推广应用先进的养护技术、先进的生产工艺、新材料和科学的管理方法，改善养护生产手段，提高公路的养护科技含量。

(4)重视综合治理，保护生态平衡、路旁景观和文物古迹，防止环境污染；注意少占农田。

(5)全面贯彻执行《公路桥梁养护管理工作制度》，加强桥梁的检查、维修、加固和改善，逐步消灭危桥。

(6)公路养护工程设计，应符合现行《公路工程技术标准》(JTG B01—2003)的规定，公路施工时应注重社会效益，保障公路畅通。

(7)加强以路面养护为中心的全面养护。

(8)大力推广和发展公路养护机械化。

17. 公路养护技术措施应遵循的原则是什么？

答：公路养护技术措施应遵循的原则包括下列内容。

(1)认真开展路况调查，分析公路技术状况，针对病害产生的原因和后果采取有效、经济的技术措施。

(2)加强养护工程的前期工作、各种材料试验及施工质量检验和监理，确保工程质量。

(3)推广路面、桥梁管理系统，逐步建立公路数据库，实行病害监控，实现决

策科学化，使有限的资金发挥最大的经济效益。

(4)推广 GBM 工程，实施公路的科学养护与规范化管理，改变现有公路面貌，提高公路的整体服务水平。

(5)认真做好公路交通情况调查工作，积极开发、采用自动化观测和计算机处理技术，为公路规划、设计、养护、管理、科研及社会各方面提供全面、准确、连续、可靠的交通情况信息资料。

(6)改革养护生产组织形式，管好、用好现有的养护机具设备，积极引进、改造、研制养护机械，逐步实现养护机械设备标准化、系列化，以保证养护工程质量，提高养护生产效率，降低劳动强度，改善劳动环境。

(7)加强对交通工程设施(包括标志、标线、通信、监控等)、收费设施等的设置、维护、更新工作，保障公路的服务水平。

18. 公路养护技术管理一般规定有哪些?

答:公路养护技术管理有如下规定。

(1)公路养护必须加强技术管理，严格贯彻国家有关公路建设、养护的技术政策、标准规范、办法和相应的操作规程，以提高公路养护质量。

(2)公路养护技术管理根据需要进行交通情况调查、公路路况登记、养护检查与质量评定、工程检查与验收、路面管理系统和桥梁数据库开发与应用、计划统计与科研、档案管理等工作。

(3)技术管理应建立和健全各项制度，依靠科学养护，实行规范化管理，逐步推广应用评价管理系统等管理手段，巩固、改善和提高现有公路的技术状况和服务水平。

19. 公路养护工程的技术管理工作主要内容有哪些?

答:公路养护工程的技术管理工作的主要内容如下。

(1)建立和健全技术责任制。建立健全技术责任制，实行岗位责任制，保证各级组织和各种技术岗位都有技术负责人，各司其职，充分发挥其积极性与创造性，不断提高技术管理水平。

(2)图纸会审。主要审查设计图纸及说明是否齐全、清楚、明确、有无矛盾，采用的新技术及特殊工程和复杂设备在技术上的可行性和必要性，重点工程和一般工程的施工方法是否妥当，概预算是否合理。

图纸会审一般由建设单位负责组织，由设计等单位共同参加。会审后，有关人员应在图纸上签章并填写图纸会审记录表，形成正式文件抄报有关单位。未

经会审的图纸不得施工。

(3)技术交底。主要内容包括工程数量、施工期限、施工设计意图、施工工艺、规范要求、质量标准和技术安全措施等,对于重点工程、重点部位、特殊工程以及采用新材料、新工艺、新结构的工程更需作详细的技术交底。技术交底应根据工程性质、技术复杂程度分别逐级进行,务使参与施工任务的全部职工对其所担负的工程任务能够全面了解,必要时应进行文字交底或示范操作。

(4)公路改建工程及大中修工程一般可采用一阶段设计(工程复杂的除外),设计单位应对设计质量负责。设计文件一经主管部门或建设单位批准,任何单位及个人不得随意修改和变更。如在施工中确需变更设计时,必须按规定办理变更设计手续。

(5)工程质量的检查与验收。检查和验收是确保公路改善及大中修工程质量的重要环节。工程质量检查与验收应通过“政府监督、施工监理、企业自检”所组成的完善质量保证体系,根据部颁《基本建设工程质量监督管理暂行办法》及有关相应规定的办法执行。其主要包括如下内容:

①对施工现场每个班组所进行的作业检查;

②各级公路管理机构对所负责管辖工程的定期检查;

③对隐蔽工程和已完局部工程及暂停未完工程的中间检查;

④竣工验收检查,当工程已按施工合同及设计文件的要求建成,并已按规定编制竣工文件,施工单位可提出验收申请,经建设单位核实确已具备验收条件时,可报请主管部门或投资建设单位组织验收。

养护工程项目可采用一阶段竣工验收。竣工验收参照现行《公路工程竣工验收办法》执行,检验评定标准按现行《公路工程质量检验评定标准》(JTG F80/1—2004)执行。验收委员会(组)对整个工程质量应作出评价,按优良、合格、不合格评定工程质量等级,并对验收合格的工程应提出竣工验收鉴定书,报上级主管部门批准。对于改善和大中修工程一律实行质保制度,保修期为1~2年,自工程竣工验收接养之日起算。在保修期内凡因施工造成的破损一律由原施工单位无偿修复。对小修保养工程的养护和施工,要建立实地检查、中间检查和上下工序交接制度。每项保养作业和小修工程项目完成后,应分别由县段(站)或地区总段(处)进行验收。

20. 什么是交通量,如何进行调查?

答:所谓交通量,就是在指定时间内通过道路某地点或某断面的车辆、行

人数量，通常指机动车交通量。由于它是随时变化的，常以**平均交通量**、**高峰小时交通量**和**设计小时交通量**作为有代表性的交通量。

（1）平均交通量。某一时间交通量的平均值，可分为年平均日交通量、月平均日交通量、周平均日交通量、日平均交通量。其中年平均日交通量是规划道路、交通设施，确定道路等级，论证道路、交通设施建设可行性的依据；其他平均交通量用作把某一日交通量换算为年平均日交通量。

（2）高峰小时交通量。一天中交通量出现高峰值的那个小时的交通量。设计高速公路、隧道和道路交叉口时，要考虑高峰小时交通量在一小时内分布的均衡情况。

（3）设计小时交通量。一般采用设计年限最后一年的预期第 30 位小时交通量，即一年中按小时连续测得的 8 760 个小时交通量从大到小顺序排列第 30 位的交通量。它与年平均日交通量之比较为稳定。设计小时交通量用作道路设计的依据。

交通量的观测方式分为间隙式观测和连续式观测两种。间隙式观测是指预先确定的观测日期，对交通量进行定期统计观测；连续式观测是指全年分小时连续不断地对交通量进行统计观测。

交通量观测的方法：采用人工或仪器将通过规定观测断面的各种类型车辆分车型记录在表格或计数器具上。采用人工记录时，每小时终了，应将记录结果进行整理并登记于规定的表格上。

21. 公路交通情况调查的目的、内容与要求是什么？

答：公路交通情况调查的目的是通过对国道、省道、县道、乡道公路交通状况进行经常性、定期或不定期调查，以掌握各等级公路的交通流量、交通流分布、交通流构成、车辆行驶速度等交通流特性，分析交通拥挤状况，为公路规划、养护、管理部门提供交通情况基础资料。

调查的内容包括国道、省道、县道、乡道公路交通量及其组成和行车速度的调查、观测整理和分析，并通过信息管理系统对车流密度、起讫点、轴载、通行能力、车辆横向分布和交通事故等进行调查。公路交通情况调查包括常规调查和非常规调查。常规调查包括交通量调查、车速调查和四类公路交通量比重调查等；非常规调查包括轴重调查、起讫点调查、出入界交通量调查、交通事故调查等。

调查的要求：一是必须保证调查数据的准确性。各级公路管理机构，应采取相应措施确保调查数据准确可靠，并逐步开发应用先进的观测记录手段和数据加工处理工具。二是交通量观测应由专人进行。车速和其他专项交通情况调查,由县以上公路管理机构负责。三是加强档案管理。公路交通情况调查工作应长期进行,并按时逐级上报,交通调查资料应归入公路技术档案,长期保存。

22. 交通量观测站点设置原则有哪些?

答:一般公路路段,应设置间隙式交通量观测站。在路段交通量特性能够反映某一区域或路线交通量特性的主要干线路段上,应设置连续式观测站。间隙式和连续式交通量观测站的设置,应考虑在公路网上分布的均匀性、合理性和代表性。高速公路路段,一般应设置连续式观测站。

交通量观测站设置时应遵循以下原则。

(1)从全面反映公路网交通流量及特性出发,结合公路网布局、公路的行政等级、技术等级及公路规划建设等因素,在充分利用原有公路交通量观测站点的基础上,进行科学规划、合理布局。

(2)观测站点应设在交通流比较稳定,流量和特性可代表某个路段区间交通流量和特性的地点,这个路段区间称为观测里程,也称代表路段长度。

代表路段长度应按实际情况确定,一般应不小于5km,最长不宜大于50km。代表路段的分界点一般设在交通量明显变化处。原则上各行政区划的分界处应作为代表路段的分界点。省际行政区划分界处必须作为代表路段的分界点。

(3)比重调查、车速调查站(点)设置,应尽量与交通量观测站(点)合并设置。

(4)各行政等级公路设置交通量观测站原则:

①在国道(含国道主干线,下同)与国道相互交叉点(具有交通量分流功能的交叉口,下同)之间的国道路段上,应设置交通量观测站;

②在每条高速公路上,应至少设置一个交通量观测站;在高速公路与高速公路相互交叉点之间的高速公路路段上,应设置交通量观测站;

③在每条省道上,至少应设置一个交通量观测站;在省道与国道交叉点前后的省道路段上,均应设置交通量观测站;

④在县道和专用公路(非高速公路)上,原则上应设置一个交通量观测站;

⑤乡道设有交通量观测站点的路线数,应不少于乡道路线总数的10%~20%;

⑥在处于两个县城(或县级以上城市)之间的国道、省道及其他行政等级高速公路之间的路段上,应设置交通量观测站。

(5)交通量观测站的位置应选择在视线开阔、便于安装观测仪器、公路路线

纵坡小于2%的直线路段处。

(6)高速公路可利用收费站、监控系统站、养护管理站等设置交通量观测站点;否则,应另设交通量观测站点。

(7)国道交通量观测站的设置、调整,由省一级交通主管部门提出方案,报交通部批准。省道交通量观测站的设置、调整由各省、自治区、直辖市交通厅(局)确定。县道交通量观测站的设置、调整,由地市级(或县级)交通主管部门提出方案,报省交通主管部门批准。乡道交通量观测站的设置、调整,应由县级交通主管部门提出方案,报地市交通主管部门批准。由交通部门管养的专用公路交通量观测站的设置、调整,应由该公路管理部门提出方案,报上级交通主管部门批准;非交通部门管养的专用公路或其他行政等级中的公路,由管养部门提出方案,报同一级交通主管部门备案。

23. 连续式交通量观测站点的设置要求有哪些?

答:连续式交通量观测站的设置应满足下列要求。

(1)能够准确观测所在路段的交通量。

(2)能够定性、定量地反映调查路段、路线及其所在区域内交通量分布、变化特征。

(3)符合国家编制公路网总体布局规划的要求。

(4)连续式交通量观测站应距大城市出入口8km以上,距中小城市出入口5km以上。

(5)各省、自治区、直辖市在辖区内的每条国道上应设置连续式交通量观测站。

(6)各省、自治区、直辖市在辖区内的省道上,应合理设置连续式观测站。

(7)连续式交通量观测站要避开短途运输繁忙的路段及交叉口。

(8)连续式交通量观测站一经设定,其位置不得随意变更、撤消。

(9)连续式交通量观测站应按图1-1规则由各省统一编号。

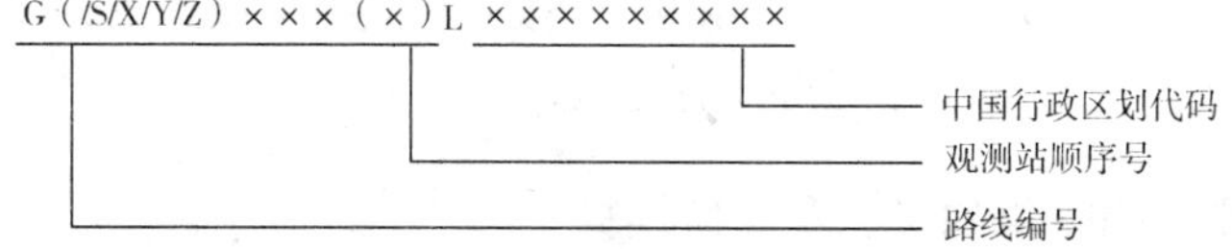

图1-1 连续式交通量观测站编号规则

其中观测站序号由各省(自治区、直辖市)交通主管部门,按照路线进出行政区的方向顺序编号。连续式交通量观测站编号区间为L101—L896,编号间隔

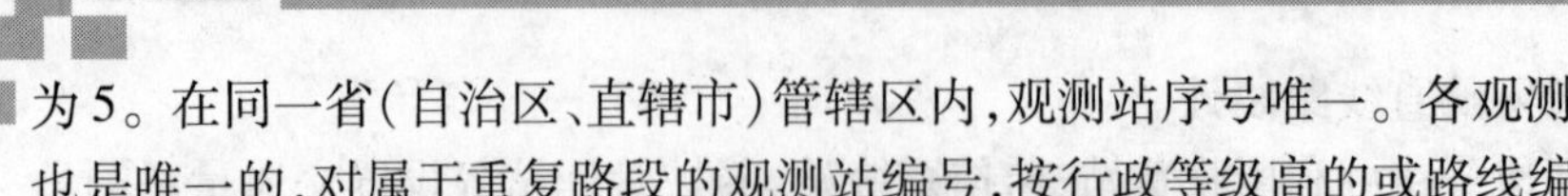

为5。在同一省(自治区、直辖市)管辖区内,观测站序号唯一。各观测站的编号也是唯一的,对属于重复路段的观测站编号,按行政等级高的或路线编号在前的路线进行编号。观测站编号不得随意更改。

24. 间隙式交通量观测站点的设置要求有哪些?

答:间隙式交通量观测站的设置应满足下列要求。

(1)间隙式交通量观测站的分布,应与连续式交通量观测站的分布相互协调。

(2)间隙式交通量观测站,应设在断面交通量可反映代表路段交通量的路段。

(3)间隙式交通量观测站,应设置在交通流相对比较稳定的路段。

(4)每条路线上设置的间隙式交通量观测站的多少,应根据其交通量分布变化的程度而定。

(5)间隙式观测站应设在离城镇进出口5km以外的地点。

(6)主要干线交叉口之间,至少应设置一个间隙式交通量观测站。

(7)一般路线,平原或微丘区路段间隙式交通量观测站间的间距宜为20~30km;山区或重丘区路段的间隙式交通量观测站间的间距宜为30~40km;对于交通量少、城镇稀疏的路段,间隙式交通量观测站间的距离可相应拉长。

(8)间隙式交通量观测站的位置不应随意变更,应保持相对的稳定。

(9)间隙式交通量观测站编号按照图1-2规则全国统一编号。

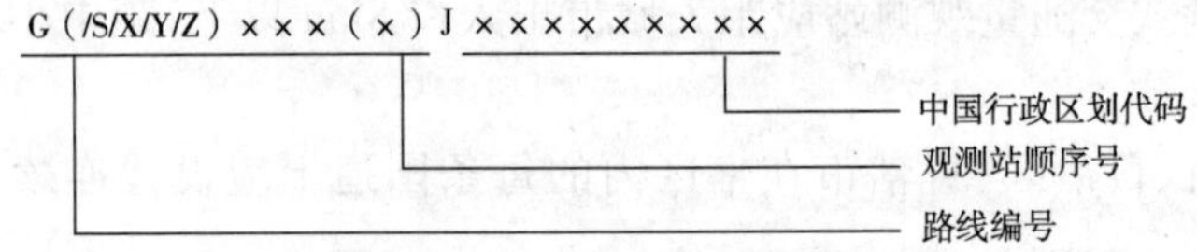

图1-2 间隙式交通量观测站编号规则

其中观测站序号由各省(自治区、直辖市)交通主管部门,按照路线进出行政区的方向顺序编号。间隙式交通量观测站序号从J100开始,序号相间间隔为2。在同一省(自治区、直辖市)管辖区内,观测站序号唯一。各观测站的编号也是唯一的,对属于重复路段的观测站编号,按行政等级高的、或路线编号在前的路线进行编号。观测站编号不得随意更改。

25. 交通量换算的概念及如何换算?

答:在实测交通量时,一般按车型计测车辆数,在交通流中不同车型的车辆由于其占有的空间与时间的不同,同一车道的通过数量也不同,而在交通运营中常常需要将其换算成某种单一车型的数量,通称之为交通量换算。根据现行

的《公路工程技术标准》规定：采用小客车为标准车型。

交通量的换算是将各类实测车辆乘以各自的折算系数，进行累加。其计算方法为：

$$N=\sum_{i=1}^{n}k_iN_i \tag{1-1}$$

式中：N_i——各类车型的实测交通量（辆/d）；

k_i——各类车型的折算系数，见车辆折算系数表（表1-2）；

n——各类车型的实测交通量（辆/d）；

N——换算后的交通量。

车型及车辆折算系数根据交通部《关于调整公路交通情况调查车型分类及车辆折算系数的通知》（规统便字[2005]126号）规定如表1-2所示。

调查车型分类及车辆折算系数　　表1-2

<table>
<tr><th colspan="3">车　型</th><th>折算系数</th><th>荷载及功率</th><th>备　注</th></tr>
<tr><td rowspan="10">机动车</td><td rowspan="8">汽车</td><td>小客车</td><td>1.0</td><td>额定座位≤19座</td><td></td></tr>
<tr><td>大客车</td><td>1.5</td><td>额定座位>19座</td><td></td></tr>
<tr><td>小型货车</td><td>1.0</td><td>载质量≤2t</td><td></td></tr>
<tr><td>中型货车</td><td>1.5</td><td>2t<载质量≤7t</td><td>包括吊车</td></tr>
<tr><td>大型货车</td><td>2.0</td><td>7t<载质量≤14t</td><td></td></tr>
<tr><td>特大型货车</td><td>3.0</td><td>载质量>14t</td><td></td></tr>
<tr><td>拖挂车</td><td>3.0</td><td></td><td>包括半挂车、平板拖车</td></tr>
<tr><td>集装箱车</td><td>3.0</td><td></td><td></td></tr>
<tr><td colspan="2">摩托车</td><td>1.0</td><td></td><td>包括轻骑、载货摩托车及载货（客）机动三轮车等</td></tr>
<tr><td colspan="2">拖拉机</td><td>4.0</td><td></td><td></td></tr>
<tr><td rowspan="3">非机动车</td><td rowspan="2">人畜力车</td><td>畜力车</td><td>4.0</td><td></td><td></td></tr>
<tr><td>人力车</td><td>1.0</td><td></td><td>包括人力三轮车、手推车</td></tr>
<tr><td colspan="2">自行车</td><td>0.2</td><td></td><td>包括助动车</td></tr>
</table>

注：交通量换算采用小客车为标准车型。

26. 如何进行车速调查与观测？

答：通过车速调查，取得通过地点的车速分布状况，掌握车速变化时态和车速发展变化趋势，研究、分析公路通阻情况、服务质量、通行能力及运营管理水平，为交通规划、交通管理、公路几何设计提供依据，为提高公路通行能力、改善公路质量、改善运营管理提供重要的基础资料。车速调查与观测包括车辆通过公路较短区间的地点车速调查和较长公路区间(或整条路线)的区间车速调查。车速的调查与观测,由地(市)级或县级公路管理机构负责组织进行。每条路线每年不得少于一次,有条件的可适当增加观测次数。

车速观测可采用人工观测、雷达测速仪、车辆检测仪、浮动车观测法等方法。人工观测是在拟观测车速公路的某地点,选定一段以车辆通过该路段为2~3s时间的距离(一般为30~50m);当车辆进入观测路段时,启动秒表记时,并计算车速。雷达测速仪是利用仪器向行驶车辆发出微波,根据其反射的多普勒效应,从仪器上直接读取车速;观测时应选择地势好,能从正面接受微波的位置,以提高观测精度。车辆检测仪是利用观测地点两端埋设的检测器发出的信号,测定车速。

区间(路段)车速观测可采用跟车、记车号、浮动车观测等方法。跟车法是由观测人员乘车跟随被测车辆,记录被测车辆在路段上的行驶时间、停车时间、停车原因及经过的路段长度,并计算出行驶车速和综合(路段)车速。记车号法只适用于汽车综合车速的观测,观测时,在观测路线的两端,由观测员分别记录通过观测断面的汽车车牌号和汽车通过该点的时间,计算同一车牌号的时间差和两端距离而得到综合车速。浮动车观测法宜用于交通流稳定、岔道较少且交通量较小的路段,观测前,自备一辆观测车,选定观测路段并丈量其长度;观测时,观测车自观测路段的起点向终点行驶,观测员分别记录与观测车对向行驶的车辆数和同向超越观测车的车辆数、被观测车超越的车辆数以及观测车行驶于该路段的行程时间;到达终点后,观测车立即调头反向行驶,仍作同样观测;行驶6个往返,计算出路段的车流量及路段平均车速、平均运行时间。

27. 什么是OD调查?OD调查的目的是什么?

答:OD调查,即车辆行驶起讫点调查,是指在某一区域内,为获得通过两个出行端点的交通量及其组成、流向、货物类型、车辆实载率及交通目的等资料所进行的调查。

它的目的是通过调查,对远景交通量的预测、公路类型和等级的确定、互通立交的设置、公路横断面设计、交通服务设施的配置、交通管理与控制、规划方案和建设项目的国民经济评价及财务分析、交通规划的完善和建设项目的科学决算等提供定量依据。

28. OD调查点选择的要求是什么?

答:选择OD调查点应符合下列要求:

（1）选定的调查点，应以能够全面掌握项目直接影响区与间接影响区之间、直接影响区内各小区之间以及小区内部等各主要线路的交通流。

（2）与拟建公路平行或竞争的路线，应是主要考虑的设点路线。

（3）与拟建公路交叉的主要路线，应考虑设点（目的是掌握互通交通量）。

（4）应稍远离城镇，尽量避免市内交通影响。

（5）应选择路基较宽、线形较直（视距250m以上）的路段设点，上行与下行调查处（指同一调查点）之间应留有不少于150m的距离。

（6）在不影响调查目的和数据准确的前提下，设点不宜过少，也不应重复设点。

（7）为核实日常交通量和掌握昼夜交通量比率，在典型代表性路段上，宜同时设置几个12h和24h交通量观测点。

（8）OD调查选点必须慎重，以确保调查资料准确、翔实，选定OD调查点后，应绘制调查地点示意图。

29. OD调查的方法有哪些？

答：（1）OD调查宜用路边访问法。在选定的OD调查点让驾驶员停车，询问该车起讫点以及需要的其他资料，并将调查结果逐一记入“公路机动车起讫点调查表”各栏目内。

在大流量的路线上（日流量超过8 000辆）进行OD调查时，可采取抽样调查。样本量可视该处交通量大小而定，宜取该处交通量的20% ~50%。调查时应避免交通阻塞，以防止可能使车辆绕道避开调查点，使交通流的模式产生畸变。

（2）OD调查的时间一般为1d，特殊情况可适当增减天数。每天调查12h，但应有1 ~2个点连续调查24h。调查日期应选择天气正常的非节假日，宜选在周二至周四。调查的起讫时间应根据调查季节和车辆出行规律确定。

（3）进行OD调查时，还应符合下列规定：

①全线各OD调查点均应在同一天、同一时间内进行；

②对调查过的车辆应用明确标志标明，凡被其他点调查过的车辆不再重复调查；

③在两点之间多次往返的车辆应多次统计。

在取得OD调查资料后，应对资料进行统计分析，编制“OD矩阵表”或“三角OD表”，以反映车辆、货物、旅客的流动情况。

30. 四类交通量比重调查的目的与规定有哪些？

答：四类公路交通比重调查的目的是为了掌握公路交通流量的地区分布

和路线分布特征,分析和评价国道、省道、县道、乡道四类公路的使用功能,论证和探讨现有公路网的合理性。通过调查,为公路规划、可行性研究、技术经济分析论证、设计、改造等提供依据。

调查的范围、内容、时间和观测点的设置规定如下:调查范围为辖区内的各条国道、省道、县道、乡道。调查内容为调查区域范围内的国道、省道、县道、乡道交通量观测,并调查辖区范围内四类公路的里程和汽车、机动车拥有量。调查时间宜选择在运输旺季中的某一天,一般选择间隙式交通量观测日作为调查日。调查日应避开节假日。调查时间为调查日的6时至次日6时的24h。观测点的设置按区域路网交通量调查的规定要求,每条路线划分调查区间并设一代表观测站。一般均利用路网中设置的交通量常规调查的观测站,可不再重新设站。

观测的内容、方法和车型分类,与交通量常规调查的规定相同,分小时、分车型记录通过观测断面的机动车交通量。

在取得比重调查资料后,应对资料进行整理汇总。计算每个观测站日机动车交通量和日汽车交通量(均为绝对值)、每条路线的交通量和日交通量、调查区域内各行政区的四类公路里程比重、路线交通量所占比重、日交通量及年路线总交通量。

31. 轴载调查的目的与计算方法有哪些?

答:轴载调查的目的是为了预测某一时期内行车对路面的破坏作用,科学地制订公路养护措施,合理分配公路养护和改造资金。

轴载调查的方法,是可在现行交通量观察分类的基础上,对每类车辆再分成若干档次,并对每档车辆选取一种车型为该档车辆的代表车型。根据该代表车型的轴载和作用次数,换算成标准轴载的当量轴次。再根据每类车辆中若干档代表车型换算成标准轴载的当量轴次的总和,即可计算得各类车辆的当量轴次换算系数,然后利用现有的交通量调查资料,换算成标准轴载的当量轴次。

不同路面类型的标准轴载换算方法,按现行的《公路沥青路面设计规范》(JTG D50—2002)和《公路水泥混凝土路面设计规范》(JTG D40—2002)的相应规定办理。

第三节　公路信息化管理

32. 公路养护信息化管理的作用是什么?

答:公路养护信息化管理有如下作用。

(1)实现公路养护道班的工、料、机、生产、财务等信息化管理,实现各级公路养护管理部门对下级养护机构的监督管理,可以提高工作效率,并提高公路养护的监管力度。

(2)建立在专业数据库平台和网络平台上的、能够提供全面的信息管理功能,让信息化管理覆盖整个养护工作,确保养护工作的科学性、准确性和公正性。从技术手段上改进了公路养护监管手段和提高养护基层单位的养护项目运营水平,将会对提高整个公路养护行业的质量管理水平起到积极的推动作用。同时通过网络平台确保养护行政主管部门能够随时调用和查看养护数据及相关质量信息,进行各种数据汇总和统计,及时准确地了解养护详细情况及路况质量情况,真正提高了养护质量监管水平。

(3)实现通过系统地记录不同地域、季节、路面类型等情况下的实际养护效果,反映基层养护道班的实际养护水平,为管理部门监管养护质量,分析病害原因,评价养护投资效益提供了科学依据,通过对养护道班的财、物、人力资源、作业流程的智能化管理,提升公路的管理和生产水平。

(4)做到省级、市级、区(县)级、道班级等多级网络的统一的分布式数据库管理,构建来自最基层、最真实、最具体的综合数据。

33. 什么是公路信息编码和公路数据库?

答:公路信息编码是建立计算机信息系统时,用来表示公路信息的计算机编码。公路数据库是对公路信息进行存储和处理的计算机系统。

34. 什么是公路调查? 什么是路况登记?

答:公路调查是对现有公路路况的调查、检验、评价,并登记储存等工作的全过程。路况登记是根据调查资料、设计文件、施工记录、竣工文件、技术总结等,对公路的路况按规定的内容和要求进行登记。

35. 公路路况登记的内容与要求是什么?

答:公路路况登记是公路养护的重要基础工作,其资料是公路技术档案的主要部分。它反映各条公路及沿线构造物的全面技术状况,是制订公路规划、安排改建项目、编制养路年度计划等的重要基础资料,也是路产管理、资产评估的重要凭据。它对实现公路科学化管理、提高养护质量具有重要作用。

1. 路况登记的内容

包括:路况平面略图,公路基本资料,路况示意图,桥梁、隧道、渡口、过水路

面、房屋等构造物卡片，涵洞、挡土墙、绿化等登记表。

2. 公路路况登记的要求

(1)进行路况登记时，应以公路现况调查资料、设计文件、施工记录、竣工文件、技术总结等为依据(对资料不全的应补充调查)；路况登记时，必须按表、卡所列内容逐项认真填写。

(2)进行路况登记的路线，应在每年年终将变更部分进行修改、补充，作为当年年末的公路路况。

(3)公路路况登记资料应逐步做到用计算机进行数据处理和储存。在采用计算机建立数据库时，所有数据应按《公路路况数据处理系统编目编码规范》执行。编目名称包括公路路线、公路路基、公路路面、公路桥梁、公路涵洞、公路渡口、公路工区(站)房屋、公路隧道、综合部分和图例式样10个部分。

(4)路况登记资料应按路线性质(即行政等级)实行分级管理：地(市)级公路管理机构和县(市)级公路管理机构保管所管辖公路的全部资料；省公路管理局保管全省县道以上公路的资料、卡片；县道以上公路都应建立分线路登记图表；乡、村公路可只填写公路技术状况汇总表，供各级公路部门存查。

(5)县(市)级公路管理机构应在每年年底前完成路况登记资料的修改；地(市)级公路管理机构应在次年一月底前完成资料修改的汇总；省公路管理局应在次年三月底完成全部资料整理，并将国道部分资料报交通部备案。新建公路的路况登记，按公路分级管理规定，应在竣工验收后三个月内，由接管的养护单位完成。

(6)各级公路管理机构都应建立、健全科技文件的形成、积累、整理、归档制度，实行专人管理。

36. 什么是公路养护管理系统？

答：公路养护部门所涉及的工作内容很多，包括路基、路面、桥涵和公路沿线附属设施的养护，以及水毁防治与绿化等，这些日常的养护和维修工作并不是单独、独立地存在，而是互有联系的。公路养护是对正在使用期间的公路构造物和附属设施进行保养、维修和改建，以期达到公路在使用年限内提供有足够的行车安全性、乘车舒适性和环境美观性；管理则是利用已采集到的和公路档案记录的数据信息，根据目标对各种要素进行协调、控制后作为判断和决策的依据。公路数据信息是指路基、路面宽度、路面结构形式、公路的行政和技术等级、设计年限、交通量等基本数据。

在一般情况下，公路养护管理的目标有两种：一是利用有限的养护资金，维

修那些可产生较大的经济、社会效益的路段；二是为使整个公路网保持在可接受的服务水平下，需要有多少养护资金。公路养护管理系统是指各要素之间相互制约、相互联系的有机整体。公路的要素根据系统研究的内容而定，可以是路基、路面、附属设施，也可以是沥青路面、水泥混凝土路面等。所以说，公路养护管理系统是将公路日常养护的各项工作综合进行考虑，按照系统的观点用最少的养护费用使公路、桥梁及附属设施和外部环境在使用年限内满足行车的最基本要求。

就养护工作的内容来看，每一项目的养护工作都需涉及很多内容。例如，仅在路基养护工作中就要考虑路肩、边沟、边坡、排水沟、截水沟以及挡土墙、护坡和路基的坍方、滑坡、道路翻浆等工作内容。在公路养护系统建立的初期，如果将影响养护工作的所有内容都考虑进去，势必造成系统过于庞大和繁杂，从而使系统无法进行正常的运行。另外，对于某些管养内容（如公路绿化水毁和沿线设施），还不易进行理论上的分析。所以在公路养护管理系统建立的初期主要的研究对象是养护资金需求量大且对行车有直接影响的工作内容。从国内外养护管理工作的经验来看，路面养护在日常养护中资金需求量所占的比重最大，所以国内外在养护管理系统研究初期都是从路面养护工作着手，使其逐步完善，然后将路面养护管理的方法逐步推广到其他养护工作。

综上所述，公路养护管理系统各要素之间的相互联系可以用图1-3的框图表示。

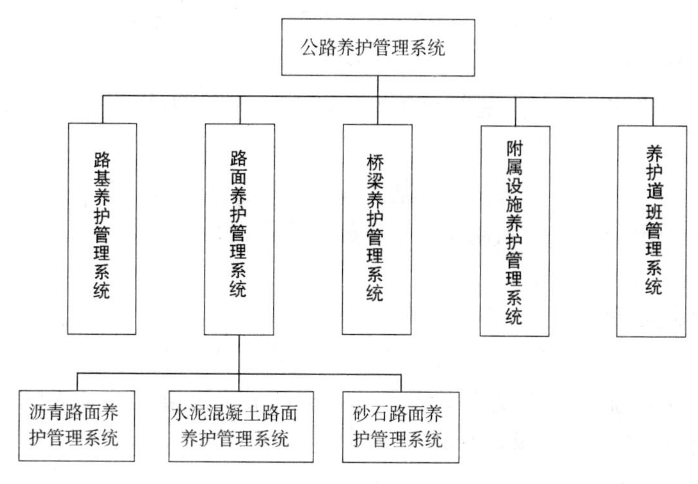

图1-3　公路养护管理系统及其子系统

按照系统科学的观点，一个大的系统可以由几个子系统构成，这些若干个子系统又可以为若干个子系统。从图1-3分可知，路面养护管理系统是公路养护管理系统的一个子系统，而沥青、水泥混凝土和砂石路面养护管理系统又是路面养护管理系统的子系统。

公路养护管理系统是一门综合学科，它既不同于公路专业学科，也与管理科学有别，它是两者的有机结合。在公路养护管理系统中不但涉及公路专业知识，而且还需要有管理科学中的基本知识以及计算机学科等知识。其中，与管理科学有关的系统工程基本知识包括线性规划理论、网络分析、层次决策法、马尔柯夫链分析；计算机知识包括操作系统、数据库管理及其他编程语言等。

37. 什么是路面养护管理系统？

答：路面养护管理系统是指最有效地利用现有各种资金，使得公路网中的路面处于**最佳的服务水平或产生的经济效益最大**。路面养护管理系统既与路面设计和施工有区别，也与传统的公路管理不同。它是综合运用路面专业知识，用系统工程科学管理的方法，借助计算机手段来处理与路面养护活动有关的问题。

路面养护管理系统的实践活动，一般按行政等级划分为网级和项目级两种。网级的目标是要对一大批工程项目或整个公路网作出决策，主要内容有安排路面养护计划资金的分配、路面养护的规划等；项目级是根据网级系统的决策为个别工程项目提出的费用和使用性能目标以及养护计划和改建计划，对该项目作出比较专门的技术管理决策，主要内容有在限制条件下，应先用哪些方法可使效益最佳或费用最低。

就一般情况而言，科学的路面养护管理系统，可以为管理决策者解决如下的问题：

(1)路网中现有路面的使用性能及服务水平如何；

(2)在一定养护资金限制下，优先安排哪些路段进行养护可产生较大的经济效益；

(3)不同投资水平下路网的状况如何；

(4)在现有路面状况下，本年度和中长期养护计划的安排。

这些问题的解决可以为公路养护部门提供最优决策的参考依据。图1-4是路面养护管理系统的决策过程。

38. 路面养护管理系统的结构是怎样的？

答：路面养护管理系统的模块的一般结构如表1-3所示。

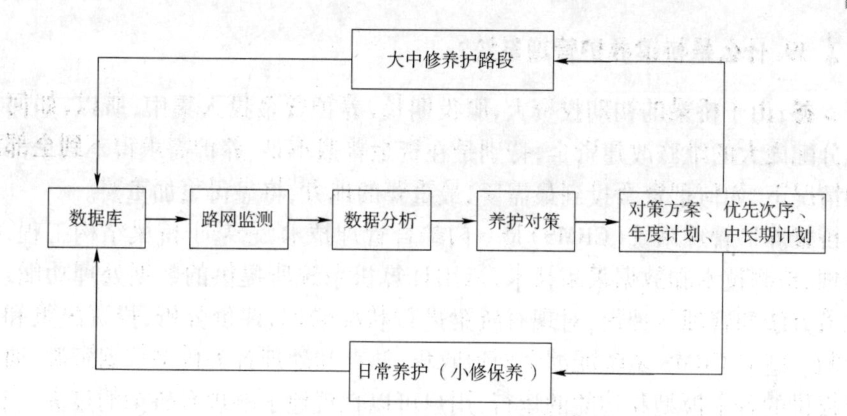

图1-4　路面养护管理系统决策过程

路面养护管理系统模块的一般结构　　表1-3

模块 结构	主要内容	典型输出结果
数据库管理	路段划分、几何尺寸、路面结构、交通量、路面使用性能、路面历史	路面现状报告（报表、图等形式），路面历史状况报告
养护和改建需要的分析	使用性能最低可接受水平，决策标准，使用性能预估模型	目前需要养护和改建路段，今后需要养护和改建路段，路面使用性能曲线
养护计划	典型养护措施和单价，养护政策（养护对策的决策标准），养护水平对路况的影响分析	各路段的养护措施，养护计划，不同养护预算水平的分析报告
改建计划	典型改建措施和单价，改建政策（改建对策的决策标准），优序原则或优化分析（费用最小或效益最大）	各路段的改建方案，优先计划（按年份、道路等级、地区等），预算水平分析，财务计划（按特定使用性能水平要求）
养护和改建综合计划	按总预算水平养护和改建计划	各路段的养护和改建措施，养护和改建综合计划
项目级分析	路面弯沉值和材料性能测定，改建路面结构设计，寿命周期费用分析	结构分析报告，改建方案分析报告

39. 什么是桥梁养护管理系统?

答:由于桥梁的初期投资大,服役期长,养护资金投入集中,所以,如何科学地分配庞大的维修改建资金,特别是在资金普遍不足、养护需求得不到全部满足的情况下,如何把资金投到最需要、最重要的地方,将显得更加重要。

桥梁养护管理系统(CBMS)是一门综合管理技术,它基于桥梁结构工程,病害机理、检测技术和数据采集技术,运用计算机系统所提供的数据处理功能、评价决策方法和管理学理论,对现有桥梁进行状况登记、评价分析、投资决策和状态预测。建立 CBMS 系统能够全面地收集、储存和处理各类桥梁数据资源,通过系统提供的各个模型和功能的运行,用户可以直观地了解现有桥梁的过去、当前和将来若干年内的营运状况,从而合理安排有限的养护资金,及时、经济和有效地对桥梁实施养护和维修,达到延长桥梁使用寿命,充分发挥桥梁的运营效能,确保交通运输安全畅通。

40. 桥梁养护管理系统一般包括哪些内容?

答:科学完善的桥梁养护管理系统一般应包括以下的内容:

(1)现有桥梁状况数据。

(2)现有桥梁使用状况的评价以及养护方法和养护对策。

(3)在养护费用一定情况下,桥梁养护的优先次序。

(4)桥梁状况的预测,为编制中长期养护计划提供决策依据。

41. 桥梁养护管理系统的工作流程是怎样的?

答:桥梁养护管理系统的工作流程如图 1-5 所示。

42. 桥梁养护管理系统结构是怎样的?

答:以交通部推广应用的 CBMS 系统为例,其采用树形结构设计,以菜单方式调用。其结构共分如下四层:

(1)总控制层,该层的作用是提供 CBMS 版本信息,对下层进行调用;

(2)子系统层,由数据管理、基本应用、统计处理、图形图像、评价对策、维修计划和费用分析等多个子系统组成,该层由总控层调用;

(3)模块层,由若干管理模块组成,受对应的子系统调用;

(4)功能层,设有 100 余项独立处理功能块,处理某项具体工作,各功能块由相应的上层模块调用。

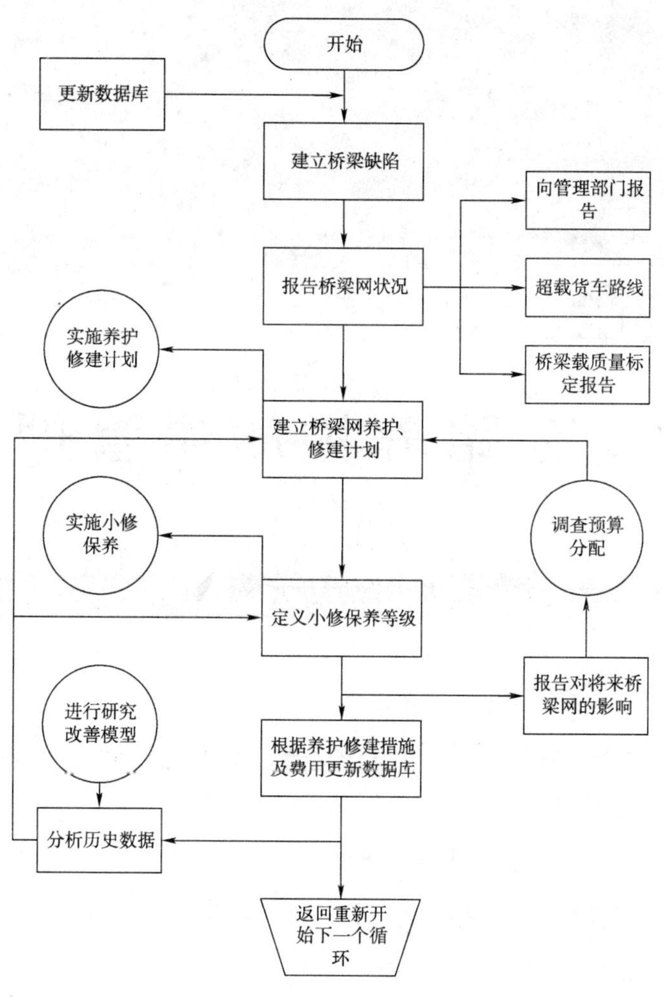

图 1-5　桥梁养护管理系统工作流程图

CBMS 采用层层调用、层层返回的结构方式，结构清晰，各功能相互独立，便于系统维护和功能扩展。

第二章

公路养护质量管理

第一节　普通公路养护质量检查与评定

43. 公路养护质量考核的要求是什么?

答:公路养护质量的要求是保持路面整洁,横坡适度,行车舒适;路肩整洁,边坡稳定,排水畅通;构造物、桥涵及隧道完好;沿线设施完善;绿化协调美观,构成畅、洁、绿、美的公路交通环境。

44. 公路养护质量等级如何进行检查与评定?

答:公路养护质量等级的检查与评定,以公里为单位,以里程碑为界,按路面、路基构造物、桥涵隧道、沿线设施、绿化五项养护质量内容分别评分定级。总分为100分,其中路面50分,路基构造物20分,桥涵隧道、沿线设施、绿化各10分。

根据实地检查评比结果,在1km范围内,总分在90分以上,路面45分以上,路基构造物在15分以上,桥涵隧道、沿线设施、绿化均不低于6分的,定为优等路;总分在75分以上,并且路面在38分以上的,定为良等路;总分在60分以上的,定为次等路;总分在60分以下的,定为差等路。

上述优等路的四个条件中,如有一条达不到要求,即定为良等路;良等路的两个条件中,如有一条达不到要求,即定为次等路。

45. 什么是公路好路率？

答：公路养护质量分为优、良、次、差四个等级。优、良等级公路里程占公路养护总里程的百分比称为“好路率”。好路率作为衡量养护质量的主要指标。其计算公式为：

$$\text{好路率} = \frac{\text{优等路里程} + \text{良等路里程}}{\text{实际评定的养护里程}} \times 100\% \qquad (2\text{-}1)$$

46. 公路养护质量路面评分的标准是什么？

答：根据公路养护质量检查评定标准，路面满分为 50 分。为客观反映路面病害程度，并具有可比性，将路面病害归纳为按面积计算和按长度计算两类。

（1）以面积计算的病害，其每一处的数量，应沿病害待修补边缘丈量，以长乘宽求出面积，并按实际量测的各类病害面积分别乘以其相应的换算系数，换算为折算面积，然后按折算面积之和占该公路理论面积的百分比，即病害含量 Y 扣分。

$$\text{病害含量 } Y = \frac{\text{病害折算面积之和}(m^2)}{\text{该公里公路理论面积}(m^2)} = \frac{\sum F_i K_i}{F_n} \times 100\% \qquad (2\text{-}2)$$

式中：F_i——实际量测的各类病害面积（m^2）；

F_n——该公里公路理论面积，即路面设计宽度乘以长度（m^2）；

K_i——与各类病害相对应的换算系数，见表 2-1。

路面病害换算系数 K 值　　表 2-1

沥青路面		水泥混凝土路面（含砌块路面）		砂石路面	
病害名称	系数	病害名称	系数	病害名称	系数
坑槽	3	沉陷	3	翻浆	3
翻浆	3	拱起或隆起	3	坑槽	2
沉陷	2	板块严重破碎	2	沉陷	2
拥包	1.5	板块断裂	1.5	松散	1
松散	1	板角断裂	1.5	露骨	1
龟裂	1	坑洞	1	车辙	1
车辙	0.5	露骨	1		
脱皮	0.5	砌块路面车辙	1		
啃边	0.5				
泛油	0.2				
网裂	0.1				

(2)以长度计算的病害,沿病害实际长度丈量。沥青路面、砂石路面按其实有数量病害之和扣分;水泥混凝土路面按实际量测的各类病害长度分别乘以其相应的换算系数,换算为折算长度,然后按折算长度之和占该公里公路理论面积的百分比即病害含量 Y_2 扣分。扣分标准见表 2-2 ~ 表 2-4。

$$\text{病害含量 } Y_2 = \frac{\text{病害折算面积之和(m)}}{\text{该公里公路理论面积(m}^2\text{)}} = \frac{\sum F_i K_i}{F_n} \times 100\% \qquad (2\text{-}3)$$

式中符号意义同前。

沥青路面病害扣分标准表 表 2-2

病害名称 / 扣分数	按面积计算	按长度计算(m)	
	坑槽、翻浆、沉陷、拥包、松散、龟裂、车辙、脱皮、啃边、泛油、网裂(%)	波浪(搓板)平整度差	横坡不适
扣 1 分	Y≤0.15	50 以下	
扣 2 分	0.15 < Y≤0.3	50 ~ 100	
扣 3 分	0.3 < Y≤0.45	100 ~ 150	
扣 4 分	0.45 < Y≤0.6	150 ~ 200	
扣 5 分	0.6 < Y≤0.75	200 ~ 250	
	余类推	余类推	
最高扣分(分)	45	12	3

注:①横坡不适最高扣 3 分。扣分标准每个档次均不含下限(以下同)。

②当用连续式平整度仪检测平整度时,实测值每高于标准值 0.5mm 扣 1 分。水泥混凝土路面及砂石路面与此相同。

水泥混凝土路面(含砌块路面)病害扣分标准表 表 2-3

病害名称 / 扣分数	按面积计算	按长度计算
	沉陷、拱起或隆起、板块严重破碎、板块断裂、板角断裂、坑洞、露骨、车辙(砌块路面)(%)	平整度差、错台、唧泥、裂缝、接缝养护差(m)
扣 1 分	Y≤0.3	50 以下
扣 2 分	0.3 < Y≤0.6	50 ~ 100
扣 3 分	0.6 < Y≤0.9	100 ~ 150
扣 4 分	0.9 < Y≤1.2	150 ~ 200
扣 5 分	1.2 < Y≤1.5	200 ~ 250
	余类推	余类推
最高扣分(分)	36	24

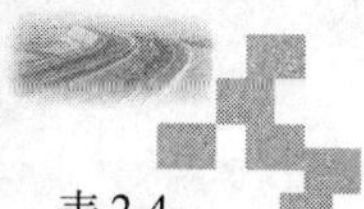

砂石路面病害扣分标准表　　表 2-4

病害名称 / 扣分数	按面积计算	按长度计算(m)	
	坑槽、翻浆、沉陷、松散、车辙、露骨(%)	波浪(搓板)平整度差	横坡不适
扣 1 分	Y≤0.45	50 以下	
扣 2 分	0.45 < Y≤0.9	50～100	
扣 3 分	0.9 < Y≤1.35	100～150	
扣 4 分	1.35 < Y≤1.8	150～200	
扣 5 分	1.8 < Y≤2.25	200～250	
	余类推	余类推	
最高扣分(分)	36	18	6

47. 公路养护质量路基构造物的评分标准是什么?

答:路基构造物满分为 20 分。如存在病害,根据分项病害数量按表 2-5 扣分。路基构造物病害分为按长度和处为单位计算分两类。同一路段路基两侧同时存在病害时,应分别记录并按两侧病害数量累计扣分。

路基构造物扣分标准表　　表 2-5

病害名称 / 扣分数	路肩不清洁、路肩不整齐、水沟淤塞(m)	边坡坍塌(处)	构造物损坏(m)
扣 1 分	100 以下	1～3	20 以下
扣 2 分	100～150	大于 3	20～30
扣 3 分	150～200		大于 30
	余类推		
最高扣分(分)	10	2	3

48. 公路养护质量桥涵隧道的评分标准是什么?

答:桥涵隧道满分为 10 分。如存在病害,根据分项病害数量按表 2-6 扣分,桥涵隧道病害以处为单位计。

桥涵、隧道扣分标准表　　表 2-6

病害名称 / 扣分数	桥头(涵顶)跳车(处)	桥涵排水不良、构部件破损、隧道损坏(处)
扣 1 分	1	1
扣 2 分	2	2
扣 3 分	3	3
	余类推	余类推
最高扣分(分)	4	6

49. 公路养护质量沿线设施的评分标准是什么?

答:沿线设施满分为10分。如存在病害或缺陷,根据分项病害或缺陷数量按表2-7扣分。沿线设施系指除道班房、交调站、通信设施以外的标志标线等附属设施,病害以块(根)、处为单位及长度计。

沿线设施扣分标准表　　表2-7

病害名称 / 扣分数	标志缺损(块或根)	安全设施损坏(处)	标线不完整(m)
扣1分	1~2	1	200以下
扣2分	3~4	2	大于200
扣3分	5~6	3	
	余类推	余类推	
最高扣分(分)	4	4	2

50. 公路养护质量绿化的评分标准是什么?

答:绿化满分为5分。如存在病害或缺陷,根据分项病害或缺陷数量按表2-8扣分。公路用地范围以内按现行公路养护技术规范要求已种有整齐乔木(胸径3cm以上,高度2m以上)、灌木、花卉、整齐草皮覆盖或自然绿化者,均视作已绿化;否则视为未绿化,绿化病害以长度计。

绿化扣分标准表　　表2-8

病害名称 / 扣分数	空白路段(m)	护管不善(m)
扣1分	50~100	300以下
扣2分	100~200	大于300
扣3分	200~300	
最高扣分(分)	3	2

51. 公路养护质量检查有哪些规定?

答:公路养护质量检查有如下规定。

(1)养护质量检查评定中,在同一检查部分(路面、路基等五部分)的同一处有两种以上病害时,以最严重的一种病害数量扣分。

(2)为基层编制养路作业计划的需要,检查时应按百米记录病害数量,再按

整公里累计。算出各项分数及总分数，据以评定每公里的养护质量等级，然后分路线汇总优、良、次、差里程及“好路率”。

(3)对非整公里路段，除按面积计算的路面病害仍按实有病害含量扣分外，其他病害可先按路段实际长度累计病害数量，然后用折算系数 C[$C=1/$实际长度(保留2位小数)]乘以各种病害累计数得该路段各种病害换算数(保留整数)，并以此扣分评定该路段养护质量等级。

(4)当公路因洪水、泥石流、台风等自然灾害而遭到损毁时，为反映真实情况，应如实按标准评定等级，并予以注明；由于施工而开辟的便桥、便道及利用原路进行改建、大修的路段，施工期间原路可暂不评定；路面因冰雪封冻等导致当月不能进行养护质量评定时，可按上月末路况汇总并予以说明。

(5)在某一公里路段内，如无水沟、构造物、桥涵、隧道或属于不可绿化路段和不宜林路段而形成缺项时，该缺项项目可按满分计列。

(6)养护质量检查中，已统计在养护里程内的桥梁、隧道，当其长度不超过1km时，该公里养护质量按桥梁、隧道实得分和其两端道路的其他项目实得分之和评定；当桥梁、隧道长度超过1km时，该公里养护质量按桥梁、隧道项目实得分与其他项目满分之和评定。

公路桥梁、隧道除分别按桥梁、隧道项目检查外，其行车道部分还应按路面进行检查。

公路渡口(如河宽)已统计在公路养护里程之内，其质量等级可按两端引道部分的平均分数计算。

(7)公路路面为不同路面形式的，应将各自所占面积按相应标准检查计分，然后汇总各部分扣分作为该项公里路面扣分。

硬化路肩上出现病害时，按路肩不整齐扣分。

公路两侧的绿化平台的护坡道、碎落台等纳入路基边坡部分进行检查。

52. 什么是公路养护质量综合值，如何计算？

答：为了综合衡量公路养护质量，除统计“好路率”指标外，还应采用“加权平均方法”求得“养护质量综合值”，以便比较。即将优、良、次、差各等级里程分别乘100、80、50、20四个系数，相加后除以实际评定的养护里程而得，其计算分式为：

$$\text{养护质量综合值}=\frac{\text{优等路里程}\times100+\text{良等路里程}\times80+\text{次等路}\times50+\text{差等路}\times20}{\text{实际评定的养护里程}} \tag{2-4}$$

第二节 农村公路养护质量检查与评定

53. 如何对农村公路养护质量等级进行检查评定?

答:农村公路养护中对养护的质量要求主要有保持路面平整、横坡适顺、路肩整洁、边坡稳定、排水畅通、构造物及桥梁隧道完好、沿线设施完善、公路绿化符合要求等内容。

根据上述要求,将公路养护质量分为优、良、次、差四个等级,以优、良等路里程占实际评定的养护里程的百分比,即"好路率",作为评定养护质量的主要指标。

农村公路养护质量等级的检查与评定,以公里为单位,以里程碑为界,按路面、路基构造物、桥涵隧道、沿线设施、绿化五项养护质量内容分别评分。在全国没有统一的农村公路养护质量等级的检查与评定标准,各地可结合当地的实际确定各项目的分值,也可按本章前文第44题的标准要求进行评定。

根据实地检查评比结果,在1km范围内,总分在90分以上(含90分,以下同),并且路面在54分以上,路基构造物在10分以上,桥涵隧道、沿线设施均不低于6分的,定为优等路;总分在75分以上,并且路面在45分以上的,定为良等路;总分在60分以上的定为次等路;总分不足60分的,定为差等路。

上述优等路的四个条件中,如有一条达不到要求,即定为良等路;良等路两个条件中,如有一条达不到要求即定为次等路。

(1)路面质量检查评定

路面质量在养护评分体系中占60分。为客观反映路面病害程度,并具有可比性,将路面病害归纳为按面积计算和按长度计算两类。其扣分标准可参照普通公路相应项目的扣分标准扣分。

(2)路基构造物检查评定

路基构造物:路基构造物满分15分。如存在病害,根据分项病害数量,其扣分标准可参照普通公路相应项目的扣分标准作适当的调整后扣分。路基构造物病害分为按长度和处数计算两类。同一路段路基两侧同时存在病害时,应分别记录并按两侧病害数量累计扣分。

(3)桥涵隧道检查评定

桥涵隧道:满分10分。如存在病害,根据分项病害数量,按其扣分标准可参照普通公路相应项目的扣分标准扣分,桥涵隧道病害以处数计。

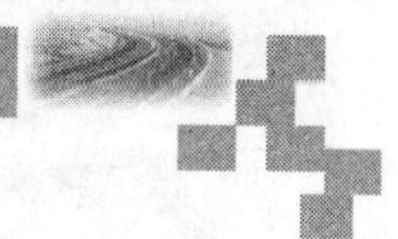

(4)沿线设施检查评定

沿线设施:满分10分。如存在病害或缺陷,根据分项病害或缺陷数量,其扣分标准可参照普通公路相应项目的扣分标准扣分,沿线设施系指除道班房、交调站、通讯设施以外的标志标线等附属设施,病害以块(根)、处数及长度计。

(5)绿化检查评定

绿化:满分5分。如存在病害或缺陷,根据分项病害或缺陷数量,其扣分标准可参照普通公路相应项目的扣分标准扣分,公路用地范围以内按现行公路养护技术规范要求已种有整齐乔木(胸径3cm以上,高度2m以上)、灌木、花卉、整齐草皮覆盖或自然绿化者,均视作已绿化;否则视为未绿化,绿化病害以长度计。

在养护质量检查评定中,在同一检查部分(路面、路基等五部分)的同一处有两种以上病害时,以最严重的一种病害数量扣分。

第三节　高速公路养护质量检查与评定

54.高速公路养护质量要求是什么?

答:高速公路养护质量采用高速公路养护质量指数MQI(Expressway Maintenance Quality Index)和相应分项指标确定,其值域为0~100。

高速公路养护质量根据MQI的计算结果分为优、良、中、次、差5个等级。高速公路养护质量等级按表2-9确定。

高速公路养护质量标准　　表2-9

评价等级	优	良	中	次	差
MQI	≥90	<90,≥80	<80,≥70	<70,≥60	<60

高速公路养护质量指数(MQI)应经常保持80以上。

高速公路养护质量指数(MQI)的各分项指标(PQI、SCI、BCI、TCI)均应保持75以上。当MQI的分项指标值低于75时,必须采取相应的维修措施,改善路况,提高高速公路的服务水平。

55.高速公路养护质量指数MQI是如何确定的?

答:确定高速公路养护质量指数(MQI)所需指标及相关关系见图2-1。

其中:MQI——高速公路养护质量指数,值域为0~100;

PQI——路面养护质量指数(Pavement Quality Index),值域为0~100;

SCI——路基养护状况指数(Subgrade Condition Index),值域为0~100;

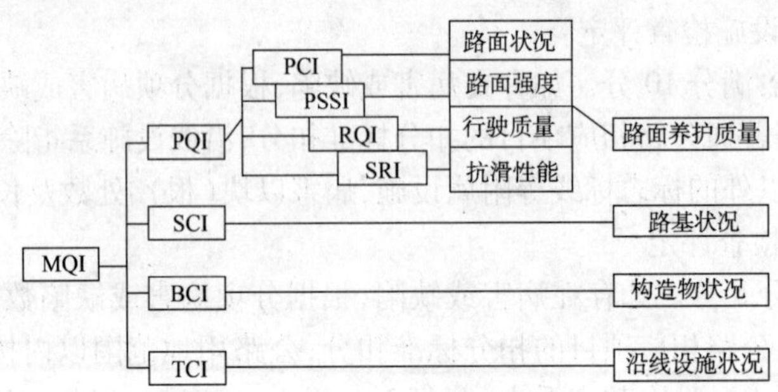

图 2-1　MQI 的相关指标及关系

BCI——桥涵构造物养护状况指数（Bridge and Tunnel Condition Index），值域为 0～100；

TCI——沿线设施养护状况指数（Traffic-facility Condion IndeX），值域为 0～100；

PCI——路面状况指数（Pavement Condition IndeX），值域为 0～100；

RQI——道路行驶质量指数（Riding Quality Index），值域为 0～100；

PSSI——路面结构强度指数（Pavement Structure Strength Index），值域为 0～100；

SRI——路面抗滑性能指数（Pavement Skidding Resisrtance Index），值域为 0～100。

（1）路面养护质量指数（PQI）按式（2-5）计算。

$$PQI = w_{PCI}PCI + w_{PSSI}PSSI + w_{RQI}RQT + w_{SRI}SRI \tag{2-5}$$

式中：w_{PCI}——PCI 在 PQI 中的权重，按表 2～10 取值；

w_{PSSI}——PSSI 在 PQI 中的权重，按表 2～10 取值；

w_{RQI}——RQI 在 PQI 中的权重，按表 2～10 取值；

w_{SRI}——SRI 在 PQI 中的权重，按表 2～10 取值。

PQI 指标权重系数　　表 2-10

评价指标	沥青混凝土路面	水泥混凝土路面
PCI	0.35	0.40
RQI	0.35	0.40
PSSI	0.20	—
SRI	0.10	0.20

①路面状况指数（PCI）

路面状况指数（PCI）按式（2-6）～式（2-8）计算。

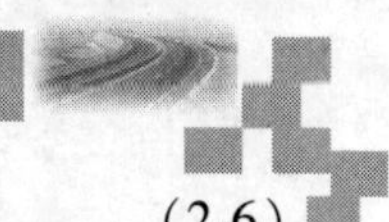

$$PCI = 100 - a_0 DR^{a_1} \tag{2-6}$$

$$DR = 100 \frac{\sum_{i=1}^{21} w_i A_i}{A} \text{（沥青混凝土路面）} \tag{2-7}$$

$$DR = 100 \frac{\sum_{i=1}^{23} w_i B_i}{B} \text{（水泥混凝土路面）} \tag{2-8}$$

式中：DR——沥青混凝土路面破损率或水泥混凝土路面坏板率（%），沥青混凝土路面破损率为路面各种破损的折合面积之和与调查路面面积之比，以百分数表示；水泥混凝土路面坏板率为各种破损的折合坏板数之和与实际调查路面板块总数之比，以百分数表示；

A_i——沥青混凝土路面破损中，第 i 类破损（分严重程度）的调查面积（m^2）；

A——沥青混凝土路面的实际调查面积（调查路段长度与有效路面宽度之积）（m^2）；

B_i——水泥混凝土路面破损中，第 i 类破损（分严重程度）的坏板数；

B——水泥混凝土路面实际调查板块总数；

w_i——沥青混凝土路面或水泥混凝土路面破损中第 i 类破损（分严重程度）的权重，沥青混凝土路面破损权重按表 2-11 取值，水泥混凝土路面破损权重按表 2-12 取值；

a_0——标定系数，采用 15.00；

a_1——标定系数，采用 0.41。

沥青混凝土路面破损类型和换算系数　　表 2-11

类型		程度	权重（w_i）	单位
裂缝类	龟裂	轻	0.6	平方米（m^2）
		中	0.8	
		重	1.0	
	块状裂缝	轻	0.4	平方米（m^2）
		重	0.6	
	纵向裂缝	轻	0.4	长度（m）×0.2（m）
		重	1.0	
	横向裂缝	轻	0.4	长度（m）×0.2（m）
		重	1.0	

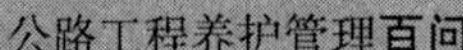

续上表

类型		程度	权重(w_i)	单位
松散类	坑槽	轻	0.8	平方米(m^2)
		重	1.0	
	松散	轻	0.6	平方米(m^2)
		重	1.0	
变形类	沉陷	轻	0.4	平方米(m^2)
		重	1.0	
	车辙	轻	0.4	长度(m)×0.2(m)
		重	1.0	
	波浪拥抱	轻	0.4	平方米(m^2)
		重	0.8	
其他	泛油		0.2	平方米(m^2)
	修补不良		0.2	

注:纵向裂缝、横向裂缝和车辙的检测单位为米(m)。

水泥混凝土路面破损类型和换算系数 表 2-12

类型	损坏状态描述	程度	权重(w_i)	单位
破碎板	裂缝将板块分为3块以上	轻	0.6	块
		重	1.0	
裂缝	面板内仅存在一条裂缝,包括横向裂缝、纵向裂缝和不规则的斜向裂缝	轻	0.3	块
		中	0.6	
		重	0.8	
板角断裂	裂缝与纵横向缝相交,且交点距角点等于或小于板长的一半	轻	0.2	块
		中	0.4	
		重	0.6	
错台	接缝两边出现高差	轻	0.4	条
		重	1.0	
唧泥	板块在荷载通过时明显活动,接缝处有沉积的基层材料		0.5	块
边角剥落	沿接缝单侧约一个板厚宽度范围内的板边破碎,裂缝面与板面成一定角度未贯通板厚	轻	0.2	条
		中	0.3	
		重	0.4	

续上表

类型	损坏状态描述	程度	权重(w_i)	单位
接缝料破损	因填缝料老化、挤出、剥落等原因，接缝内无填料或被砂、石、土填塞	轻	0.1	条
		重	0.2	
坑洞	板内出现有效直径>3cm，深度>1cm的局部坑洞		0.5	块
修补损坏	板面损坏修补后又出现损坏	轻	0.4	块
		中	0.6	
		重	0.8	
拱起	横缝两侧的板体发生明显抬高		0.8	条
层状剥落	板表面细集料散失、粗集料暴露或表层松疏剥落	轻	0.2	块
		重	0.3	

②行驶质量指数(RQI)

行驶质量指数(RQI)按式(2-9)计算。

$$\mathrm{RQI}=\frac{100}{1+a_0\exp(a_1\mathrm{IRI})} \tag{2-9}$$

式中：IRI——国际平整度指数(m/km)；

a_0——标定系数，采用0.0185；

a_1——标定系数，采用0.437。

③路面结构强度指数(PSSI)

路面结构强度指数(PSSI)按式(2-10)和式(2-11)计算。

$$\mathrm{PSSI}=\frac{100}{1+a_0\exp(a_1\mathrm{SSI})} \tag{2-10}$$

$$\mathrm{SSI}=\frac{l_R}{l_0} \tag{2-11}$$

式中：SSI——结构强度系数，为路面容许弯沉与实测代表弯沉之比；

l_R——路面允许弯沉(mm)；

l_0——实测代表弯沉(mm)；

a_0——标定系数，采用15.71；

a_1——标定系数，采用-5.19。

④抗滑性能指数(SRI)

抗滑性能指数(SRI)按式(2-12)计算。

$$SRI=\frac{100-SRI_{min}}{1+a_0\exp(a_1 SFC)}+SRI_{min} \qquad (2\text{-}12)$$

式中：SFC——横向力系数，按实测值计；

SRI_{min}——抗滑性能限值，采用25；

a_0——标定系数，采用266.0；

a_1——标定系数，采用-0.139。

（2）路基状况指数（SCI）按式（2-13）计算。

$$SCI=i_0^{-1}\sum_{i=1}^{i_0}SCORE_{iSCI} \qquad (2\text{-}13)$$

式中：$SCORE_{iSCI}$——第 i 项路基检查内容的得分，按表 2-13 的规定计算；

i——第 i 项路基检查内容；

i_0——路基检查评价项目总数，取6。

路基检查项目及评分标准 表2-13

项目名称	单位	程度	扣分	最高评价值	备注
路肩、边沟不洁	m		1	100	每2m扣1分
路肩损坏	m^2	轻	1	100	每1m^2扣1分
		重	2		每1m^2扣2分
边坡坍、水毁冲沟	处	轻	20	100	长度≤5m
		中	30		长度5~10m
		重	50		长度>10m
路基构造物损坏、路缘石缺损	处	轻	20	100	长度≤5m
		中	30		长度5~10m
		重	50		长度>10m
路基整体沉降	处	轻	20	100	长度≤5m
		中	30		长度5~10m
		重	50		长度>10m
排水系统淤塞	m	轻	1	100	一般性淤塞，每1m扣1分
	处	重	20		全截面淤塞，每处扣20分

（3）桥涵构造物状况指数（BCI）按式（2-14）计算。

$$BCI=i_0^{-1}\sum_{i=1}^{i_0}SCORE_{iBCI} \qquad (2\text{-}14)$$

式中：$SCORE_{iBCI}$——第 i 项桥涵构造物检查内容的得分，按表 2-14 的规定计算；

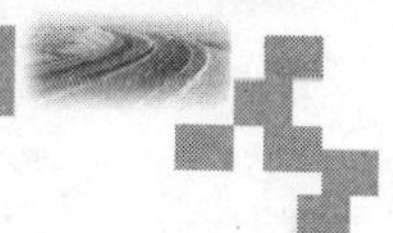

i——第 i 项桥涵构造物；

i_0——桥涵构造物评价项目总数，取12。

桥涵构造物检查项目及评分标准　　表2-14

类别	项 目 名 称	单位	程度	扣分	最高评价值	备　注
桥梁	桥梁技术状况	类	一、二	0	100	采用《公路桥涵养护技术规范》规定的桥梁状况评定办法
			三	30		
			四	70		
			五	100		
	桥头跳车	处		10	100	明显跳车
	伸缩缝损坏	处		10	100	
	泄水孔堵塞	处		10	100	
	栏杆护栏损坏	处		10	100	
	翼墙锥坡损坏	处		10	100	
	上跨桥防落网损坏	处	轻	10	100	有效直径≤0.2m
			重	30		有效直径>0.2m
隧道	洞体损坏	处		10	100	
	渗漏、积水排、水不良	处		20	100	
	通风、监视系统故障	处		10	100	
	照明设施故障	处		10	100	
涵洞	涵洞损坏淤积	处		10	100	

(4)沿线设施状况指数(TCI)按式(2-15)计算。

$$\mathrm{TCI} = i_0^{-1}\sum_{i=1}^{i_0}\mathrm{SCORE}_{i\mathrm{TCI}} \tag{2-15}$$

式中：$\sum_{i=1}^{i_0}\mathrm{SCORE}_{i\mathrm{TCI}}$——第 i 项沿线设施检查内容的得分，按表2-15的规定计算；

i——第 i 项沿线设施；

i_0——沿线设施评价项目总数，取8。

沿线设施检查项目及评分标准　　表2-15

项目	项 目 名 称	单位	程度	扣分	最高评价值	备　注
1	收费站服务区设施护管不善	处		10	100	
2	防撞护栏缺损	处	轻	10	100	长度≤4m
			重	30		长度>4m

续上表

项目	项目名称	单位	程度	扣分	最高评价值	备注
3	隔离栅缺损	处		20	100	
4	紧急电话缺损	处		10	100	
5	标志缺损	处		10	100	
6	标线缺损	m		1	100	每缺损10m扣1分,不足10m按10m计算
7	绿化空白路段	m		1	100	
8	绿化护管不善	m		1	100	

高速公路养护质量指数(MQI)按式(2-16)确定。

$$MQI = w_{PQI}PQI + w_{SCI}SCI + w_{BCI}BCI + w_{TCI}TCI \quad (2\text{-}16)$$

式中:w_{PQI}——PQI 在 MQI 中的权重,取值为0.65;

w_{SCI}——在 SCI 中 MQI 的权重,取值为0.10;

w_{BCI}——BCI 在 MQI 中的权重,取值为0.15;

w_{TCI}——TCI 在 MQI 中的权重,取值为0.10。

56. 高速公路养护质量的检测方法有哪些?

答:(1)高速公路养护质量评定所需数据的检测应积极采用现代化检测设备,以提高数据检测精度和质量。

(2)高速公路养护质量评定所需数据按上行方向(桩号递增方向)和下行方向分别检测和记录。

(3)路面破损状况检测:

①路面破损状况按表2-11和表2-12规定的类型和内容进行现场调查;

②路面破损状况检测范围包含所有行车道和超车道,紧急停车带按路肩处理;

③路面破损状况数据应采用自动化的检测系统自动检测,条件不具备时可采用实地丈量,用路况数据采集仪(PCR)记录的方法采集。

(4)路面结构强度检测:

①路面结构强度应采用连续式路面自动弯沉仪或落锤式弯沉仪检测;

②弯沉检测数量应不小于20点/车道·公里·方向;

③路面结构强度只检测外侧行车道。

(5)道路平整度检测：

①道路平整度应采用车载式颠簸累积仪或其他自动化设备检测；

②道路平整度检测设备必须进行定期标定，每年至少标定一次；

③道路平整度只检测外侧行车道，每100延米记录一个检测结果。

(6)路面抗滑性能检测：

①路面抗滑性能检测应采用横向力系数检测车(SCRIM)或其他自动化检测设备；

②路面抗滑性能检测数量应不小于10段/车道·公里·方向；

③路面抗滑性能只检测外侧行车道。

(7)高速公路养护质量评定所需要的路基、桥涵构造物和沿线设施数据，应采用实地丈量的方法，用路况数据采集仪采集。

(8)在桥梁检测时，有条件的省市应积极采用桥梁综合检测车。

(9)高速公路养护质量评定所需数据的调查频率按表2-16的规定执行。

高速公路养护质量数据的调查频率　　表2-16

调查项目	调查内容	调查频率
路面	路面结构强度(PSSI)	全面调查：每2年1次
	路面抗滑性能(SRI)	全面调查：每2年1次
	路面平整度(RQI)	全面调查：每1年1次
	路面破损状况(PCI)	全面调查：每3个月1次
路基	路基、路肩、边坡、边沟	全面调查：每3个月1次
桥涵构造物	桥梁、涵洞、隧道、	全面调查：每3个月1次
沿线设施	收费站、服务区、标志和标线	全面调查：每3个月1次

57. 高速公路养护质量评定方法有哪些规定？

答：(1)高速公路养护质量评定包括MQI计算、质量分级和次差路率确定。

①路段MQI计算：高速公路管理单位或经营公司应按式(2-16)，以公里为单位计算路段MQI。

②区间或路线MQI计算：在进行以区间或路线为单位的养护质量评定时，应采用区间或路线内所有路段的MQI算术平均值，作为该区间或路线的MQI值。

③养护质量评价：按表2-9规定的标准对各路段、区间或路线进行养护质量

评价,确定养护质量等级。

④次差路率确定:根据各路段 MQI 的评价结果,按式(2-17)计算区间或路线的次差路率(ROP)。

$$ROP = 100 \times (次等率里程 + 差等路里程) \div 检测里程 \tag{2-17}$$

式中:ROP——次差路率%。

(2)高速公路养护质量评定工作由高速公路管理单位或经营企业具体负责实施,每季度评定一次。

(3)高速公路管理单位或经营企业应于每个季度的首月 10 日前,要求向省级交通主管部门或公路管理机构报送所辖高速公路养护质量的评定资料。高速公路匝道的养护质量由高速公路管理单位或经营企业自行评定,评价结果不纳入统计和上报范围。

(4)高速公路管理单位或经营企业应及时利用计算机信息系统,如:高速公路路面管理系统(CPMS),对所检测的数据进行分析处理,根据评定结果提出养护对策,确保高速公路的养护质量和服务水平。

(5)检测单位应积极引进现代化的检测技术(仪器、设备和系统),提高检测数据的准确性。

(6)省级交通主管部门和公路管理机构应加强对高速公路养护质量评定工作定期和不定期的检查和监督,确保检测结果真实可信。

(7)高速公路养护质量(MQI)评定时,对不足 1km 的路段按 1km 处理。

(8)桥涵构造物扣分计入桥涵构造物所属路段。

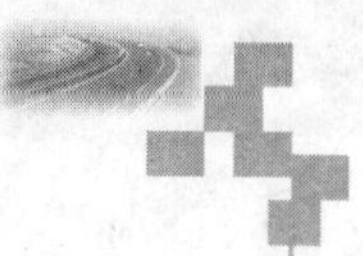

第三章

公路养护计划管理

第一节　公路养护计划管理

58. 什么是公路养护计划管理？编制公路养护计划的作用是什么？

答:公路养护工程的计划管理,是指从事公路养护的各级部门,用计划来组织、协调其生产、技术、财务活动的一种综合性管理工作。

编制公路养护计划的作用是:通过编制养护计划,掌握公路网的养护需求,确定合理的公路养护规模,有计划、有目标地实施公路网的科学管理和养护工作;通过编制养护计划,提出公路网的大修、中修和日常养护预算,为向上级部门申请公路养护资金,提供科学的“公路养护预算编制报告”。

59. 公路养护工程计划的编制原则是什么?

答:公路养护工程计划由省级公路管理机构编制,报省级交通主管部门批准后执行。

公路养护工程计划编制时应遵循“先重点、后一般,先干线、后支线”的原则。对于国省干线公路和具有重大政治、经济、国防意义的公路养护工程、抗灾抢险工程,要优先安排。

公路管理机构在安排养护工程项目时,应参照公路路面和桥梁管理系统评定的结果,做到决策科学化。

60. 公路养护计划管理的主要任务是什么?

答:公路养护计划管理的任务如下:

(1)确保完成上级下达的公路小修保养、大中修、改善工程的任务,提高好路率,消灭差等路,不断提高公路技术标准,完善公路沿线设施;

(2)合理地组织和安排公路局(段)、生产班组的人力、物力和财力,在认真作好综合平衡的基础上,积极挖掘公路局(段)、道(施工)班的生产潜力,采用先进的养护技术和科学的管理方法;

(3)结合管养路段的自然条件、技术状况和资金情况,在计划安排上应贯彻先重点路线、后一般路线,先小修保养、后大中修和改善的原则,做到任务平衡,人力、物力安排得当。

公路养护计划,包括制订长远规划,编制、执行、检查年度、季度、月(旬)作业计划。按计划内容可分为公路保养小修计划、大中修工程计划、改善工程计划、公路绿化计划、养护经费收支计划、劳动工资(包括民工建勤)计划、物资供应计划等。

61. 公路养护计划管理的内容有哪些?

答:为保障既定的计划任务有条不紊地进行,有效地对项目的进度、质量、费用进行控制,避免出现混乱和低效率的管理行为,因此,必须充分运用组织措施、管理措施、经济措施、技术措施和合同管理等手段,全面加强计划管理工作。同时,计划管理又是一个动态管理过程,可以分为不同的几个阶段,主要体现在计划执行的进度上,按照不同的阶段计划管理工作主要内容如下。

(1)计划进度目标的确定:进度目标应在收集资料和调查研究的基础上,经过分析论证,确定较为合理的进度目标,只有合理的进度目标才能按计划实现。同时计划有其严肃性,计划一但确定,各有关方面必须认真贯彻执行,一般情况是不允许随意调整。

(2)计划执行情况的检查:为了计划能够得到认真的贯彻执行,相关管理部门必须对整个计划实施阶段进行定期或不定期的跟踪检查,以及时发现和解决计划实施中问题,确保计划得以顺利实施。只有认真执行好每一个单项工程具体计划,才能保证总体计划的顺利完成。因此,对计划的执行情况跟踪与检查,是计划管理工作的重要内容和重要环节。

(3)计划调整:具体工程项目的实施受自然条件、社会环境、物资供应、机械故障、安全等方面的综合影响,有诸多不确定因素存在。若计划执行中受客观条

件的严重制约，虽经主观积极努力，但还是难以按计划完成任务的，项目实施者应及时向上级报告，充分说明原因及面对困难所采取的积极措施和计划调整后完成时间，经过上级批准，则可按批准的调整计划继续执行。

根据管理层次不同，计划管理的具体内容和深度也有所不同。

62. 公路养护工程经费的来源有哪些？收费公路的养护工程费来源有哪些？

答：根据《中华人民共和国公路法》(2004 年 8 月 28 日第十届全国人民代表大会常务委员会第十一次会议关于修改〈中华人民共和国公路法〉的决定第二次修正)第四章第三十六条规定：国家采用依法征税的办法筹集公路养护资金，具体实施办法和步骤由国务院制定。依法征税筹集的公路养护资金，必须专项用于公路养护和改建工程。

但采用依法征税筹集公路养护资金的办法目前还未正式实施，具体实施办法和步骤由国务院另行规定。目前仍然依照交通部(91)交公字 714 号文规定征收养路费：为保障公路养护和改建的资金来源，根据《中华人民共和国公路管理条例》第十八条“拥有车辆的单位和个人，必须按照国家规定，向公路养护部门缴纳养路费”。

公路养路费是国家按照“以路养路、专款专用”的原则，向有车单位和个人征收的用于公路养护、修理、技术改造、改建和管理的专项事业费。养路费征收工作由各省、自治区、直辖市公路主管部门统一领导，根据《公路管理条例》的规定，并按“收管用一体，统收统支，收支两条线，严格核查”的原则，组建养路费征收稽查机构具体负责实施，其他任何单位和个人都无权征收和决定减征或免征养路费。

凡有车单位和个人必须按照相关规定缴纳养路费。任何部门、单位和个人不得阻挠养路费征收稽查工作，也不得拒绝接受检查。

养路费的征收方式有两种：

按费率方式——对具有健全运输计划、行车记录、统计资料，能准确反映营运收入总额，并实行独立经济核算的专业公路运输企业，按营运收入总额和规定的费率标准计征；

按费额方式——除按费率计征的车辆以外，其余车辆均按核定载重吨位和规定的费额标准计征。

养路费实行“一处交费，通行全国”的制度。

养路费的使用，必须贯彻“全面规划、加强养护、积极改善、重点发展、科学管理、保证畅通”的方针；本着干支公路兼顾，干线公路为主，养护与改建兼顾，以养护为主的原则，由省级公路管理部门统一管理、统筹安排。

养路费使用范围的规定如下。

(1)养护工程费：包括公路小修保养费，大中修工程费，水毁抢修及修复工程费，改建工程费，新建工程补助费，公路渡口费，绿化费，道渡、道班房修建费，县乡公路补助费，养护改建工程测设费以及养护机械、车辆设备购置费。

(2)养护事业发展费：包括行政管理费，养护专用机械、构件、材料厂（场、库）建设费，养护管理技术进步开发、养护科研、教育费，路况及交通量情况调查费，养路职工宿舍和养路段、站必须的生产房屋修建费，路政管理费。

(3)养护其他费：包括劳动保险，非固定职工福利、奖励、医药抚恤费、退职、退休、离休人员费，边远地区养护职工子弟学校经费，国家规定要缴纳、支付的其他税、费等。

养路费使用安排的比例：用于养护工程方面的费用比例，每年不低于养路费总支出的百分之八十。同时，首先确保公路小修保养和大中修工程费的需要，然后，再根据经费的可能，安排其他工程项目。不得挤掉正常养护经费而安排新、改建工程和其他支出。

若公路养路费征收超过年度征收计划，则养路费可实行超收分成办法，对地（市）、县的分成比例由省（自治区、直辖市）交通厅（局）与发改委、财政厅（局）商定下达。分成部分各按有关规定范围使用。

计划的编制和下达：养路费年度收、支计划由省级公路管理部门平衡汇总，报送省（自治区、直辖市）、交通厅（局）、发改委审定下达。核准下达的养路费年度计划报交通部备案，同时抄省（自治区、直辖市）财政厅、发改委、审计局、银行备查。

收费公路的养护工程费来源主要是收取过往车辆的通行费。

实行部门预算的地方，按部门预算的规定要求办理。

63. 如何编制公路大、中修年度计划？

答：首先，根据所辖区域各养护路线的现状，调查清楚公路及其工程设施的一般性磨损程度、局部损坏状况、修复周期、好路率指标要求，已建立路面管理系统、桥涵管理系统、路基管理系统、隧道管理系统的，因综合考虑各种要素，结合当年可以使用的年度大中修经费额度，制订公路年度大中修计划，以满足公路及其工程设施的正常使用要求。未建立管理系统的，应逐步建立和完善，以实现公路管理的规范化、现代化、信息化，提高工作效率、降低劳动强度、节约公路养护成本。应逐步建立大中修工程项目储备工作，做到合理、科学地编排计划。

64. 如何编制公路小修保养年度计划?

答:根据所辖区域各养护路线的里程长度、技术等级、路面类型和结构形式、路基路面宽度、交通量、主要构造物、沿线设施和绿化的布设情况,按照公路养护工程小修保养定额、费用标准,人工、材料、机械台班单价的依据或来源,编制小修保养年度经费总费用,并根据年内各个月的一般养护工作内容,按月(旬)分解安排经费计划,以掌握按计划使用。

第二节　公路养护统计管理

65. 公路养护统计工作的任务是什么?

我国《统计法》第二条规定:“统计的基本任务是对国民经济和社会发展情况进行统计调查、统计分析,提供统计资料和统计咨询意见,实行统计监督”。公路养护统计是社会经济统计的组成部分,是一门专门统计,其基本任务当然也不例外。公路养护统计的主要任务可以归纳为:准确、及时、全面、系统地搜集整理和分析公路养护统计资料,为上级领导制订政策和编制计划提供依据,为检查政策和计划执行情况进行统计调查和监督。

66. 公路养护统计工作的内容是什么?

答:公路养护统计工作的内容主要有:公路里程统计;公路密度统计;公路构造物统计;公路养护质量统计;养护工程进度统计;交通流量统计等。

(1)公路里程统计

公路里程是指在一定时期内实际达到现行《公路养护技术规范》规定的等级公路的里程数。它以公里为计量单位,是反映公路实体特征的总量指标,公路里程的数量及构成变动,直接影响其他指标的准确程度和可比性。因此公路里程统计必须按照有关规定进行。

公路里程统计可如下分类。

①按公路技术等级分:高速公路、一级公路、二级公路、三级公路、四级公路,以及不够上述技术标准的等外公路。

②按公路行政等级分:国家干线公路、省级干线公路、县级公路、乡级公路(简称国道、省道、县道、乡道)。目前结合农村公路建设,又有一个村道公路。

③按公路通车情况分为晴雨通车里程和晴通雨阻里程。

晴雨通车里程:是指全年无论晴天、雨天均能正常通行汽车的公路里程。

晴通雨阻里程:是指每逢雨天即不能通行大型汽车的公路里程。

④按公路的管养方式分为常年养护里程和季节性养护里程。常年养护里程,系全年对公路进行全面的经常性的养护里程;季节性养护里程,指临时性组织人员进行季节性养护的里程。

⑤按公路绿化情况可分为公路绿化里程和公路未绿化里程。

(2)公路密度统计

公路密度是指一定土地面积或一定人口平均拥有的公路里程数。它反映全国或某一地区公路网的密度情况,以测定公路在一定时期的发展水平和对国民经济的适应程度,为制订公路建设方针、政策,拟订公路网发展规划提供依据。

公路密度指标有如下两种计算方法。

①按土地面积计算的公路密度:指报告期一定土地面积平均拥有的公路里程数,计算单位为公里/百平方公里。

②按人口计算的公路密度:指报告期一定人口所平均拥有的公路里程数,计算单位为公里/万人。

(3)公路构造物统计

①公路桥梁、涵洞、漫水工程、隧道、渡口码头统计

根据现行《公路养护工程技术标准》:公路桥梁按多孔跨径总长或单孔跨径可分为特大桥、大桥、中桥、小桥,计算单位为米/座。

单孔跨径小于5m的统称为涵洞,计算单位为米/道。

公路漫水工程是指过水路面或低水位漫水桥,计算单位为米/处。

隧道是指山体中或地下建成的公路通道,计算单位为米/座。

渡口码头:计算单位为处。

②路线交叉、交通工程及沿线设施统计

路线交叉可分为:互通式立体交叉、分离式立体交叉、平面交叉、公路与铁路相交叉、公路与管线等相交叉。互通式立体交叉又可分为枢纽互通式立体交叉和一般互通式立体交叉两类。计算单位为处。

交通工程及沿线设施是按照“保障安全、提供服务、利于管理”的原则进行设计设置。包括交通安全设施、服务设施和管理设施三种,并根据不同的适用范围分为A、B、C、D四个等级。

交通安全设施包括:标志、标线、视线诱导标、隔离栅、防护网、防眩设施、护栏、防撞设施等,特殊路段安全设施还有防风栅、防雪(沙)栅、防落网、积雪标杆等。

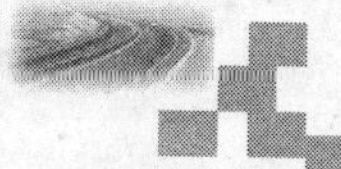

服务设施包括:服务区、停车区和公共汽车停靠站。其中服务区应提供停车场、公共厕所、加油站、车辆修理所、餐饮与小卖部等设施。

管理设施包括:监控、收费、通信、配电、照明和管理养护等设施。

(4)公路养护质量统计

公路养护质量的要求:保持路面整洁,横坡适度,行车舒适;路肩整洁,边坡稳定,排水畅通;构造物完好;沿线设施完善;绿化协调美观,逐步实施GBM工程,力争构成畅、洁、绿、美的公路交通环境。

公路养护质量的考核评定是根据现行《公路养护质量检查评定标准》办理,根据路况实际达到质量要求的程度进行考核评分,划分为优、良、次、差四个等级,以优、良等公路里程占养护总里程的百分比即"好路率",作为衡量养护质量的主要指标。"养护质量综合值"作为衡量养护质量的辅助指标。

一般情况下,每年初,地(市)级公路管理机构根据实际下达年度"好路率"指标,分为年度月平均"好路率"和年末"好路率"。由各县(市)公路管理机构贯彻执行,每月考核评定一次并逐级统计上报。

(5)养护工程进度统计

按照规定的养护工程费使用范围内的项目均应逐项列入统计,其内容有:

①小修保养——路基、路面、桥涵、隧道、渡口码头、绿化、交通工程及沿线设施;

②大中修——路基、路面、桥涵、隧道、渡口码头、交通安全设施及其他;

③水毁抢修工程;

④绿化;

⑤管理用房建设;

⑥厂场库建设;

⑦新改建工程;

⑧跨年结转项目。

养护工程统计具体项目是根据上级下达的计划或批准的设计预算,按各项目实际完成工程量分别统计上报。各项工程要求按年度计划完成,有正当理由完不成的,必须报请上级批准才能结转下年度继续完成。

(6)交通流量统计

交通量(即行车密度)是指一条公路路线某一断面的平均昼夜往来通过的各种车辆数,它是反映该条公路路线或路段的车辆行驶频繁程度的指标。交通流量统计主要为公路建设规划、旧路技术改造,可行性研究,制订公路养护计划及交通管理措施等提供重要基础数据。

交通量观测点是根据上级统一部署设点和定时，并按照路线重要程度分别采用不同的观测方式——连续式和间隙式两种。观测方法分为自动观测和人工观测两类。

交通量观测数据是根据规定的各类车辆折算系数计算得出，主要为汽车合计、机动车合计、混合交通量，分月平均和年平均统计上报统计报表。

第四章

公路养护工程施工管理

第一节　建设市场管理

67. 建设市场的主体有哪些?

答:公路建设市场主体是指公路建设的从业单位和从业人员。从业单位是指从事公路建设的项目法人,项目建设管理单位,咨询、勘察、设计、施工、监理、试验检测单位,提供相关服务的社会中介机构以及设备和材料的供应单位。从业人员是指从事公路建设活动的人员。

68. 什么是项目法人责任制?

答:项目法人责任制是指经营性建设项目由项目法人对项目的策划、资金筹措、建设实施、生产经营、偿还债务和资产的保值增值实行全过程负责的一种项目管理制度。

公路建设项目依法实行项目法人负责制。项目法人可自行管理公路建设项目,也可委托具备法人资格的项目建设管理单位进行项目管理。项目法人或者其委托的项目建设管理单位的组织机构、主要负责人的技术和管理能力应当满足拟建项目的管理需要,符合国务院交通主管部门有关规定的要求。

69. 项目法人资格标准是什么?

答:项目法人资格标准是:

(1)具有与招标项目相适应的工程管理、造价管理、财务管理能力;

(2)有组织编制公路养护工程施工招标文件和标底的能力;

(3)有对投标人进行资格审查和组织评标的能力。

70.公路养护工程市场管理的原则是什么?

答:公路养护工程市场实行统一领导,分级负责。

交通部主管全国公路养护工程市场准入的监督管理工作。省级交通主管部门负责分行政区域内公路养护工程市场准入的管理工作。省级公路管理机构负责本行政区域内公路养护工程市场准入的具体管理工作。

交通部的主要职责:

(1)监督执行国家有关公路养护的政策和法规;

(2)指定公路养工程市场准入管理的有关规章;

(3)监督行业规章和技术规范的执行;

(4)培育和规范全国公路养护工程市场;

(5)依法查处违反公路养护工程市场管理暂行规定的行为。

省级交通主管部门的主要职责:

(1)监督执行国家有关公路养护政策、法规、规章和技术规范;

(2)指定本行政区域内公路养护工程市场准入管理的有关规定;

(3)负责本行政区域内公路养护工程从业单资质审定和资质证书的颁发;

(4)维护本行政区域内公路养护工程市场秩序;

(5)依法查处本行政区域内违反公路养护工程市场管理暂行规定的行为。

省级公路管理机构的主要职责:

(1)监督执行公路养护工程市场准入管理的有关规定;

(2)负责组织本行政区域内公路养护工程从业单位从业资质的审查和复审等具体管理工作;

(3)负责对进入本行政区域内从事公路养护工程作业的外埠从业单位资质的确认;

(4)发布本行政区域内公路养护工程市场信息;

(5)承办省级交通主管部门委托的其他事情。

71.公路养护工程市场准入实行什么制度?

答:公路养护工程市场准入实行资质评定、复审和确认制度。资质评定是对公路养护工程从业单位的资历、能力和信誉的认定;复审是对已具备资质且

已进入公路养护工程市场的从业单位的能力、业绩和信誉进行认定；确认是对外省、自治区、直辖市已具备资质的养护从业单位进入本省、自治区、直辖市承揽公路养护工程时对其能力、业绩和信誉进行认定。

72. 如何申报公路养护工程资质？

答：申报公路养护工程资质的从业单位必须提出书面申请，按要求填写申报表，并提供下列资料：

（1）从业单位企业法人营业执照或者事业单位法人证书；

（2）主要负责人身份确认文件；

（3）所有工程技术、经济管理人员的职称（资格）证书复印件和养护技术工人上岗等级证书复印件；

（4）从事公路养护工程的资历、能力的评价和证明；

（5）从业单位连续3年财务状况的有效证明；

（6）拥有公路养护工程设备的有关证明。

73. 公路养护工程从业单位的资质如何划分？

答：公路养护工程从业单位的资质分为三个类别，共五个级别。

一类：可以承担大型、特大型桥梁和长、特长隧道以及特殊复杂结构的桥隧构造物的中修和大修工程。

二类：二类公路养护工程资质分为甲级、乙级。

甲级：可以承担一级公路和高速公路的路基、路面、中小桥、涵洞、中段隧道、绿化及沿线设施（不含监控、通信、收费管理系统）等的中修、大修养护工程。

乙级：可以承担二级及其以下公路的路基、路面、中小桥、涵洞、中短隧道、绿化及沿线设施（不含监控、通信、收费管理系统）等的中修、大修养护工程。

三类：三类公路养护工程资质分为甲级、乙级。

甲级：可以承担高速公路和一级或者二级公路的小修保养。

乙级：可以承担二级及其以下等级公路的小修保养作业。

各个类、级别的公路养护工程从业单位只允许进行本类、本级别规定范围内的公路养护工程，不能跨级从事其他级别的公路养护工程作业。公路养护工程从业单位可申请一个或一个以上类、级别的从业资质。

74. 申请一类公路养护工程从业资质的从业单位应具备哪些条件？

答：（1）具有从事大、特大型桥梁、特殊复杂结构桥梁或长、特长隧道中修或者大修养护工程5年以上作业经历。

(2)近5年独立承担过10座以上的大、特大型桥梁和2座长、特长隧道的中修和大修工程,工程质量合格。没有长、特长隧道的省份,可取消隧道养护从业资质的相关条件。

(3)工程技术、经济管理专业技术职称的人员不少于15人,其中公路、桥梁专业中级职称以上的人员不少于10人。

(4)从事公路桥梁或隧道大中修养护工程施工的工人必须具有相应养护维修操作等级证书,其中高级工不少于10人,中级工不少于20人。

(5)注册资本金或者固定资产200万元以上。

(6)具有与公路大、特大型桥梁、特殊复杂结构桥梁或者长、特长隧道中修以上养护工程施工相应的专业机具设备。

75. 申请二类公路养护工程从业资质的从业单位应具备哪些条件?

答:申请二类甲级公路养护工程从业资质的从业单位应具备如下条件。

(1)具有一级和高速公路的路基、路面、中小桥、中短隧道、涵洞、绿化、渡口及沿线设施(不含监控、通信、收费系统)等的中修、大修养护工程5年以上作业经历。

(2)近5年独立承担过以下工程项目,且工程质量合格:

不少于30公里的一级公路和高速公路的路基、路面大中修工程;

不少于20公里一级公路和高速公路绿化工程。

(3)工程技术、经济管理人员不少于15人,其中公路、桥梁专业中级以上职称的人员不少于10人。

(4)从事一级和高速公路大中修工程施工的工人必须具有相应工种的养护维修操作等级证书,其中高级工不少于15人,中级工不少于30人。

(5)注册资本金或者固定资产200万元以上。

(6)具有与一级和高速公路中修、大修工程施工相适应的专业机具设备。

申请二类乙级公路养护工程从业资质的从业单位应具备如下条件。

(1)具有二级及其以下等级公路的路基、路面、中小桥、中短隧道、涵洞、绿化、渡口及沿线设施(不含监控、通信、收费系统)等的中修、大修养护工程5年以上作业经历。

(2)近5年独立承担过以下工程项目,且工程质量合格:

①不少于50km的二级以下公路的路基、路面大中修工程;

②不少于5座桥梁的大中修工程;

③不少于20km的二级公路绿化工程。

(3)工程技术、经济管理人员不少于12人,其中具有公路、桥梁专业技术职称的人员不少于8人。

(4)从事二级以下等级公路大中修工程施工的工人必须具有相应工种的养护维修操作等级证书,其中高级工不少于10人,中级工不少于20人。

(5)注册资本金或者固定资产100万元以上。

(6)具有与二级及其以下等级公路中修、大修工程施工相适应的专业机具设备。

76. 如何进行公路养护工程从业资质评定与管理?

答:公路养护工程从业资质应由申报单位向省级公路管理机构提出申请,经省级公路管理机构根据本行政区域公路养护工程施工单位资质管理规定初审后,报省级主管部门审定并颁发《公路养护工程从业资质证书》。

跨省、自治区、直辖市进行公路养护工程施工的公路养护工程从业单位应向养护工程所在地的省级公路管理机构申请确认从业资质,省级公路管理机构确认后应报省级交通主管部门备案。

省级公路管理机构对公路养护工程从业资质实行3年复审制,复审结果报省级交通主管部门核准。

取得从业资质的公路养护工程从事单位,发生下列行为之一的,省级交通主管部门可暂停或者取消其从业资质。

(1)发生质量责任事故的;

(2)隐瞒真实情况、弄虚作假取得从业资质的;

(3)发生安全责任事故的;

(4)无辜拖延工期的;

(5)其他违规、违纪行为。

暂停从业资质的整改期为6个月。

暂停从业资质的从业单位在整改期内不得承揽相应类别的公路养护工程项目。

被取消从业资质的养护工程从业单位,1年内不得重新申报相应从业资质。

公路养护工程从业单位应严格遵守国家有关公路养护的法规和规章,自觉接受县级以上人民政府交通主管部门和县级以上公路管理机构的行业管理。

县级以上人民政府交通主管部门和县级以上公路管理机构的工作人员应遵守上述规定,维护公路养护工程市场的正常秩序,对出现失职、渎职、索贿、受贿行为，损害有关单位合法权益和国家利益的，视其情节由上级交通主管部门会同有关部门依法给予行政处分，构成犯罪的依法追究刑事责任。

77. 公路建设从业单位有哪些义务？

答：公路建设从业单位应当按照合同约定全面履行义务。

(1)项目法人应当按照合同约定履行相应的职责，为项目实施创造良好的条件。

(2)勘察、设计单位应当按照合同约定，按期提供勘察设计资料和设计文件。工程实施过程中，应当按照合同约定派驻设计代表，提供设计后续服务。

(3)施工单位应当按照合同约定组织施工，管理和技术人员及施工设备应当及时到位，以满足工程需要。要均衡组织生产，加强现场管理，确保工程质量和进度，做到文明施工和安全生产。

(4)监理单位应当按照合同约定配备人员和设备，建立相应的现场监理机构，健全监理管理制度，保持监理人员稳定，确保对工程的有效监理。

(5)设备和材料供应单位应当按照合同约定，确保供货质量和时间，做好售后服务工作。

(6)试验检测单位应当按照试验规程和合同约定进行取样、试验和检测，提供真实、完整的试验检测资料。

78. 施工图设计审查包括哪些主要内容？

答：公路建设项目法人负责组织有关专家或者委托有相应工程咨询或者设计资质的单位，对施工图设计文件进行审查。施工图设计文件审查的主要内容包括：

(1)是否采纳工程可行性研究报告、初步设计批复意见；

(2)是否符合公路养护工程强制性标准、有关技术规范和规程要求；

(3)施工图设计文件是否齐全，是否达到规定的技术深度要求；

(4)工程结构设计是否符合安全和稳定性要求。

79. 施工图设计文件审批应提供哪些材料？

答：公路建设项目法人应当按照项目管理隶属关系将施工图设计文件报送交通主管部门审批。施工图设计文件未经审批的，不得使用。申请施工图设计文件审批应当向相关的交通主管部门提交以下材料：

(1)施工图设计的全套文件；

(2)专家或者委托的审查单位对施工图设计文件的审查意见；
(3)项目法人认为需要提交的其他说明材料。

80.项目施工需要具备哪些条件？

答:项目施工应当具备以下条件：
(1)项目已列入公路建设年度计划；
(2)施工图设计文件已经完成并经审批同意；
(3)建设资金已经落实,并经交通主管部门审计；
(4)征地手续已办理,拆迁基本完成；
(5)施工、监理单位已依法确定；
(6)已办理质量监督手续,已落实保证质量和安全的措施。

81.项目法人在申请施工许可时应提交哪些材料？

答:项目法人在申请施工许可时应当向相关的交通主管部门提交以下材料：
(1)施工图设计文件批复；
(2)交通主管部门对建设资金落实情况的审计意见；
(3)国土资源部门关于征地的批复或者控制性用地的批复；
(4)建设项目各合同段的施工单位和监理单位名单、合同价情况；
(5)应当报备的资格预审报告、招标文件和评标报告；
(6)已办理的质量监督手续材料；
(7)保证工程质量和安全措施的材料。

82.对于转包、分包如何规定？

答:勘察、设计单位经项目法人批准,可以将工程设计中跨专业或者有特殊要求的勘察、设计工作委托给有相应资质条件的单位,但不得转包或者二次分包。监理工作不得分包或者转包。

施工单位可以将非关键性工程或者适合专业化队伍施工的分部工程分包给具有相应资质的单位,并对分包工程负连带责任。允许分包的工程范围应当在招标文件中规定,分包的工程不得超过总工程量的30%。分包工程不得再次分包,严禁转包。

项目法人和监理单位应当加强对施工单位工程分包的管理,工程分包计划和所有分包协议须报监理工程师审查,并报项目法人同意。

施工单位可以直接招用农民工或者将劳务作业发包给具有劳务分包资质的劳务分包人。劳务分包人应当接受施工单位的管理，按照技术规范要求进行劳务作业。劳务分包人不得将其分包的劳务作业再次分包。

第二节　养护工程施工招标投标管理

83. 招标的养护工程项目应具备哪些条件？

答：实施招标的养护工程项目，应具备以下条件：

(1) 项目已列入年度养护维修计划；

(2) 资金来源已落实；

(3) 有关养护方案或设计文件已经完成并经批复；

(4) 招标文件已编制完毕；

(5) 其他相关准备工作已完成。

84. 可自行办理养护施工招标事宜的招标人应当具备哪些条件？

答：招标人可自行组织招标或委托具有相应资格的代理机构组织招标。自行组织招标的招标人或招标代理机构应具备下列条件：

(1) 具有法人资格；

(2) 有组织编制招标文件和标底的能力；

(3) 有对投标人进行资格审查和组织评标定标的能力。

85. 公路养护工程有哪些招标方式？

答：公路养护工程招标可采用公开招标、邀请招标两种形式。

(1) 公开招标。招标人通过报刊、广播、电视、信息网络等媒介公开发布招标公告，邀请不特定的法人或者其他组织投标。

(2) 邀请招标。招标人以投标邀请书的方式邀请特定的法人或者其他组织投标，邀请的投标人不得少于 3 个。因突发事件、紧急抢险或战备需要的特殊公路养护工程项目可采取指定养护单位的方式进行养护。

86. 公路养护工程公开招标包括哪些程序？

答：公开招标按下列程序进行：

(1) 组织编制招标文件；

(2)发布招标公告；
(3)发售资格预审文件；
(4)资格预审，并向资格审查合格者发售招标文件；
(5)组织投标人勘察现场，针对投标人的询问，解释招标文件中的疑点；
(6)组织编制标底和制定评标办法；
(7)组织开标并进行标书清算、算术性复核与澄清；
(8)评标并确定推荐中标人；
(9)确定中标人，并履行有关批准程序；
(10)发出中标通知书；
(11)与中标人签订养护工程项目合同。

87. 公路养护工程邀请招标包括哪些程序？

答：邀请招标按下列程序进行：
(1)发出投标邀请书；
(2)发售招标文件；
(3)组织投标人勘察现场，针对投标人的询问，解释招标文件中的疑点；
(4)组织编制标底和制订评标办法；
(5)组织开标并进行标书澄清；
(6)评标及推荐中标人；
(7)确定中标人，并履行有关批准程序；
(8)发出中标通知书；
(9)与中标人签订养护工程项目承包合同。

88. 什么是招标资格审查？

答：公路养护工程施工招标应当对潜在投标人进行资格审查。养护工程施工采用公开招标的，招标公告发布后，招标人应当根据潜在投标人提交的资格预审申请文件，对潜在投标人的资格进行审查。招标人只向资格预审合格的潜在投标人发售招标文件。

公路养护工程施工采用邀请招标的，投标邀请书发出后，招标人应当根据投标人提交的投标文件，对投标人的资格进行审查。

89. 招标人发售的资格预审文件应包括哪些主要内容？

答：招标人发售的资格预审文件的主要内容应包括：

(1)资格预审通告(邀请书),包括招标人名称地址,招标项目性质、数量,获取资格预审文件办法、时间和地点等;

(2)资格预审申请人须知,包括资格预审申请的提交地点、截止日期、资质要求、主要证明文件、工程资金来源、工期、是否可联合投标,特别要求等;

(3)资格预审申请表,包括企业名称、组织机构、财务状况、人员、设备、业绩,投入本工程的主要管理人员、技术人员及设备;

(4)养护工程概况。

90. 投标人递交的资格预审文件应包括哪些主要内容?

答:投标人递交的资格预审文件的主要内容应包括:

(1)投标人有效的证明;

(2)投标人的养护工程从业资质证书;

(3)各类专业技术和管理人员的构成;

(4)试验设备和养护机具设备;

(5)投标人资产情况及负债;

(6)养护工程质量与同类项目业绩等。

91. 什么是工程量清单? 工程量清单的作用是什么?

答:所谓工程量清单,是指构成投标书一部分的按照合同实施的工作说明和已标价的以及估算的工程量表。工程量清单的作用主要体现在三个方面:

(1)为编制标底服务;

(2)为投标人提供一个报价计算的共同基础;

(3)为实施工程计量与支付提供重要依据。

92. 公路养护工程招标文件的主要内容有哪些?

答:公路小修保养及中修、大修工程、改建工程招标文件的主要内容如下。

(1)投标须知:包括养护工程项目概况、资金来源、工期要求、报价编制、招标程序和有关规定,评标定标原则等。

(2)合同及合同条款:包括合同文件格式、通用合同条款、特殊合同条款等。承发包合同中明确的各项条款应全面、正确地阐述合同双方相互的权利义务关系。

合同条款主要内容:承发包形式、付款和结算办法、工期要求、质量要求、现场交通组织的要求、解决变更的方式、主要材料供应方式及价格、验收以及违约

责任等。

(3)技术文件:包括应采用的技术标准和操作规程的名称、养护技术要求、养护工程项目特殊要求、原路技术状况、计量与支付规则、质量标准与验收等。

(4)投标书格式及附表:投标书应包括投标人投标标段或工程、投标价、工期、投标文件有效期等;附表主要有投标人组织机构及人员表、参加工程任职主要人员简历表、投入工程的主要机械设备表等。

(5)工程量清单。

(6)评标办法:包括对公路小修保养、中修、大修、改建工程项目的评标、定标原则等。

93.公路养护工程投标文件的主要内容有哪些?

答:投标文件包括下列内容:

(1)投标书及其附表;

(2)授权书;

(3)有报价的工程量清单及总价汇总表;

(4)公路养护工程作业方案:包括进度安排,平面布置,主要养护作业方法,交通疏导方案,技术和安全措施,质量保证体系等。

公路养护工程项目可按招标人的要求提交投标保证金(或开户银行出具的投标保函)。

94.评标委员会由哪些人员组成?

答:评标由招标人依法组建的评标委员会负责。评标委员会由招标人的代表和技术、经济专家组成。评标委员会委员人数为五人以上单数,其中专家人数不得少于成员总数的三分之二。

公路养护工程项目的评标委员会专家从相应的交通主管部门设立的评标专家库中随机抽取。与投标人有利害关系的人员不得进入相关招标项目的评标委员会。

95.公路养护工程施工招标的评标方法有哪些,有何区别?

答:公路养护工程施工招标的评标方法可以使用合理低价法、最低评标价法、综合评估法和双信封评标法以及法律、法规允许的其他评标方法。

(1)合理低价法,是指对通过初步评审和详细评审的投标人,不对其施工组织设计、财务能力、技术能力、业绩及信誉进行评分,而是按招标文件规定的方法对评标价进行评分,并按照得分由高到低的顺序排列,推荐前3名投标人为中标候选人的评标方法。

(2)最低评标价法,是指按由低到高顺序对评标价不低于成本价的投标文件进行初步评审和详细评审,推荐通过初步评审和详细评审且评标价最低的前3名投标人为中标候选人的评标方法。

(3)综合评估法,是指对所有通过初步评审和详细评审的投标人的评标价、财务能力、技术能力、管理水平以及业绩与信誉进行综合评分,按综合评分由高到低排序,并推荐前3名投标人为中标候选人的评标方法。

(4)双信封评标法,是指投标人将投标报价和工程量清单单独密封在一个报价信封中,其他商务和技术文件密封在另外一个信封中,分两次开标的评标方法。第一次开商务和技术文件信封,对商务和技术文件进行初步评审和详细评审,确定通过商务和技术评审的投标人名单。第二次再开通过商务和技术评审投标人的投标报价和工程量清单信封,当场宣读其报价,再按照招标文件规定的评标办法进行评标,推荐中标候选人。对未通过商务和技术评审的投标人,其报价信封将不予开封,当场退还给投标人。

96. 什么情况下作废标处理?

答:属于下列情况之一者,应作废标处理:

(1)投标书未密封;

(2)投标书未加盖本单位公章及未经单位负责人或授权委托人签字;

(3)投标书未按招标文件规定的格式、内容和要求编制;

(4)投标书字迹潦草、模糊、无法辨认;

(5)投标人在一份投标书中,对同一个项目报有两个或多个报价;

(6)投标人递交两份或多份内容不同的投标书,未书面声明哪一个有效;

(7)要求提交投标保证金(或由开户银行出具投标保函)未提交的;

(8)投标人未经招标人同意,不参加开标仪式。

97. 公路养护工程评标、定标原则是什么?

答:评标、定标原则:报价合理、养护工程作业方案可行、技术先进、能确保养护工程质量、具有良好的业绩和信誉。

最低报价不能作为中标唯一条件。

98. 评标报告应当包含哪些内容?

答:评标委员会完成评标工作后,应当向招标人提出书面评标报告。评

标报告应当由所有评标委员会委员签字。

评标报告应当载明以下内容：

(1)评标委员会的成员名单；

(2)开标记录情况；

(3)评标采用的标准和方法；

(4)对投标人的评价；

(5)符合要求的投标人情况；

(6)推荐的中标候选人；

(7)需要说明的其他事项。

99.如何选定中标人？

答：招标人应当根据评标委员会提出的书面评标报告确定排名第一的中标候选人为中标人。排名第一的中标候选人放弃中标、因不可抗力不能履行合同，或者在招标文件规定的期限内未能提交履约担保的，招标人可以确定排名第二的中标候选人为中标人。

排名第二的中标候选人因前款规定的原因也不能签订合同的，招标人可以确定排名第三的中标候选人为中标人。招标人也可以授权评标委员会直接确定中标人。

第三节　设计变更管理

100.什么是设计变更？

答：公路养护工程设计变更，是指自公路养护工程初步设计批准之日起至通过竣工验收正式交付使用之日止，对已批准的初步设计文件、技术设计文件或施工图设计文件所进行的修改、完善等活动。

101.设计变更可分哪几类？

答：公路养护工程设计变更分为重大设计变更、较大设计变更和一般设计变更。

102.申请设计变更应提交哪些材料？

答：对一般设计变更，由项目法人根据审查核实情况或者论证结果决定是否开展设计变更的勘察设计工作。对较大设计变更和重大设计变更，项目法人经审查论证确认后，向省级公路管理机构提出公路养护工程设计变更的申请，并提交以下材料。

(1)设计变更申请书。包括拟变更设计的公路养护工程名称、公路养护工程的基本情况、原设计单位、设计变更的类别、变更的主要内容、变更的主要理由等；

(2)对设计变更申请的调查核实情况、合理性论证情况；

(3)省级公路管理机构要求提交的其他相关材料。

省级公路管理机构自受理申请后进行审批，并书面通知申请人。

103. 设计变更的设计内容由什么单位承担？

答：设计变更的勘察设计应当由公路养护工程的原勘察设计单位承担。经原勘察设计单位书面同意，项目法人也可以选择其他具有相应资质的勘察设计单位承担。设计变更勘察设计单位应当及时完成勘察设计，形成设计变更文件，并对设计变更文件承担相应责任。

104. 设计变更报审应提交哪些材料？

答：项目法人在报审设计变更文件时，应当提交以下材料：

(1)设计变更说明；

(2)设计变更的勘察设计图纸及原设计相应图纸；

(3)工程量、投资变化对照清单和分项概、预算文件。

105. 设计变更部分的施工由什么单位承担？

答：公路养护工程设计变更工程的施工原则上由原施工单位承担。原施工单位不具备承担设计变更工程的资质等级时，项目法人应通过招标选择施工单位。

106. 设计变更的费用由谁承担？

答：由于公路养护工程勘察设计、施工等有关单位的过失引起公路养护工程设计变更并造成损失的，有关单位应当承担相应的费用和相关责任。由于公路养护工程设计变更发生的建筑安装工程费、勘察设计费和监理费等费用的变化，按照有关合同约定执行。由于公路养护工程设计变更发生的工程建设单位管理费、征地拆迁费等费用的变化，按照国家有关规定执行。

第四节　合同管理

107. 合同管理包括哪些主要内容?

答:项目合同管理是指从项目合同签订后,至项目全部竣工验收止。根据合同责任制及相关的合同管理规程对合同风险进行预测,并对合同执行的实际情况进行跟踪、对比、纠偏,进行合同变更、索赔管理,来保证合同目标的实现,内容包括施工合同的订立、履行、变更、终止和解决争议。

108. 公路养护工程合同包括哪些主要条款?

答:公路管理机构工程合同主要条款分为合同通用条款和合同专用条款。

合同通用条款包括:

(1)定义和解释;

(2)监理工程师和监理工程师代表;

(3)转包和分包;

(4)合同文件;

(5)一般义务;

(6)劳务;

(7)材料、设备和操作工艺;

(8)暂时停工;

(9)开工和延误;

(10)缺陷责任与保修;

(11)变动、增加和取消;

(12)索赔程序;

(13)承包人装备、临时工程和材料;

(14)计量;

(15)暂定金额;

(16)特殊分包人或供货人;

(17)证书和支付;

(18)承包人违约;

(19)补救措施;

(20)特殊风险;

(21)合同履行的解除;

(22)合同纠纷的解决;

(23)通知;

(24)业主的违约;

(25)费用和法规的变更;

(26)其他。

合同专用条款是在通用条款中明确指出要在合同专用条款或数据表中予以具体规定的数据、信息或与工程所在地具体情况有关规定,是必备的配套条款,不能缺少,否则通用条款就不完善。项目业主单位认为需要进一步具体化的条款,或根据本地区特点或惯例需增列或删除的条款,也在专用条款中列出。

109. 公路养护工程合同由哪几部分组成?

答:公路养护工程承包合同文件的组成范围如下:

(1)协议书(包括补充协议);

(2)中标通知书;

(3)投标报价书;

(4)专用合同条款;

(5)通用合同条款;

(6)技术条款;

(7)图纸;

(8)已报价的工程量清单;

(9)经双方确认进入合同的其他文件。

110. 施工承包合同包括哪些内容?

答:除应有合同的一般条款外,还包括工程范围、建设周期、中间交工工程的开工和竣工时间、工程质量、工程造价、技术资料交付时间、材料设备供应责任、付款和结算、竣工验收、质量保修范围和质量保修期,双方相互协作等条款。

111. 公路养护工程合同如何计量?

答:工程量计量有如下办法。

(1)按照合同应计量的所有工程细目,应以公制的物理计量单位或习惯的自然计量单位进行计量。

(2)确定按合同完成的工程数量所采用的量测和计算方法,如在有关部分未作具体规定时,应符合我国公路养护工程的习惯做法。

(3)一切工程的计量,应由承包人提供符合精度要求的计量设备和条件,并由承包人计算后报监理工程师审核确认。

(4)凡超过了图纸所示或监理工程师指示或同意的任何长度、面积或体积,都不予计量。

(5)全部必须的模板、脚手架、装备、机具和联结螺栓、垫圈等其他材料,应包括在其支付细目中,不单独计量。

(6)如果规范规定的任何分项工程或其细目未在工程量清单中出现,则应被认为是其他相关工程的附属义务,不再单独计量。

112. 工程变更价款如何计算?

答:工程变更价款的计算方法:

(1)合同中已有适用于变更工程的价格,按合同已有的价格计算变更合同价款;

(2)合同中有类似于变更工程的价格,可以参照此价格确定变更价格,变更合同价款;

(3)合同中没有适用或类似于变更工程的价格,由承包人提出适当的变更价格,经监理工程师确认后执行。

第五节　现场施工管理

113. 施工项目管理分哪几个阶段?

答:施工项目管理包括工程投标、签订项目施工承包合同、施工准备、正式施工、交(竣)工验收及缺陷责任期、项目保修等阶段。

114. 施工项目管理各阶段的主要工作是什么?

答:公路施工项目管理程序一般可划分为以下五个阶段。

(1)投标与签订合同阶段

本阶段的主要工作有:收集招标信息,作出是否投标争取承包该项目的决策;确定投标后,收集资料,分析招标投标形式;编制项目管理规划大纲,编制既能盈利又有竞争力的投标书;如果中标,则与招标人进行谈判,依法签订平等互利的工程施工承包合同。

(2)施工准备阶段

工程施工承包合同签订后,即进入施工准备阶段,主要工作有:成立项目经理部,配备管理人员;编制项目管理实施规划;进行施工现场准备,包括技术、物资、人员、场地、施工组织等;提交开工申请报告,待批开工。

(3)施工阶段

施工期间按施工组织设计要求进行管理,主要工作有:按承包合同要求组织实施;对施工活动进行动态控制,保证质量、进度、成本、安全等目标的实现;加强施工现场管理,保护环境,实行文明施工;严格履行施工合同,协调各方关系,做好工程变更、延期、索赔、调价等工作;做好施工原始记录。

(4)交(竣)工验收及结算阶段

本阶段的主要工作有:自行组织初验,如发现问题应及时修竣;接受业主组织的交工验收;整理、移交竣工文件,进行工程款结算,总结工作,编制竣工总结报告;办理工程移交手续;企业对项目管理工作进行考评;项目经理部解体。

(5)缺陷责任期及保修期阶段

在竣工验收后,按施工承包合同规定的责任期,根据《工程质量保修书》的约定进行项目维护、保修、回访,以及必要的技术咨询、观察等活动,保证项目的正常使用。

115. 施工项目管理采用什么方法?

答:公路施工项目管理的基本方法是"目标管理方法",它广泛应用于经济领域和管理领域,是主要的现代科学管理方法。目标管理以被管理活动的目标为中心,将经济活动和管理活动的任务转换成具体的目标,运用现代管理技术和行为科学,借助人们的事业心、能力、自信等,实行自我控制,促成目标实现,从而完成经济活动的任务。

目标管理方法应用于公路施工项目管理,应按以下程序进行:

(1)确定项目组织的任务及各层次、各部门的分工,提出完成施工任务的要求和工作效率的要求。

(2)把项目组织的任务转换成具体的目标,包括成果性目标(如质量、进度、安全等)和效率性目标(如成本、劳动生产率等)。

(3)落实目标。具体落实目标的责任主体及相应的权利,进行检查与监督的责任人及手段、实现目标的保证条件等。

(4)协调和控制目标的执行过程,如有偏差,应及时分析和调整。

(5)把目标的执行结果与原计划目标进行对比,评价目标管理的好坏。

公路施工项目管理的基本任务是实现项目质量、进度、成本、安全的目标控制,各项具体目标的专业管理方法主要有:

(1)质量目标控制采用“全面质量管理方法”。

(2)进度目标控制采用“网络计划方法”。

(3)成本目标控制采用“可控责任成本方法”。

(4)安全目标控制采用“安全责任制”。

116.边通车边施工的项目如何做好施工项目管理?

答:当施工项目不能中断交通施工时,是边通车边施工,要解决好通车与施工的矛盾。在施工组织设计中要考虑交通的干扰因素,交通对施工人员和施工机械的干扰,要根据工程项目的性质,当地的气候条件,所在地公路交流量的大小,路面结构形式等因素统筹兼顾。为解决好通车与施工的矛盾,开工前在施工路段两端设立施工路段告示牌,以提示车辆和行人注意。

开工后施工路段应加强施工现场管理,督促施工单位严格按施工组织设计规定进行施工,合理布设施工段落,应做到文明施工,严禁乱堆乱放施工用料、乱停车下料,施工一段,清理一段,做到文明、快速、集中施工。按“三度一排”的要求,做好施工路段的路面养护工作。

“三度一排”即:通行侧路面的有效宽度、长度、平整度和排水要求。通行侧路面的有效宽度:单车道通行侧的路面有效宽度不得小于3.5m,双车道通行侧的路面有效宽度不得小于7m;施工路段的长度要求:单车道通行侧的长度可根据交通量的大小来定,一般当设置为单车道通行时,应设立专人管理或设置红绿灯进行交通管理,其长度一般不得大于500m。双车道通行时也应有流动交通管理人员;通行侧路面的平整度要求:通行侧的路面应设立专人养护,平整度保持一定的平整度,3米直尺的平整度宜保持在3cm以内;同时做好施工路段路基、路面的排水工作,确保排水畅通。

117.施工项目需要建立哪些管理制度?

答:施工项目除了执行企业的管理制度外,还应结合本项目管理的需要建立自己的规章制度,主要有:项目管理人员岗位责任制度;技术、质量、安全管理制度;计划、统计与进度管理制度;材料与机械设备管理制度;成本核算制度;现场管理制度;分包及劳务管理制度;分配与奖励制度;例会及施工日志制度;组织协调制度;信息管理制度等。

118. 施工前技术准备工作的内容和任务是什么?

答:施工前的技术准备工作是为了创造有利的施工条件,保证施工任务得以顺利完成。它的主要工作内容及基本任务是:了解和分析施工项目的特点、进度、质量要求;摸清施工的客观条件;编制施工组织设计;合理部署和全面规划施工力量;制定合理的施工方案;充分地、及时地从技术、物资、人力和组织等方面为工程施工创造一切必要的条件;使施工生产过程连续、均衡而有节奏地进行,保证工程在规定期限内交付使用;使工程施工在保证质量的前提下,做到提高劳动生产率和降低工程成本。在施工准备的所有各项工作之中,以网络计划技术为手段的实施性施工组织设计的编制是最核心的内容。

119. 施工技术管理的任务是什么?

答:技术管理的任务,就是对项目施工的全过程运用计划、组织、指挥、协调和控制等管理职能,促进技术工作的开展,贯彻国家的技术政策、技术法规和上级有关技术工作的批示与决定,动态地组织各项技术工作,优化技术方案,推进技术进步,使施工生产始终在技术标准的控制下按设计文件和图纸规定的技术要求进行,使技术规范与施工进度、质量与成本达到统一,从而保证安全、优质、低耗、高效地按期完成项目施工任务。

120. 施工技术管理包括哪些主要内容?

答:公路施工项目技术管理的内容包括技术管理基础性工作、施工过程的技术管理、技术开发和技术经济分析与评价等,详见表4-1。

公路施工项目技术管理内容　　表4-1

技术基础管理	建立技术责任制和制定技术管理制度	
	执行技术标准、规程和施工技术规范	
	开展科学试验和技术交流	
	管理技术文件和技术资料	
施工过程动态技术管理	施工准备阶段	图纸会审与设计交底
		编制项目施工组织设计
		分类指导施工方案的编制
	施工实施阶段	处理工程变更及修改设计
		技术检验、材料及半成品试验
		定期组织质量巡回检查
		技术质量保证体系正常运转
		组织现场会或专业研讨会、处理技术问题
		定期核查施工必须的技术措施

续上表

施工过程动态技术管理	竣工验收阶段	编制竣工工程的养护方案并指导实施
		检查和督促质量评定
		检查和督促交工文件并存档
		组织和开展技术总结、技术成果交流
技术开发	科技情报与信息系统	
	技术改进与合理化建议	
	技术标准化工作	
	技术培训	

施工技术管理贯穿于从项目施工准备到竣工验收的全过程，有以下五大项具体的管理工作：日常管理（对各施工过程按设计文件要求实施的管理）、测量管理（从恢复定线、施工放样到竣工测量）、试验管理（按试验规程的要求进行）、工程变更管理和技术档案管理。各项管理工作在不同的施工阶段又有不同的要求。

121. 现场技术组织措施有哪些？

答：现场技术措施包括进度、质量、安全、工艺等技术措施。

（1）加快施工进度方面的技术措施；

（2）保证和提高工程质量的技术措施；

（3）节约劳动力、原材料、动力、燃料的措施；

（4）推广新技术、新工艺、新结构、新材料的措施；

（5）提高机械化水平、改进机械设备的管理以提高机械完好率和利用率的措施；

（6）改进施工工艺和操作技术以提高劳动生产率的措施；

（7）保证安全施工的措施。

122. 图纸会审的内容有哪些？

答：图纸会审应仔细审核以下内容。

（1）设计是否符合国家有关技术规定；

（2）图纸及设计说明是否完整、齐全、清楚，图中尺寸、坐标、高程、轴线、各

种管线位置等是否准确；一套图纸前后是否一致；互相联系的各套图纸设计是否有矛盾；同一设计的地上与地下部分是否吻合；

(3)主要结构的设计在强度、刚度、稳定性等方面有无问题；主要部位的结构构造是否合理；

(4)施工技术装备条件能否满足工程设计的要求；采用新结构、新工艺、新技术的设计、施工单位在技术上有无困难，能否确保工程质量和施工安全的要求；

(5)路基、路面、桥梁和涵洞等各种图纸之间是否有矛盾；在互相交叉施工时有无干扰；

(6)设计所选用的各种材料、配件、构件，在采购供应时，其品种、规格、性能、质量、数量等方面能否满足设计需要；

(7)对设计中的疑问，可请设计单位解释清楚；

(8)其他有关问题及合理化建议。

123. 技术交底方式有哪些?

答:技术交底的方式有书面技术交底、会议交底、设计交底、施工组织设计交底、分部(分项)工程施工技术交底和口头交底。几种不同的交底方式，可根据工程的实际情况，因地制宜地参考选用。技术交底编写遵循针对性、可行性、完整性、及时性和科学性原则，并做好交底记录装入竣工技术档案中。

124. 技术交底包括哪些主要内容?

答:技术交底应包含以下内容：

(1)承包合同中有关施工技术管理和监理办法，合同条款中规定的法律、经济责任和工期；

(2)分部、分项工程的施工特点、质量要求；

(3)工程合同技术规范、使用的工艺方法或工艺操作规程；

(4)材料的特性、技术要求及节约措施；

(5)季节性施工措施；

(6)试验工程项目的技术标准和采用的规程；

(7)适应工程内容的科研项目、四新项目和先进技术、推广应用的技术要求。

125. 施工日记和施工记录包括哪些主要内容?

答:施工日记的内容主要如下。

(1)日期、天气情况。

(2)工程部位、施工队组。

(3)施工活动记载。

①主要分部、分项工程施工的起止日期。

②施工中的特殊情况(停电、停水、停工等)记录。

③质量、安全、设备事故(或未遂事故)发生的原因、处理意见和采用的处理方法的记录。

④设计单位在现场解决问题的记录(若设计变更,还要有监理工程师签发的"工程变更令")。

⑤变更施工方法或在紧急情况下采取的特殊措施和施工方法的记录。

⑥进行技术交底、技术复核和隐蔽工程验收等的摘要记载。

⑦监理工程师发布的指令,以及有关领导或部门对施工项目所作的指示、决定或建议。

⑧其他(如混凝土、砂浆试块编号等)记录。

施工记录是指按工程施工技术规范、验收规范中的规定和监理工作要求的各种原始施工资料的记录文件,如测量记录、实验记录、中间交工记录、隐蔽工程检查验收记录等。各项记录必须按规定的表格填写,认真保存。

126. 工程质量事故如何定义?

答:工程质量事故,系指由于勘测、设计、施工、监理、试验检测等责任过失而使工程在下述时限内遭受损毁或产生不可弥补的本质缺陷,因构造物倒塌造成人身伤亡或财产损失以及需加固、补强、返工处理的事故。

(1)道路工程:现场监理签认至工程项目通车后两年内;

(2)结构工程:施工过程中和设计使用年限内。

127. 工程质量事故如何分类,标准是什么?

答:公路养护工程质量事故分为质量问题、一般质量事故及重大质量事故三类。

(1)质量问题:质量较差、造成直接经济损失(包括修复费用)在20万元以下。

(2)一般质量事故:质量低劣或达不到合格标准,需加固补强,直接经济损失(包括修复费用)在20~300万元之间的事故。一般质量事故分三个等级:

①一级一般质量事故:直接经济损失在150~300万元之间。

②二级一般质量事故:直接经济损失在50~150万元之间。

③三级一般质量事故:直接经济损失在20~50万元之间。

(3)重大质量事故:由于责任过失造成工程倒塌、报废和造成人身伤亡或者重大经济损失的事故。重大质量事故分为如下三个等级。

(1)具备下列条件之一者为一级重大质量事故:

①死亡30人以上;

②直接经济损失1 000万元以上;

③特大型桥梁主体结构垮塌。

(2)具备下列条件之一者为二级重大质量事故:

①死亡10人以上,29人以下;

②直接经济损失500万元以上,不满1 000万元;

③大型桥梁主体结构垮塌。

(3)具备下列条件之一者为三级重大质量事故:

①死亡1人以上,9人以下;

②直接经济损失300万元以上,不满500万元;

③中小型桥梁主体结构垮塌。

128. 质量事故书面报告包括哪些内容?

答:质量事故书面报告内容有:

(1)工程项目名称,事故发生的时间、地点,建设、设计、施工、监理等单位名称。

(2)事故发生的简要经过、造成工程损伤状况、伤亡人数和直接经济损失的初步估计。

(3)事故发生原因的初步判断。

(4)事故发生后采取的措施及事故控制情况。

(5)事故报告单位。

129. 发生重大质量事故的现场如何保护?

答:事故发生后,事故发生单位和该工程的建设、施工、监理等单位,应严格保护事故现场,采取有效措施抢救人员和财产,防止事故扩大。

因抢救人员、疏导交通等原因,需要移动现场物件时,应当做出标志,绘制现场简图并做出书面记录,妥善保存现场重要痕迹、物证,并应采取拍照或录像等直录方式反映现场原状。

第六节　公路养护工程竣(交)工验收管理

130. 公路养护工程验收分哪两个阶段？各阶段由谁负责组织？

答：公路养护工程验收分为交工验收和竣工验收两个阶段。交工验收是检查施工合同的执行情况，评价工程质量是否符合技术标准及设计要求，是否可以移交下一阶段施工或是否满足通车要求，对各参建单位工作进行初步评价。交工验收由项目法人负责。

竣工验收是综合评价工程建设成果，对工程质量、参建单位和建设项目进行综合评价。竣工验收由交通主管部门按项目管理权限负责。

一般公路养护小型大中修项目交竣工可以合为一次验收。

131. 公路养护工程竣(交)工验收的依据是什么？

答：公路养护工程竣(交)工验收的依据是：

(1)批准的工程可行性研究报告；

(2)批准的工程初步设计、施工图设计及变更设计文件；

(3)批准的招标文件及合同文本；

(4)行政主管部门的有关批复、批示文件；

(5)交通部颁布的公路养护工程技术标准、规范、规程及国家有关部门的相关规定。

132. 交工验收应具备哪些条件？

答：公路养护工程(合同段)进行交工验收应具备以下条件：

(1)合同约定的各项内容已完成；

(2)施工单位按交通部制定的现行《公路工程质量检验评定标准》及相关规定的要求对工程质量自检合格；

(3)监理工程师对工程质量的评定合格；

(4)质量监督机构按交通部规定的公路工程质量鉴定办法对工程质量进行检测(必要时可委托有相应资质的检测机构承担检测任务)，并出具检测意见；

(5)竣工文件已按交通部规定的内容编制完成；

(6)项目法人或业主、设计、施工、监理单位已完成本工程的工作总结。

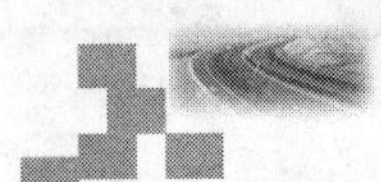

133. 交工验收的主要工作内容有哪些?

答:交工验收的主要工作内容有:

(1)检查合同执行情况;

(2)检查施工自检报告、施工总结报告及施工资料;

(3)检查监理单位独立抽检资料、监理工作报告及质量评定资料;

(4)检查工程实体,审查有关资料,包括主要产品质量的抽(检)测报告;

(5)核查工程完工数量是否与批准的设计文件相符,是否与工程计量数量一致;

(6)对合同是否全面执行、工程质量是否合格作出结论,按交通主管部门规定的格式签署合同段交工验收证书;

(7)按交通部规定的办法对设计单位、监理单位、施工单位的工作进行初步评价。

134. 参加交工验收单位的主要职责是什么?

答:项目法人或业主负责组织公路养护工程各合同段的设计、监理、施工等单位参加交工验收。拟交付使用的工程,应邀请运营、养护管理单位参加。参加验收单位的主要职责是:

(1)项目法人负责组织各合同段参建单位完成交工验收工作的各项内容,总结合同执行过程中的经验,对工程质量是否合格作出结论;

(2)设计单位负责检查已完成的工程是否与设计相符,是否满足设计要求;

(3)监理单位负责完成监理资料的汇总、整理,协助项目法人检查施工单位的合同执行情况,核对工程数量,科学公正地对工程质量进行评定;

(4)施工单位负责提交竣工资料,完成交工验收准备工作。

135. 工程质量如何评定?

答:项目法人或业主组织监理单位按现行《公路工程质量检验评定标准》的要求,对各合同段的工程质量进行评定。

监理单位根据独立抽检资料对工程质量进行评定,当监理按规定完成的独立抽检资料不能满足评定要求时,可以采用经监理确认的施工自检资料。

项目法人根据对工程质量的检查及平时掌握的情况,对监理单位所做的工程质量评定进行审定。

各合同段工程质量评分采用所含各单位工程质量评分的加权平均值。即:

工程各合同段交工验收结束后，由项目法人对整个工程项目进行工程质量评定，工程质量评分采用各合同段工程质量评分的加权平均值。即：工程质量等级评定分为合格和不合格，工程质量评分值大于等于75分的为合格，小于75分的为不合格。工程质量评定按现行《公路工程质量检验评定标准》规定执行。

136. 竣工验收应具备哪些条件?

答：公路养护改建工程进行竣工验收应具备以下条件：

(1)通车试运营2年后；

(2)交工验收提出的工程质量缺陷等遗留问题已处理完毕，并经项目法人验收合格；

(3)工程决算已按交通部规定的办法编制完成，竣工决算已经审计，并经交通主管部门或其授权单位认定；

(4)竣工文件已按交通部规定的内容完成；

(5)对需进行档案、环保等单项验收的项目，已经有关部门验收合格；

(6)各参建单位已按交通部规定的内容完成各自的工作报告；

(7)质量监督机构已按交通部规定的公路养护工程质量鉴定办法对工程质量检测鉴定合格，并形成工程质量鉴定报告。

137. 竣工验收的主要工作内容有哪些?

答：公路养护改建工程符合竣工验收条件后，项目法人应按照项目管理权限及时向交通主管部门申请验收。交通主管部门应当自收到申请之日起30日内，对申请人递交的材料进行审查，对于不符合竣工验收条件的，应当及时退回并告知理由；对于符合验收条件的，应自收到申请文件之日起3个月内组织竣工验收。

竣工验收的主要工作内容是：

(1)成立竣工验收委员会；

(2)听取项目法人、设计单位、施工单位、监理单位的工作报告；

(3)听取质量监督机构的工作报告及工程质量鉴定报告；

(4)检查工程实体质量、审查有关资料；

(5)按交通部规定的办法对工程质量进行评分，并确定工程质量等级；

(6)按交通部规定的办法对参建单位进行综合评价；

(7)对建设项目进行综合评价；

(8)形成并通过竣工验收鉴定书。

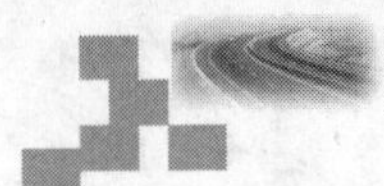

138. 竣工验收委员会由哪些人组成?

答:竣工验收委员会由交通主管部门、公路管理机构、质量监督机构、造价管理机构等单位代表组成。大中型项目及技术复杂工程,应邀请有关专家参加。国防公路应邀请部队方代表参加。

项目法人、设计单位、监理单位、施工单位、接管养护等单位参加竣工验收工作。

139. 参加竣工验收工作各方的主要职责是什么?

答:参加竣工验收工作各方的主要职责是:竣工验收委员会负责对工程实体质量及建设情况进行全面检查。按交通部规定的办法对工程质量进行评分,对各参建单位进行综合评价,对建设项目进行综合评价,确定工程质量和建设项目等级,形成工程竣工验收鉴定书。

项目法人负责提交项目执行报告及验收所需资料,协助竣工验收委员会开展工作;

设计单位负责提交设计工作报告,配合竣工验收检查工作;

监理单位负责提交监理工作报告,提供工程监理资料,配合竣工验收检查工作;

施工单位负责提交施工总结报告,提供各种资料,配合竣工验收检查工作。

140. 竣工验收工程质量如何评定?

答:竣工验收工程质量评分采取加权平均法计算,其中交工验收工程质量得分权值为0.2,质量监督机构工程质量鉴定得分权值为0.6,竣工验收委员会对工程质量评定得分权值为0.2。工程质量评定得分大于等于90分为优良,小于90分且大于等于75分为合格,小于75分为不合格。

竣工验收委员会按交通部规定的办法对参建单位的工作进行综合评价。评定得分大于等于90分且工程质量等级优良的为好,大于等于75分为中,小于75分为差。

竣工验收建设项目综合评分采取加权平均法计算,其中竣工验收工程质量得分权值为0.7,参建单位工作评价得分权值为0.3(项目法人占0.15,设计、施工、监理各占0.05)。评定得分大于等于90分且工程质量等级优良的为优良,大于等于75分为合格,小于75分为不合格。

负责组织竣工验收的交通主管部门对通过验收的建设项目按交通部规定的

要求签发《公路(养护)工程竣工验收鉴定书》。通过竣工验收的工程,由质量监督机构依据竣工验收结论,按照交通部规定的格式对各参建单位签发工作综合评价等级证书。

141. 什么是施工项目结算?

答:施工项目结算是指合同双方按承包人完成的合格工程量或工作量,依据合同约定的计价条款及有关规定,合理确定工程造价并办理支付的过程。公路养护工程施工项目结算按要求、作用、时间不同分为期中结算和竣工结算两种。

中间结算是在工程施工期间内,承包人根据监理工程师签发的"中间计量表"中合格工程量及相应单价确定的工程款项,以及因工程变更、工程索赔、价格调整等发生的其他款项,作为中期支付的依据,与业主办理的结算。中间结算一般每月一次。

竣工结算是在工程竣工后,业主与承包人之间根据监理工程师签发的"最终支付证书"办理的结算。竣工结算是对原合同协议价格进行调整、修正、总结的技术经济文件,也是中间结算的最终汇总。对中间结算中出现的差错,竣工结算时必须准确改正。

142. 施工项目结算有哪些具体的结算项目?

答:施工承包合同中的合同价格是工程施工前的预算数量,它是施工项目结算的基础资料。办理结算时要按照监理工程师签字确认的实际完成的准确数量及其他变动情况进行,具体结算项目如下。

(1)合同价格不变部分结算

包括工程量清单中第100章至第700章中科目、细目、单价不变的项目,以及计日工的结算。结算时,根据计量证书中的数量与原工程量清单中相应细目单价相乘后汇总于中间结算或竣工结算的有关表格中。

(2)工程变更造价的结算

工程变更在监理工程师向承包人签发"工程变更令"后实施。结算时,根据计量证书中的数量与工程变更令中相应变更项目的单价相乘后汇总于有关表格中。

(3)工程索赔费用的结算

依据监理工程师签发的《索赔时间/金额审批表》,列入中期支付证书或最后支付证书中予以支付。

(4)合同价格调整费用的结算

合同工期超过24个月时,由于人工、机械使用和材料的价格涨落因素,应对合同价格按照《公路工程国内招标文件范本》中合同通用条款第70.1款的公式每年进行一次调整。如因国家政策、法规的修改或变更,致使承包人在履行合同中发生第70.1款规定以外的费用变化,监理工程师在与承包人协商并报业主批准后,对原合同价格进行调整。

第七节　竣工文件归档管理

143.公路养护工程归档文件材料的收集原则是什么?

答:公路养护工程建设单位、勘察设计单位、施工单位、监理单位应当将公路养护工程竣工文件材料立卷归档工作,纳入公路养护工程建设项目的管理工作中,配备专人负责公路养护工程文件材料的立卷归档工作,确保公路养护工程建设竣工文件材料的完整、准确与系统。

凡是反映与公路养护工程有关的重要活动、具有查考利用价值的各种载体的文件材料,都应收集齐全,归入公路养护工程成套档案。其具体范围按《公路工程竣工文件材料归档范围及保管期限表》执行。

公路养护工程交、竣工验收时,档案主管部门和交通主管部门的档案机构应派人参加,并提出公路养护工程档案验收意见。

144.公路养护工程竣工归档文件材料的整理有哪些要求?

答:公路养护工程竣工文件材料归档前,均需按要求由文件材料形成单位分别进行整理组卷。组卷应遵循公路养护工程文件材料的自然形成规律和成套性的原则,分类科学,便于查找利用。

(1)公路养护工程征地拆迁文件、招标文件、投标文件及评标文件、承包合同、合同谈判和工程交、竣工验收阶段形成的竣工验收文件。工程决算及审计报告等有关文件材料应分别由交通主管部门和建设单位根据文件材料形成的阶段、性质、内容分类整理组卷。

(2)公路养护工程设计文件材料包括地质勘察资料、初步设计、方案设计、技术设计、总体规划设计、工程概预算、施工图设计等由设计单位按项目、阶段、单位和分部、分项工程、专业分别整理组卷。

(3)公路养护工程施工阶段形成的施工文件材料由施工单位负责组卷。其

中开工报告、施工组织设计、施工计划、施工日志及中间验收等分别按合同段集中组卷。各项施工原始记录、监理工作记录按路线进行方向,结合单位工程(含分部、分项)及不同专业,分别整理组卷。

(4)公路养护工程监理工作形成的监理文件材料包括监理通知、开(停、复)工令、备忘录、有关会议纪要、施工质量检验分析、合同管理文件、计划进度管理文件、工程质量控制文件、工程技术管理文件、工程计量与支付文件、与总监及参建单位的来往函等由监理单位按阶段问题分类整理组卷。

145. 案卷包括哪些部分?各部分的内容由哪些项目组成?

答:案卷应由案卷封面和卷脊、卷内文件目录、卷内文件及备考表组成。

(1)案卷封面的组成

①案卷题名。应包括公路养护工程建设项目的名称、起讫里程。单位工程(含分部、分项)名称及文件名称,如属桥梁、隧道等工程项目,还应同时标明结构、部位的名称。案卷题名应能准确反映出案卷的基本内容。

②编制单位。是指案卷形成单位。

③编制日期。是指案卷形成日期。

④保管期限。填写其划定的保管期限。

⑤密级。依据保密规定填写。

⑥档号。填写档案分类号和案卷顺序号。

(2)卷内文件目录的组成

①顺序号。填写文件排列的顺序号,用阿拉伯数字从1起依次标注。

②文件编号或图样图号。填写文件材料的原始编号或图号。

③责任者。填写文件材料的直接形成部门或主要责任者,可采取通用的标准简称。

④文件题名。应填写文件材料标题的全称,没有标题或标题不能说明文件材料内容的,应自拟标题。

⑤日期。是指文件材料的形成日期。

⑥页次。填写每份文件首页上标注的页号,最终件标注起止号。页号的编号方法是在有文字或图样材料正面的右下角、反面的左下角填写页号。如所归档文件属符合档案保管要求的成本成册的材料,已编有页号的只需在卷内文件目录页次中填写册数。卷内目录排列在卷内文件材料的首页之前。

(3)备考表排列在卷内文件材料的尾页之后。其内容应标明卷内文件材料的件数、页数以及在组卷和案卷使用过程中需要说明的问题。

146. 公路养护工程竣工图归档应符合哪些要求?

答:公路养护工程竣工图归档应符合下列要求。

(1)竣工图应能全面、准确反映竣工路线、路基、路面、桥梁、隧道、涵洞、路基防护、互通式立交工程、安全设施等的全部施工实际造型和特征。

(2)施工图没有变动的,由竣工图编制单位在施工图上加盖竣工图章作为竣工图;凡有一般性图纸变更及符合更改或划改要求变更的,可在原图上修改,并加盖竣工图章作为竣工图;

(3)凡结构、工艺、平面布置等重大改变及图面变更面积超过10%的,应重新绘制竣工图并加盖竣工图章。

(4)重复使用的标准图、通用图可不编入竣工图中,但必须在图纸目录中列出图号,指明该图所在位置并在编制说明中注明。

(5)图纸可以按297mm×210mm或297mm×420mm折叠;底图不折叠,平放在专用底图柜内,大于1号的底图也可卷放装筒。

第五章

公路养护工程施工组织设计

第一节　公路养护工程施工组织设计

147.公路养护工程基本建设程序是怎样的？

答：基本建设程序是指基本建设项目从规划立项到竣工验收的整个建设过程中各阶段的划分及其先后次序，这个程序是由基本建设进程的客观规律决定的。

公路基本建设受自然条件（地质、气候、水文）、技术条件（技术人员水平、机械化程度等）、物资条件（各种原材料供应、运输等）以及环境等的制约，需要各个部门、各个环节密切配合，并且要求按照既定的需要和科学的总体设计进行建设。基本建设是一项内容比较复杂的工作，建设过程中任何计划不周或安排不当，都会造成经济损失，带来不良后果。所以，一切基本建设都必须严格按照规定的程序进行。对于小型项目，可视具体情况，简化程序。

公路养护工程基本建设程序应当是：根据国民经济长远规划以及公路网建设规划，提出项目建议书；进行可行性研究，编制可行性研究报告；经批准后进行初步设计；再经批准后列入国家年度基本建设计划，并进行技术设计和施工图设计；设计文件经审批后组织施工；施工完成后，进行竣工验收，然后交付使用。这些程序必须依次进行，不完成上一环节，就不能进入下一阶段。

公路养护大、中修工程原则上也参照基本建设程序，在内容上可以简化，各地可按当地交通部门的相关规定执行。

公路工程基本建设程序的具体内容分述如下。

(1)项目建议书

根据国民经济发展的长远规划和公路网建设规划，提出项目建议书。项目建议书应对拟建项目的目的、要求、主要技术标准、原材料及资金来源等提出文字说明。项目建议书是进行各项前期准备工作和进行可行性研究的依据。

(2)可行性研究

可行性研究是基本建设前期工作的重要组成部分，是建设项目立项、决策的主要依据。交通部制定的《公路建设项目可行性研究报告编制办法》中规定，大中型工程、高等级公路及重点工程建设项目(含国防、边防公路)，均应进行可行性研究，小型项目可适当简化。

公路建设项目可行性研究的任务是：在对地区社会、经济发展和公路网状况进行充分地调查研究、评价、预测和必要的勘察工作的基础上，对项目建设的必要性、经济合理性、技术可行性、实施可能性、提出综合性研究论证报告。

可行性研究根据其工作深度，可分为预可行性研究和工程可行性研究两个阶段。

工程可行性研究报告经审批后作为初步测量及编制初步设计文件的依据。

(3)设计文件

公路养护工程基本建设项目一般采用两阶段设计，即初步设计和施工图设计。对于技术简单、方案明确的小型建设项目，也可采用一阶段设计，即一阶段施工图设计。对于技术上复杂、基础资料缺乏和不足的建设项目，或建设项目中的特大桥、互通式立交、隧道、高速公路和一级公路的交通工程及沿线设施中的机电设备工程等，必要时采用三阶段设计，即初步设计、技术设计和施工图设计。

①初步设计。初步设计应根据批复的可行性研究报告、测量设计合同及勘测资料进行编制。初步设计的目的是确定设计方案，必须进行多设计方案比选，才能确定最合理的设计方案。

②技术设计。按三阶段设计的项目，应进行技术设计。技术设计应根据初步设计的批复意见、勘测设计合同要求，进一步勘测调查，分析比较，解决初步设计中尚未解决的问题，落实技术方案，计算工程数量，提出修正的施工方案，编制修正设计概算，批准后即作为施工图设计的依据。

③施工图设计。不论几个阶段设计，都要进行施工图设计。

设计文件必须由具有相应等级的公路勘察设计证书的单位编制，其编制与

审批应按交通部现行的《公路养护工程基本建设管理办法》的规定办理。

(4)列入年度基本建设计划

建设项目的初步设计和概算经上报批推后,才能列入国家基本建设年度计划。建设单位根据国家发改委发的年度基本建设计划控制数字,按照批准的可行性研究报告和设计文件,编制本单位的年度基本建设计划,报经批准后,再编制物资、劳动、财务计划。这些计划分别经过主管机关审查平衡后,作为国家安排生产、物资分配、劳力调配和财政拨款(或贷款)的依据,并通过招投标或其他方式落实施工单位。

(5)施工准备

为了保证施工的顺利进行,在施工准备阶段,建设主管部门应根据计划要求的建设进度,指定一个企业或事业单位组织基建管理机构,办理登记及拆迁,做好施工沿线有关单位和部门的协调工作,抓紧配套工程项目的落实,组织分工范围内的技术资料、材料、设备的供应;勘测设计单位应按照技术资料供应协议,按时提供各种图样资料,做好施工图纸的会审及移交工作;施工单位应先熟悉图纸并进行现场核对,做好施工图纸的接受工作,并组织机具、人员进场,进行施工测量,修筑便道及生产、生活等临时设施,组织材料、物资采购、加工、运输、供应、储备,编制实施性施工组织设计和施工预算,提出开工报告;建设银行应会同建设、设计、施工单位做好图样的会审,严格按计划要求进行财政拨款或贷款。

(6)组织施工

施工单位要遵照施工程序合理组织施工,施工过程中应严格按照设计要求和施工规范,确保工程质量,安全施工,坚持施工过程组织原则,加强施工管理,推广应用新技术、新工艺、新材料,尽量缩短工期,降低工程造价,做好施工记录,建立技术档案。

(7)竣工验收、交付使用

建设项目的竣工验收是公路养护工程基本建设全过程的最后一个程序。工程验收是一项十分细致而又严肃的工作,工程验收根据工程规模的大小,可分为交工或竣工验收,工程量小,可以直接验收。具体应按照国家建设部《关于基本建设项目竣工验收暂行规定》和交通部颁发的《公路养护工程竣工验收办法》的规定要求进行总验收。竣工验收包括对工程质量、数量、工期、生产能力、建设规模和使用条件的审查。对建设单位和施工企业编报的固定资产移交、清单、隐蔽工程说明和竣工决算等进行细致检查。当全部基本建设工程经过验收合格,完全符合设计要求后,应立即移交给相关部门正式使用。对存在问题要明确责任、确定处理措施和完成期限。

148.公路养护大中修工程建设基本程序怎样的?

答:公路养护大中修工程建设基本程序是:

(1)对公路病害、损坏及现状进行全面的调查;

(2)按计划管理范围逐级上报年度项目建议计划;

(3)批准立项;

(4)编制一阶段施工图设计与预算文件;

(5)审批设计、预算文件;

(6)招(议)标选择施工单位,组织施工;

(7)组织验收,交付使用。

149.公路养护工程施工工序是怎样的?

答:为了编制合理的施工组织设计,必须了解公路施工程序。公路施工程序是指施工单位从接受施工任务到工程竣工验收阶段,必须遵守的工作顺序。

公路施工程序主要包括:接受施工任务即签订工程承包合同、施工准备工作、组织施工和竣工验收。

1)签订工程承包合同

施工单位接受施工任务通常有三种方式:一是上级主管部门统一布置任务,下达计划安排;二是经主管部门同意,自行对外接受的任务;三是参加投标,中标而获得任务。现在,施工任务主要通过参加投标,通过建筑市场中的平等竞争而取得。

接受施工项目时,首先应该查证核实工程项目是否列入国家计划,必须有批准的可行性研究、初步设计(或施工图设计)及概(预)算文件,方可签订施工承包合同,进行施工准备工作。

接受施工任务,以签订施工承包合同为准。施工单位凡接受工程项目,都必须同建设单位签订工程承包合同,明确各自的权利和义务,即明确双方的经济、技术责任,互相制约,共同保证按质、按量、按期完成建设项目的建设任务。合同一经签订,即具有法律效力,双方要严格履行合同。

施工合同内容一般包括:承包的依据、承包方式、工程范围、工程质量、施工工期、开工竣工日期(包括中间交工日期)、工程造价、技术物资供应、拨款结算方式、奖惩条款、违约责任、工程保修和各自应做的准备工作及配合关系等。

2)施工准备工作

施工单位接受施工任务后,即可着手进行施工准备工作。施工准备工作涉

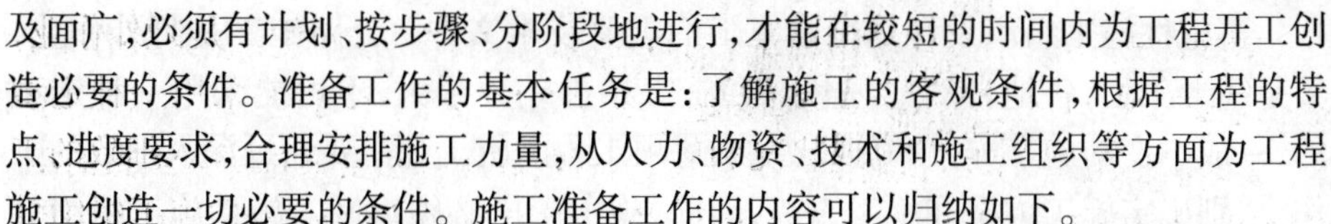

及面广,必须有计划、按步骤、分阶段地进行,才能在较短的时间内为工程开工创造必要的条件。准备工作的基本任务是:了解施工的客观条件,根据工程的特点、进度要求,合理安排施工力量,从人力、物资、技术和施工组织等方面为工程施工创造一切必要的条件。施工准备工作的内容可以归纳如下。

(1)技术准备

熟悉和核对设计文件及有关资料设计文件是工程施工最重要的依据,组织技术人员熟悉和了解设计文件,是为了明确设计者的设计意图,掌握图纸、资料的主要内容及有关的原始资料。此外,从设计到施工间隔时间段内,可能勘测设计时的原始自然状况由于各种原因发生变化,因此,必须对设计文件和图纸进行现场核对。其主要内容如下。

①各项计划的布置、安排是否符合国家有关方针、政策和规定,以及国家的整体布局;设计图纸、技术资料是否齐全,有无错误和相互矛盾。

②设计文件所依据的水文、气象、地质、岩土等资料是否准确、可靠、齐全。

③掌握整个工程的设计内容和技术条件、设计规模、结构特点和形式。

④核对路线中线、主要控制点、转角点、水准点、三角点、基线等是否准确无误;重点地段的路基横断面是否合理;构造物的位置、结构形式、尺寸大小、孔径等是否适当,能否采用更先进的技术或使用新材料。

⑤路线或构造物与农用、水利、航道、公路、铁路、电讯、管道及其他建筑物的相互干扰情况及其解决办法是否适当,干扰可否避免(对历史文物纪念地尤为重要)。

⑥对地质不良地段采取的处理措施是否先进合理,对防止水土流失和保护环境采取的措施是否适当、有效。

⑦施工方法、料场分布、运输工具、道路条件等是否符合工程现场实际情况。

⑧临时便桥、便道、房屋、电力设施、电讯设施、临时供水、施工场地布置等是否合理。

⑨各项纪要、协议等文件是否齐全、完善。

⑩明确建设期限。

现场核对时,如发现设计有错误或不合理之处,应提出修改意见报上级机关审批,待核准批复后再进行现场测量、修改设计、补充图纸等工作。

(2)补充调查资料

进行现场补充调查是为修改设计和编制实施性施工组织设计收集资料。调查研究、搜集资料是施工准备工作中不可缺少的内容。

(3)编制实施性施工组织设计和施工预算

实施性施工组织设计是指导施工的重要技术文件。公路施工是野外作业，又是线形工程，各地自然地理状况和施工条件差异很大，不可能采用一种定型的、一成不变的施工方案和施工方法，每项工程的施工都需要通过深入细致的工作，个别确定施工方案和施工方法，因此，施工阶段必须编制实施性施工组织设计，并编制相应的施工预算。

(4)组织先遣人员进场

公路施工需要调用大量人工、材料和机具，施工先遣人员的任务是：结合施工现场的实际情况，具体落实施工人员进场开工后在生产、生活等方面必须解决的问题。对施工中涉及其他部门的问题，做好联系、协调工作；及时与当地政府部门取得联系，争取地方政府对工程施工的支持。

3)施工现场准备

经过现场核对后，依据设计文件和实施性施工组织设计，认真做好施工现场准备工作。

(1)征地及拆迁

划定工程建设用地，开始征用土地、拆迁房屋、电讯及管线设施等各种障碍物(包括施工临时用地)。

(2)技术准备工作

进行施工测量，平整场地；建立工地试验室，进行各种建筑材料试验和土质试验，为施工提供可靠数据；落实各施工点的施工方案以及供水、供电设施；各种施工物资(包括建筑材料、机具设备、工具等)的调查与准备，进场后的堆放、保管及安全工作等。

(3)建立临时生活、生产设施

修建便道、便桥，搭盖工棚，选址修建构件预制场、沥青拌和基地、混凝土搅拌站等大型临时设施；临时供水、供电、供热及通讯设备的安装、架设与试运行。

(4)人员、材料、机具陆续进场

施工准备工作基本完成后，即可组建施工机构，集结施工队伍，运送材料、机具并按计划存放和妥善保管等。当施工队伍进场后，应及时做好开工前的政治思想教育，技术学习和安全教育工作。

(5)提出开工报告

在上述各项具体准备工作完成后，即可向建设单位或施工监理部门提出开工报告。开工报告必须按规定的格式填写，并按上级要求或合同规定的最后日期之前提出。

4)工程施工

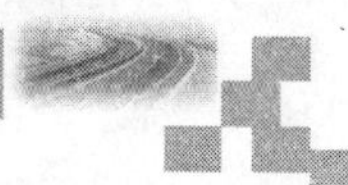

组织施工应有以下基本文件：设计图纸、资料；施工规范和技术操作规程；各种定额；施工图预算；实施性施工组织设计；工程质量检验评定标准和施工验收规范；施工安全操作规程。

在开工报告批准后，才能开始正式施工。施工应严格按照设计图纸进行，如需要变更，必须事先按规定程序报经监理工程师或建设单位批准。按照施工组织设计确定的施工方法、施工顺序及进度要求进行施工。为了确保质量、安全操作，施工要严格按照设计要求和施工技术规范、验收规程进行，发现问题，及时解决。

公路养护工程施工是一项复杂的系统工程，必须科学合理地组织，建立正常、文明的施工秩序，有效地使用劳动力、材料、机具、设备、资金等。施工方案要因地制宜、结合实际，施工方法要先进合理、切实可行。施工中既要保证工程质量和施工进度，又要注意保护环境、安全生产。

5）竣工验收

公路基本建设项目的竣工验收是全面考核公路设计成果，检验设计和施工质量的重要环节。做好竣工验收工作，总结建设经验，对今后提高建设质量和管理水平有重要作用。公路施工单位在竣工验收阶段应作好以下几项工作。

（1）竣工验收准备

工程项目按设计要求建成后，施工单位应自行初检。初检时，要进行竣工测量，编制竣工图表；认真检查各分部工程，发现有不符合设计要求和验收标准之处应及时修改；整理好原始记录、工程变更设计记录、材料试验记录等施工资料；提出初检报告，按投资隶属关系上报。初检报告一般包括如下内容：①初检工作的组织情况；②工程概况及竣工工程数量；③各单项工程检查情况和工程质量情况；④检查中发现的重大质量问题及处理意见；⑤遗留问题的处理意见和提交竣工验收时讨论的问题。

（2）竣工验收工作

施工单位所承担的工程全部完成后，经初检符合设计要求，并具备相应的施工文件资料，应及时报请上级领导单位组织竣工验收。

竣工验收的具体工作，由验收委员会负责完成。验收委员会在听取施工单位的施工情况和初检情况汇报并审查各项施工资料之后，采取全面检查、重点复查的方法进行验收。对初检时有争议的工程及确定返工或补做的工程，应全面检查和复测。对高填、深挖、急弯、陡坡路段，应重点抽查。小桥涵洞及一般构造物，一般路段路基、路面及排水和安全设施等，可采取随机抽查的方式进行检查。检查过程中，必要时可采用挖探、取样试验等手段。

验收工作以设计文件为依据，按照国家有关规定，分析检查结果，评定工程质量等级，并经监理工程师签认。对需要返工的工程，应查明原因，提出处理意见，由施工单位负责按期修复。

(3)技术总结

竣工验收通过后，施工单位应认真做好工程施工的技术总结，以利于不断提高施工技术水平和管理水平。对于施工中采用的新技术和重大技术革新项目，以及施工组织、技术管理、工程质量、安全工作等方面的成绩，应进行专题总结并在单位内推广。

(4)建立技术档案

技术档案包括：设计文件、施工图表、原始记录、竣工文件、验收资料、专题施工技术总结等。在工程竣工验收后，由施工单位汇集整理、装订成册，按管理等级建档保存，以备今后查用。

150. 公路养护工程施工组织设计的主要内容有哪些?

答：编制施工组织设计的目的，就是为了更有效地指导和管理施工。因此，不论哪一类施工组织设计，内容要求上都要体现出两个方面：一是施工必要的准备，研究施工所必需具备的物质方面和织织管理方面的客观条件，具体指导施工准备工作实施；二是设计施工活动，研究施工方案，为实现方案的有关施工技术、施工组织，采取多快好省完成任务的措施。这两方面内容是有机地联系在一起，对施工准备和组织施工实行科学管理。不论哪一类施工组织设计都必须具有以下相应的基本内容。

(1)工程概况；

(2)施工方法及措施；

(3)施工进度计划；

(4)施工平面图布置；

(5)施工准备工作计划；

(6)主要材料、劳动力计划；

(7)主要施工机具、设备计划；

(8)临时工程计划。

151. 公路养护工程施工组织设计的任务是什么?

答：为了确保工程质量、施工进度及资金合理使用等，在施工前必须完成施工组织设计，其具体任务如下。

(1)确定开工前必须完成的各项准备工作,如:核对设计文件、补充调查资料、先遣人员进场等。

(2)计算工程数量(防止漏算、重算),确定劳动力、机械台班、各种材料、构件等的需求量和供应方案等。

(3)确定施工方案(多种施工方案应经过比选),选择施工机具。

(4)安排施工顺序(由整体到局部)。

(5)编制施工进度计划,确定每月或每季度人力、材料、机械需用量。

(6)进行施工平面布置,即设备停放场、料场、仓库、拌和场、预制场、生活区、办公室等的布置。

(7)制定确保工程质量及安全生产的有效技术措施。

(8)施工组织设计合理与否,直接影响工程的工期、工程质量及工程的成本。

? 152. 公路养护工程施工组织设计的编制依据有哪些?

答:编制公路施工组织设计需要各种资料,根据公路养护工程建设的不同阶段,以及施工组织设计的具体用途不同,对资料的内容及深度要求不尽相同,一般需要如下资料:

(1)计划文件和合同文件,计划文件和合同文件是指国家批准的基本建设计划文件,施工期限要求,建设单位对工程设计、施工的要求,施工单位上级主管部门下达的施工任务及与工程沿线单位签订的协议、合同、纪要等;

(2)自然条件调查资料;

(3)各种定额及技术规范;

(4)施工时可能调用的资源;

(5)类型相似或相近项目的经验资料;

(6)其他资料。

? 153. 公路养护工程施工组织设计的编制程序是怎样的?

答:公路养护工程施工组织设计的编制程序是:

(1)分析设计资料,了解工程概况,进行调查研究;

(2)提出施工整体部署,选择施工方案,确定施工方法;

(3)编制工程进度图;

(4)计算人工、材料、机具、设备需要量,编制人工、主要材料和主要机具计划;

(5)编制临时工程计划;

(6)工地运输组织;

(7)布置施工平面图;

(8)计算技术经济指标;

(9)编写施工组织设计说明书。

154. 公路养护工程施工组织设计的阶段与文件组成有哪些?

答:在公路养护工程设计和施工的各个阶段,都必须编制相应的施工组织设计文件。在初步设计阶段拟定"施工方案",在技术设计阶段提出"修正的施工方案",在施工图设计阶段编制"施工组织计划";在招投标阶段编制"指导性施工组织设计",在施工阶段编制"实施性施工组织设计"。它们统称为施工组织设计文件。

(1)施工方案,两阶段初步设计和三阶段初步设计中的施工组织设计文件称为施工方案。施工方案文件包括:

①施工方案说明;

②人工、主要材料及机具设备安排表;

③工程概略进度图;

④临时工程一览表;

⑥公路临时用地表。

(2)修正的施工方案

采用三阶段设计的公路养护工程,在技术设计阶段编制的施工组织设计文件称为修正施工方案。修正施工方案根据初步设计的审查意见和施工方案说明中提出的应进一步解决的问题及注意事项进行编制,修正施工方案编制深度和提交的文件内容介于施工方案和施工组织计划之间。

(3)施工组织计划

公路养护工程不论采用几个阶段设计,在施工图设计阶段都要编制施工组织计划,它是施工图设计文件的组成部分。施工组织计划的内容包括:

①说明;

②工程进度图;

③主要材料计划表;

④主要施工机具、设备计划表;

⑤临时工程数量表;

⑥公路临时用地表。

(4)指导性施工组织设计

指导性施工组织设计，是施工单位用于工程投标所编制的施工组织设计。它是投标文件组成中的必备文件，中标后，它是承包合同的重要组成文件。

对于指导性施工组织设计的内容、文件组成，目前，我国尚无统一规定，通常与设计阶段的"施工组织计划"内容相似，但为满足招标文件要求更加具体、详细，并增加了如下内容：施工单位、施工项目组织管理框架、人员组成、分工及法人代表；质量自检体系、人员和试验设备配备清单；施工机械、关键设备进场使用清单；工程平面、高程和方位控制体系及程序安排方案；施工安全和环境保护措施；施工设计和施工辅助设计有关资料等。

(5)实施性施工组织设计

在公路养护工程的施工准备阶段，由施工单位编制的施工组织设计称为实施性施工组织设计。施工单位根据施工图设计图纸和野外调查资料及本单位施工条件(施工力量、技术水平等)进行编制。实施性施工组织要在工程施工中实施，必须对各分部工程、分项工程、各道工序和施工专业队都进行施工进度的日程安排和具体的操作设计，因此，这一阶段编制的施工组织设计十分具体、可行。实施性施工组织设计文件的内容与施工图设计阶段的施工组织设计相似，但更具体、更详细。工程进度图应按月、旬安排，并编制相应的人工、材料、机具、设备计划。

155. 公路养护工程施工过程是如何划分的？

答：施工过程就是生产建筑产品的过程，是劳动者利用劳动工具作用于劳动对象的过程。公路施工过程含有两方面的含义：一、劳动过程，离不开人、材料、机械等；二、自然过程，如水泥混凝土硬化过程养生，乳化沥青分裂过程等。

按施工过程所需劳动性质及在基本建设中起的作用不同，可将施工过程划分如下。

(1)准备过程

施工准备过程指建筑产品在投入生产前所进行的全部生产技术准备工作，如：可行性研究、勘察设计、施工准备等。

(2)基本施工过程

基本施工过程指为完成产品而进行的生产活动，即施工现场所发生的活动，如：路基、路面、桥涵等的施工。

(3)辅助施工过程

辅助施工过程指为保证基本施工过程的正常进行所需的各种辅助生产活动，如：机械设备维修、动力的生产、材料加工等。

(4)服务施工过程

服务施工过程指为基本施工过程和辅助施工过程服务的各种服务过程，如：原材料、半成品、机具、燃料等的供应与运输等。

156. 公路养护工程施工过程的组织原则是什么？

答：影响施工过程组织的因素很多，如：施工地点、施工性质、建筑产品结构、材料、机械设备条件、自然条件等。使施工过程的组织灵活多样，没有完全相同的模式。但是不管施工过程的组织怎样变化，为了降低工程成本，缩短施工工期，保证工程质量，都应遵守以下基本原则。

(1)施工过程的连续性

施工过程的连续性是指建筑产品的施工过程各阶段、各工序的进行在时间上是紧密衔接的，不发生各种不合理的中断现象，即在施工过程中，劳动对象始终处于被加工、检验状态，或处于自然过程中(如水泥混凝土的硬化)。

保持和提高施工过程连续性，可以降低成本。施工过程的连续性要求，凡是能平行进行的不同工序活动(在不同的施工段上)，必须组织平行作业，平行性是连续性的必然要求(流水作业法即可体现这一特性)。

(2)施工过程的协调性

施工过程的协调性(也叫比例性)是指建筑产品的施工过程各阶段、各工序之间，在生产能力上要保持一定的比例关系，不发生脱节和比例失调的现象(如某专业队人数多，生产能力强，造成产品过剩；而另一专业队人数少，生产能力较差，产品供应跟不上，这就属于比例失调，施工过程中应当避免)。协调性在很大程度上取决于施工组织设计的正确性。在施工过程中，由于材料原因(如品种变化、货源改变等)、采用新工艺、自然因素的变化等的影响，都会使实际生产能力发生变化，造成产品比例失调。因此，施工组织工作必须根据变化了的情况，采取措施，及时调整各种比例关系，保证施工过程的协调性。

(3)施工过程的均衡性

施工过程的均衡性(也叫节奏性)是指在施工过程中的各个环节，都要按照施工计划的要求，在一定时间内，生产出相等或递增数量的产品，使各生产班组或设备的任务量保持相对稳定(即各施工段劳动量大致相等)，不发生时松时紧现象(即使用同一种材料、机械或半成品的项目不要安排在同一时间施工)。均衡性能充分利用工时，有利于保证生产质量、降低成本，有利于劳动力和机械设

备的调配。实现生产的均衡性,必须保持生产的比例性,加强计划管理,强化生产指挥系统,做好施工技术和物资准备。

(4)施工过程的经济性

施工过程的经济性是指在施工过程除了满足技术要求外,必须讲求经济效益,要用最小的劳动消耗取得较大的生产成果。上述连续性、协调性和均衡性最终都要通过经济效果集中反映出来。

连续性、协调性和均衡性是相互制约、相互关联的,施工组织过程中,连续性、协调性和均衡性使用得好,施工过程的经济性自然就能保证。

157. 公路养护施工过程时间组织的类型有哪些?

答:在施工过程中,把施工对象(工程项目)人为地划分成若干段(有些是自然形成的),这些段叫作施工段。

公路施工过程时间组织类型主要有以下三种。

(1)单施工段多工序型

单施工段多工序型是指施工任务不能划分或不需要划分为若干施工段,而只有一个施工段,在这单一的施工段中含有多道工序的施工过程。

(2)多施工段多工序型

多道工序的多施工段多工序型是指施工任务可以划分为多个施工段,每个施工段又含有施工过程。

(3)混合型

混合型是指在一个施工任务中,即含有单施工段多工序型,又含有多施工段多工序型。

158. 施工过程时间组织的基本作业方法及具体应用方式有哪些?

答:在公路施工过程中,公路施工的时间组织有三种基本作业方法:**顺序作业法、平行作业法、流水作业法**。在进行公路施工组织设计时,这三种作业方法既可以单独运用,也可以综合运用。顺序作业法、平行作业法、流水作业法既可以用横道图表示,也可以用网络图表示。两种图示方法可以互换。

(1)顺序作业法

顺序作业法的概念:当施工任务含有若干个施工段时(人为划分或自然形成),完成一个施工段后,再去接着完成另一个施工段,依次按顺序进行,直至完成全部施工段的作业方法。

顺序作业法有以下特点:

①不能充分利用工作面去争取时间,所以工期长;

②施工队不能实行专业化施工,不利于提高工程质量和劳动生产率;机械设备不能充分利用;

③劳动力需要量波动大;

④单位时间内需要投入施工现场的资源数量较少,有利于资源供应的组织工作;

⑤因为只有一个施工队在施工,所以施工现场的组织管理工作比较简单。

由此可见,顺序作业法适用于小型项目,且工期要求不严。

(2)平行作业法

平行作业法是指当施工任务含有若干个施工段时,各个施工段同时开工、平行生产、同时完工的一种作业方法,即施工任务含有多少个施工段,就相应地组织多少个施工队。

平行作业法有以下特点:

①充分利用了工作面,缩短了工期;

②施工队不能实行专业化施工,不利于提高工程质量和劳动生产率;

③协调性、均衡性差,劳动力需要量出现高峰;

④单位时间内需要投入施工现场的资源成倍增长,给材料供应、机械设备调度等带来困难;

⑤因为施工队多,人员集中,所以,施工现场的组织管理工作复杂。

由此可见,只有当施工任务十分紧迫,工期紧张,工作面允许及资源充分、能保证供应的条件下,才能使用这种作业方法。

(3)流水作业法

流水作业法是指当施工任务含有若干个施工段时,其各个施工段相隔一定时间依次投入施工生产,相同的工序依次进行,不同的工序则平行进行的一种作业方法。

流水作业法的工期比顺序作业法短,比平行作业法长。通过比较可以看出,流水作业法消除了顺序作业法和平行作业法的缺点,其特点是:

①由于流水作业法科学地利用工作面,所以总工期比较合理;

②施工队采用专业化施工,可使工人的操作技术水平由熟练而不断提高,为进行技术改造、革新创造了条件,更能保证工程质量,同时获得更高的劳动生产率;

③专业施工队实行连续作业,相邻专业施工队之间搭接紧凑,体现了施工的连续性;

④单位时间内需要投入施工现场的资源数量较为均衡,有利于资源供应的

组织工作；

⑤施工有节奏，为文明施工和进行施工现场的科学管理创造了条件。

采用流水作业法组织施工，施工段的数量和工作面的大小必须满足一定的要求，流水作业法才能更好地发挥它的优越性。

(4)作业法的具体运用

在实际工程中，顺序作业法、平行作业法、流水作业法这三种作业法不仅可以单独使用，也可以根据具体条件将三种基本作业方法综合运用。在实际工程中常用的有：平行流水作业法、平行顺序作业法、立体交叉平行流水作业法。

159. 流水作业图的形式有哪些？

答：按流水作业图中的图形和线条形态及其所表达的内容可分：横线工段式、横线工序式、斜线工段式、斜线工序式等。各种流水作业图图例如图5-1、图5-2、图5-3、图5-4所示。

进度 工序	工作日															
	1	2	3	4	5	6	7	8	9	10	11	12	13	14	15	16
a		A			B											
b					A				B							
c									A			B				
d												A			B	

注： A、B代表施工段号。

图5-1 横线工段式流水作业图图例

160. 流水作业图作图要点有哪些？

答：流水作业法的施工组织意图和内容，必须通过流水作业图加以表达。作图的过程是施工组织的设计过程，想要做出一个比较好的图，需要综合考虑各种问题。作图的要点主要有以下几点。

(1)开工要素

任何一个工序开工时，必须具备工作面和生产力（工人、机械等）两个开工要素，两者缺少任何一个，都不具备工序的开工条件。

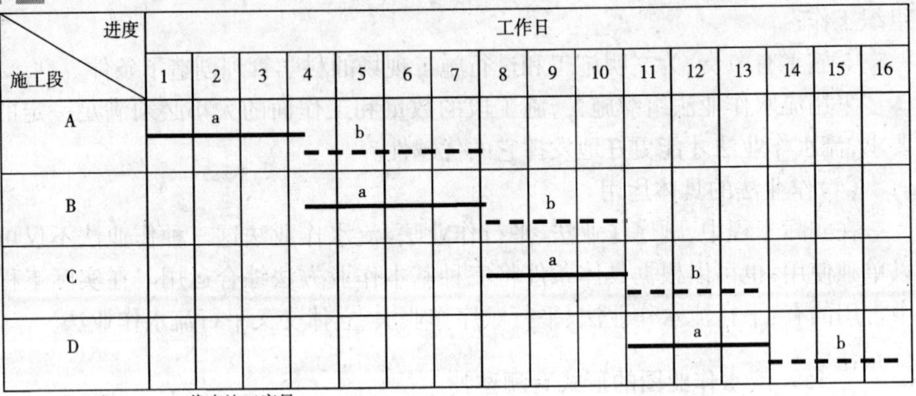

进度
施工段
工作日
1 2 3 4 5 6 7 8 9 10 11 12 13 14 15 16
A
B
C
D
a
b
a
b
a
b
a
b

注：a、b 代表施工序号。

图 5-2　横线工序式流水作业图图例

进度
工序
工作日
1 2 3 4 5 6 7 8 9 10 11 12 13 14 15 16
d
c
b
a

注：施工段图例：　A ———, B - - -

图 5-3　斜线工段式流水作业图图例

进度
施工段
工作日
1 2 3 4 5 6 7 8 9 10 11 12 13 14 15 16
D
C
B
A

注：工序图例：　a ———，　b - - -

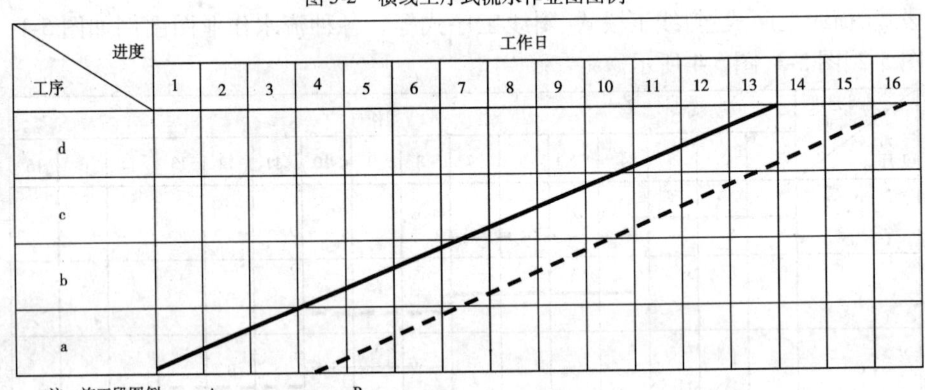

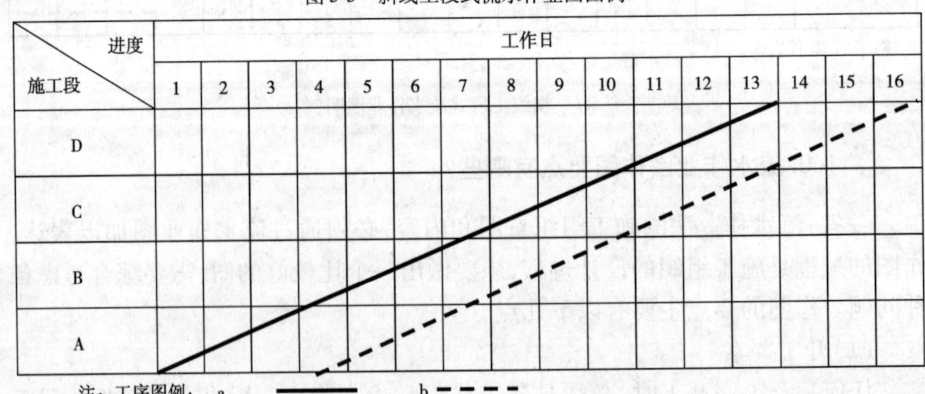

图 5-4　斜线工序式流水作业图图例

(2)工序衔接原则

①工序衔接,以取得最短施工总工期为目的;

②必须满足工艺要求和自然过程的需要;

③尽量求得同工序在各施工段上能连续作业,并尽量求得相邻不同工序在同一施工段上能连续作业;

④图中的首工序和末工序,均可按需要与可能采取连续作业或间歇式作业。

(3)工序紧凑原则

为了使流水作业图取得最短总工期,在作图时,各相邻工序之间,尽量体现紧凑的原则。所谓紧凑原则,就是在保证具备开工要素并符合工序衔接原则的条件下,尽量使所排工序向作业开始方向靠拢。

(4)必须合理确定流水参数。

第二节 公路养护施工进度计划

161. 施工进度计划编制的作用是什么?

答:施工进度计划编制的作用有以下几点:

(1)是对全部施工项目进行时间组织的成果;

(2)确定了各工程项目之间的衔接关系;

(3)它是控制施工进度、指挥施工活动的依据;

(4)它是编制作业计划、物资供应计划、机具调度计划、资金使用计划等施工组织文件的依据。

根据施工进度计划可编制进度图,施工进度图简单易懂,有助于领导部门抓住关键,统筹全局,合理布置人力、材料、机械,正确指导施工生产活动的顺利进行;有利于工人明确目标,更好地发挥主动能动作用;有利于施工企业内部及时配合。

162. 施工进度图分为哪几种?

答:施工进度图有**横道图、垂直图、网络图**三种。

(1)横道图

横道图也叫水平图表,横道图是一种最简单并运用最广的计划方法,尽管有新的计划技术的采用,横道图在建设行业仍占统治地位。其常用的格式如图5-5所示,它由两大部分组成,左面部分是以分部分项工程或工序栏目,也可添加工程量、劳动量、工作日等栏目；右面部分是进度图表，横道线的长短表示施工的期限，横道线所在的位置表示施工的内容，线上可以用数字标出劳动力或其他资源的需要数量。

主要工程项目	2006 年												2007 年			
	1	2	3	4	5	6	7	8	9	10	11	12	1	2	3	4
1. 施工准备																
2. 路基工程																
(1) 场地清理掘除																
(2) 软基处理																
(3) 路基开挖填筑																
3. 涵洞通道工程																
4. 桥梁工程																
(1) 基础工程																
(2) 墩台工程																
(3) 箱梁现浇																
(4) 桥面铺装																
5. 防护及排水																
6. 清场验交																

图 5-5　某工程进度图(横道图)

横道图的优点是简单、直观、易懂、容易编制，但有以下缺点：

①工程量的实际分布情况不清楚，也无法表示；

②施工日期和施工地点的关系不明确，即什么日期在什么地点施工不明确；

③不能表示各工程项目之间的衔接情况及施工专业队之间的相互配合关系；

④不能绘制对应施工项目的平面示意图。

(2)垂直图

垂直图是空间—时间图表的一种形式，有时间—任务量图、时间—路程图、时间—数量图等。它适宜于表示连续的、在一线段上的工作的规划和控制，因此，工作的进程是以一个速度(每个时间单位的长度)来表达。垂直图表法横坐标表示按比例的建筑工程线段，纵坐标是时间，并已去除了非工作时间。

垂直图的优点是工程量的分布情况、工程项目的相互关系、施工的紧凑程度、施工期限都十分清楚。从垂直图中，可以找出任何一天各施工队的施工地点和正在进行的施工项目。但仍有一些不足之处：①不能反映哪些工作是关键工作；②计划安排的优劣程度很难评价；③反映不出某些工作的时差；④难以使用

计算机绘制，因而绘制和修改进度图的工作量很大。

(3)网络图

网络图也叫流程图。与横道图、垂直图比较，网络图不仅能反映施工进度，而且能清楚地表达各施工项目、各施工专业队之间错综复杂的联系、制约、协作等关系。它的最大优点是在计划的执行过程中可以很方便地根据当时的条件进行调整，指导工程施工按最佳的进度运行。因此，不论是集中型工程还是线型工程，都可以用网络图表示工程进度，尤其是时标网络图更能准确、直观地表达工程进度。图5-6是某路段混凝土路面板块修复工程施工网络图，施工采用流水作业，分成两个施工段，三个专业队即板块破除、基底处理、板块混凝土浇筑。

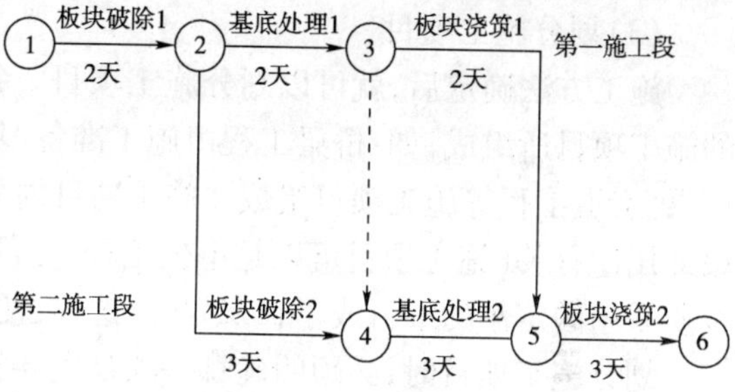

图5-6　某路段混凝土路面板块修复工程施工网络图

163. 编制施工进度计划的依据有哪些?

答：编制施工进度图的依据有：

(1)工程的全部设计图纸；

(2)有关地形、地质、水文、气象等自然调查资料及技术经济资料；

(3)上级或合同规定的开工、竣工日期；

(4)各类有关定额；

(5)劳动力、材料、机械设备等供应情况。

164. 编制施工进度计划的主要步骤有哪些?

答：编制施工进度计划的主要步骤如下。

(1)确定施工方法

确定施工方法时，首先应考虑工程特点、现有机具的性能、施工环境等因素，宜根据工程特点和所拥有的机械设备、技术力量等，确定对路基、路面的施工方法。

(2)选择施工组织方法

根据具体的施工条件选择最先进、最合理、最经济的施工组织方法，是编制工程进度图的关键。流水作业法是公路养护工程施工较好的组织方法，但不能孤立采用，有些工程技术复杂，工程量大，还可以考虑采用平行流水作业法，立体交叉流水作业法，网络计划法等。有些工程工程量小，工作面窄小，工期要求不紧，可以采用顺序作业法。

(3)划分施工项目

施工方法确定后，就可以划分施工项目。每项工程都是由若干个相互关联的施工项目所组成，如：桥梁工程由施工准备、基础工程、下部工程、上部工程、桥面系、引道工程等施工项目组成。施工项目划分的粗细程度，与工程进度图的阶段即用途有关(施工项目可以是单位工程、分部工程、分项工程、工序等)。一般按所采用的定额的细目或子目来划分，这样，便于查阅定额。

划分施工项目时，必须明确哪一项是主导施工项目。一般情况，主导施工项目就是施工难度大，耗用资源多或施工技术复杂、需要使用专门的机械设备的工序或单位工程。主导施工项目常常控制施工进度，因此，首先应安排好主导施工项目的施工进度，其他施工项目的进度要密切配合。在公路养护工程中，高级路面、集中土石方、特殊路基、大、中桥等一般都是主导施工项目。

(4)排序

排序即列项。按照客观的施工规律和合理的施工顺序，将所划分的施工项目进行排序，如：施工准备、路基处理、路基填筑、涵洞、防护及排水、路面基层、路面铺筑等。路面基层施工项目必须放在路基填筑、涵洞施工项目的后面。注意不要漏列、重列。工程进度图的实质就是科学合理地确定这些施工项目的排列次序。

(5)划分施工段，并找出最优施工次序

设计阶段的施工进度图一般不明确划分施工段。在实施性施工进度中，如果组织流水作业，为了更好地安排施工进度，缩短施工工期，就应该划分施工段，尽可能经优化找出最优或较优施工次序，并在施工进度图中表示出来。

(6)计算工程量与劳动量

当划分完成施工项目并排好序后，即可根据施工图纸及有关工程数量的计算规则，计算各个施工项目的工程数量，并填入相应表格中，工程数量的单位，应与所采用的定额单位一致。当划分施工段组织流水作业时，必须分段计算工程数量。此外，还应考虑为保证施工质量和安全的附加工程数量。

(7)计算各施工项目的作业持续时间

在确定作业持续时间过程中，应结合实际的施工条件认真考虑以下几点：①各施工项目均应按一定技术操作程序进行；②保证工作面和劳动人数的最佳施工组合；③相邻施工项目之间应有良好的衔接和配合，互不影响工程进度；④必

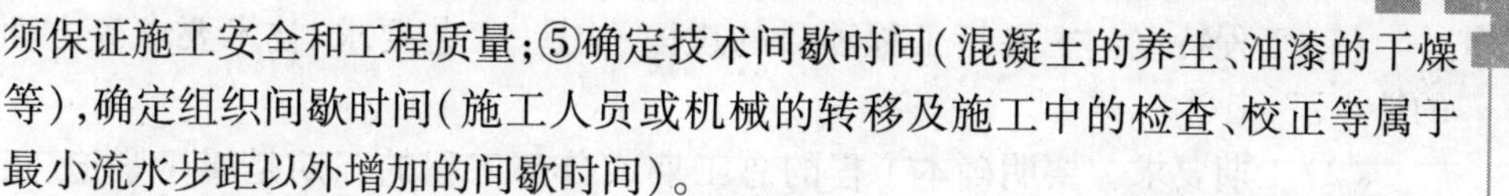

须保证施工安全和工程质量；⑤确定技术间歇时间（混凝土的养生、油漆的干燥等），确定组织间歇时间（施工人员或机械的转移及施工中的检查、校正等属于最小流水步距以外增加的间歇时间）。

（8）初步拟定工程进度

按照客观的施工规律和合理的施工顺序，采用前面确定的施工组织方法、施工段间最优或较优施工次序及各施工项目的作业持续时间，就可以拟定工程进度。在拟定时应考虑施工项目之间的相互配合，例如：某一路线工程，采用流水施工，为了使各施工项目尽早投入施工生产，首先集中人力、物力进行第一段的施工准备工作，第一段的施工准备工作完成后，小桥涵等人工构造物可以投入施工，小桥涵等人工构造物完成后，路基施工开始，路基完成后，路面施工开始……，其他辅助工作（材料加工及运输等）应与工程进度相配合。

拟定工程进度时，应特别注意人工的均衡使用。施工开始后，人工数目应逐渐增加，然后在较长时间内保持稳定，接近完工时又应逐渐减少。另外，还要力求材料、机械及其他物资的均衡使用。初拟方案若不能满足规定工期要求或超过物资资源供应量，应对工程进度进行调整。

（9）检查和调整施工进度计划

无论采用流水作业法还是网络计划法组织施工，都要在初拟方案的基础上通过优化调整，最后得到工程进度图。在优化过程中重点检查的内容有：

①施工工期，施工进度计划的工期应符合上级或合同规定的工期；

②施工顺序，检查施工项目的施工顺序是否科学、合理，相邻施工项目之间衔接、配合是否良好；

③劳动力等资源的消耗是否均衡，劳动力需要量图反映了施工期间劳动力的动态变化，它是衡量施工组织设计合理性的重要标志。

针对出现的问题，采取有效的技术措施和组织措施，使全部施工在技术上协调，在人工、材料、机具的需要量上均衡，力争达到最优的状态。调整结束后，采用恰当的形式绘制工程进度图。

？165. 如何选择施工方法？

➾**答：**施工方法的选择，是指施工工艺方法的选择。

正确地选择施工方法是确定施工方案的关键。各个施工过程，均可采用各种施工方法进行施工，而每一种方法都有其各自的特点。因此，须从若干可行的施工方法中选择一个最先进、最可行、最经济的施工方法。

选择施工方法的依据如下。

(1)工程特点。主要指工程项目的规模、构造、工艺要求、技术要求等方面的特点。

(2)工期要求。要明确本工程的总工期或分部工程的工期是属于紧迫、正常、充裕三种情况中的哪种。

(3)施工条件。主要指气候等自然条件,施工单位的技术水平和管理水平,所需设备、材料、资金等供应的可能性。

总之,施工方法的确定取决于以上三点。不同的施工方法有很大的差异,对于同一种工程也有多种可供选择,因此有必要从若干个能实行的施工方法中,经过比较,选择适于本工程的最合理、最经济的施工方法。

166. 如何正确选择施工机(械)具?

答:选择施工机械与正确拟定施工方法一样,是合理地组织施工的关键,两者又是互相紧密联系的。施工方法在技术上必须满足保证工程质量、提高劳动生产率以及充分利用机械的要求,做到技术上先进、经济上合理。施工方法一经确定,机械设备选择就只能以满足施工方法的要求为基本依据,而正确地选择好施工机械能使施工方法更为先进、合理。在现代化的施工条件下,施工机具的选择很多时候主导了施工方法的确定。施工机械的选择好否,很大程度上决定了施工方案的优劣。一般来讲,施工机械应按以下几个原则进行选择。

(1)只能在现有的或可能获得的机械中进行选择。尽管某种机械在各方面都是适合的,或对工期的缩短、人力的节省很有利,但如不能得到,则就不能作为一个供选择的方案。

(2)从施工条件考虑选择的机械类型应与之相符合。施工条件是指施工场地的地质、地形、交通现状、工程量大小和施工进度等,特别是工程量和施工进度,是合理选样机械的重要依据。一般说,为了保证施工进度和提高经济效益,工程量大应采用大型机械;工程量小则应采用中、小型机械。交通现状也往往会影响机械的选择,如现有道路限制了大型机械的进场,要使用该大型机械须另行修路建桥,其合理性是必须考虑的。

(3)固定资产损耗费与运行费是否经济。固定资产损耗费与施工机械的投资成正比。它包括折旧费、大修理费、投资的利息等费用;而机械的运行费可视为与完成的施工量成正比的费用,它又分直接费与间接费。直接费包括分动工资与直接材料费;间接费包括燃料费、保养小修费、劳保设施费和其他管理费等。这些费用,在机械运用中是重点考虑的因素,是选择施工机械必须考虑的一项原则。通常施工机械的容量越大,其施工单价越便宜,但如果只使用大型施工机械

的部分容量倒不如最大限度地发挥中小型机械的容量,这在许多情况下是经济的。

(4)施工机械的合理组合。选择施工机械时,要考虑到各种机械的合理组合,这是使选择的施工机械能否发挥效率的重要问题。合理组合一是指主机与辅助机械在台数和生产能力上的相互适应,要在保证主机充分发挥作用的前提下,考虑辅机的台数和生产能力,如在土方工程施工中,用自卸汽车运输配合挖土机时,自卸车的数量必须保证挖土机能连续不断的工作;二是指作业线上的各种机械互相配套的组合,一种机械化施工作业线是出几种机械联合作业组合成一条龙施工,几种机械的联合才能形成生产能力,如果其中的某种机械的生产能力不适应作业线上的其他机械,或机械可靠性不好,都会使整条作业线的机械发挥不了作用。

(5)从全局出发统筹考虑选择施工机械。全局出发就是不仅考虑本项工程,而且要考虑所承担的同一现场上的其他工程的施工机械使用。

? 167. 安排施工顺序的原则有哪些?

答:对于公路养护工程,由于线路长,沿线自然条件各异,工程复杂,要合理确定施工项目中各单位工程或关键项目的施工顺序,是确定施工方案的首要问题,对工程的经济效益具有决定性的影响。安排好一个施工项目的施工顺序,要考虑到多方面的因素,要进行具体的分析,根据其施工规律来确定施工顺序。但施工顺序的安排又有其一定的基本原则,一般应遵循和考虑以下几点要求。

(1)首先要考虑影响全局的关键工程的合理施工顺序。如路线工程中的大桥、隧道往往是关键工程,若这些关键工程不能在特定的时间内完成,将导致材料、机械无法进场等问题而影响其他工程的顺利实施,此时应集中力量首先完成关键工程,因此施工顺序的安排应特别考虑关键工程。

(2)必须充分考虑自然条件的影响。安排工程项目施工顺序时,必须考虑水文、地质、气象等的影响,如桥梁的基础工程机具一定要安排在汛期之前完成或安排在汛期之后进行等。

(3)施工顺序要与施工方法、施工机具协调一致。如现浇钢筋混凝土梁桥上部构造的施工顺序与采用架桥机进行装配化施工顺序就显然不同。

(4)要考虑施工组织条件对施工顺序的影响。如某种关键机械能否按时供应,某拆迁工程能否按时拆迁,高寒地区的生活条件或生活供应能否按时解决等。

(5)必须符合工艺要求。公路养护工程项目的各施工过程或工序之间,存在着一定的工艺顺序要求。如桥梁钻孔灌注桩在钻孔后应尽快灌注水下混凝

土,以防塌孔,所以两道工序必须紧密衔接。

(6)必须考虑施工质量要求。在安排施工顺序时,要以能确保工程质量作为前提条件之一。例如桥梁工程的钻孔灌注桩基础,采用钻孔机钻孔,通常每个墩台基础都有两个或两个以上的桩基,一个基础中的不同桩基不能以相邻顺序施工,否则会发生塌孔。一般要间隔施工。

(7)必须考虑安全生产的要求。在安排施工顺序时,必须力求各施工过程的衔接不致产生不安全因素,以防安全事故的发生。

(8)尽力体现施工过程组织的基本原则。即施工过程的连续性、协调性、均衡性以及经济性。

168. 如何进行施工进度计划的检查与调整?

答:施工组织设计是一个科学的有机整体,编制的正确与否直接影响工程的经济效益。施工管理的目的是使施工任务能如期完成,并在企业现有资源条件下均衡地使用人力、物力、财力,力求以最少的消耗取得最大的经济效果。因此,当施工进度图初步完成后,应按照施工过程的连续性、协调性、均衡性及经济性等基本原则进行检查与调整,这是一个细致的、反复的过程。现简述如下。

(1)施工工期

施工进度计划的工期应当符合上级或合同规定的工期,并尽量可能缩短,以保证工程早日交付使用,从而达到最好的经济效果。

(2)劳动力消耗的均衡性

每天出勤的工人人数力求不发生大的变动,即劳动力消耗力求均衡,劳动力需要量图表明劳动力需要量与施工期限之间的关系。如图5-7是劳动力需要量的三种典型形式。如前所述,正确的施工组织设计应该使劳动力需要量均衡,以减少服务性的各种临时设施和避免因调动频繁而形成的窝工。图5-7a)短期内出现高峰现象;图5-7b)起伏不定,这两种在施工安排上应力求避免;图5-7c)是最好的情况。

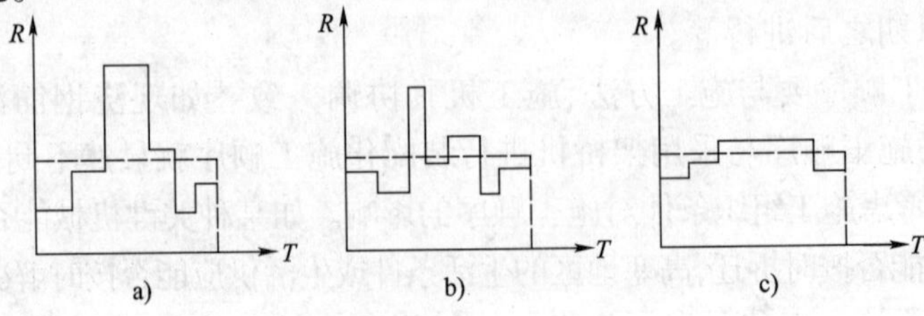

图5-7　劳动力需要量示意图

任何一项工程的施工组织设计，由于施工人数和施工时间不同，均有可能出现上述三种情况中的一种。故在编制施工进度图时，应以劳动力需要量均衡为原则，对施工进度进行恰当的安排和必要的调整。

劳动力消耗的均衡性，可用劳动力不均衡系数 K 表示。劳动力不均衡系数的值大于或等于 1，一般不超过 1.5。其值按式(5-1)计算：

$$K=\frac{R_{\max}}{R_{平均}} \tag{5-1}$$

式中：$R_{\max}$——施工期间工人人数最高峰值；

$R_{平均}$——施工期间加权平均工人人数。

(3)施工工期和劳动力均衡性的调整

①如果要使工期缩短，则可对工期较长的主导劳动量施工过程采取措施，如增加班制或工人数(包括机械数量)，来达到缩短总工期的目的；

②若所编计划的工期不允许再延长，而劳动力出现较大的不均衡，则可在允许的范围内，通过调整工序的开工或完工日期，使劳动力需要量较为均衡。

第三节　公路施工平面图

169. 施工平面图布置的原则要求是什么？

答：施工平面图布置的总原则是：通过施工平面图的合理布置，为主体工程提高工效、革新技术、保证质量、安全生产、降低成本以及文明生产创造条件。

施工平面图布置的具体原则为：

(1)在保证顺利施工的前提下，充分利用原有地形、地物，少占农田，以利降低工程成本；

(2)充分考虑水文、地质、气象等自然条件的影响；

(3)生产作业区的区域布置及其设施，必须从所采用的施工手段和施工方法出发，如大桥工程施工，由于钢筋骨架、构件等体积大，重力大，所有轨道、吊车等的布置，应以方便使用为目的；

(4)辅助生产区域的布置和设施，必须方便施工操作，在内部要满足工艺流程的需要；

(5)场内运输形式的选择及运输线路的布设，应尽量减少物资的运输量和起质量，即减少二次搬运和运输距离；

(6)施工管理机构的位置必须有利于全面指挥和管理施工现场；

(7)生活区的布置及其设施,必须方便职工生活,利于休息,与施工现场互不干扰;

(8)施工平面布置图时必须符合安全生产、文明生产的规定和要求。

170. 施工平面图布置的依据有哪些?

答:施工平面图布置的依据有:

(1)工程地形图;

(2)施工进度图和施工组织计划图表(为设计临时设施面积提供数据);

(3)施工组织调查资料;

(4)各类临时设施的性质、形式、面积等;

(5)设计图纸;

(6)其他有关资料。

171. 施工平面图的类型有哪些?

答:

(1)按施工平面图的作用分

①施工总平面图

施工总平面图是以整体工程为对象的空间组织的平面设计方案。

②单位工程或分部、分项工程施工平面图

它是以单位工程或分部工程、分项工程为对象的空间组织平面设计方案。如某工程项目中的大桥施工平面图、集中性大型工程施工平面图、附属加工厂施工平面图,基础工程施工平面图、主梁吊装施工平面图等。

(2)按主体工程形态分

①线型工程施工平面图

公路养护工程施工平面图是沿路线全长绘制的一个狭长的带状式平面图。这类施工平面图一方面要反映地形、地物,如河流、田地、道路、房屋等;另一方面要反映施工组织设计成果,如料场、加工厂、仓库、施工管理机构、临时工程、便道、便桥等。公路施工平面图可以按道路中线为假想的直线进行相对的展绘,还可以在平面图的下方展绘出道路纵断面。

②集中型工程施工平面图

这类工程施工平面图,既可以是施工总平面图,又可以是单项工程或分部分项工程施工平面图。其总的特点是工程范围比较集中(包括局部线型工程),反映的内容比较深入和具体。如:砂石料场施工平面图,加工厂或预制

厂平面布置图，桥隧工程施工平面图等。这类施工平面图所包括的内容，应根据工程内容和施工组织的需要而定，一般应包括：a）原有地形地物；b）场区的生产、行政、生活等区域的规划及其设施；c）施工用地范围；d）主要的测量及水文标点；e）基本生产（如主体工程现场）、辅助生产（如预制场）、服务生产（如供水供电系统、材料及半成品存放场地）的空间组织；f）场区运输设施；g）安全消防设施等。

172．施工总平面图布置的内容有哪些？

答：（1）拟建公路养护工程的主要施工项目

如：路线及里程；大中桥、隧道、集中土石方、交叉口、特殊路基等重点工程的位置；公路养护、运营管理使用的永久性建筑，包括道班房、加油站、高速公路收费站、服务区等。

（2）为工程施工服务的临时设施及其位置

如：采石场、采砂场、便道、便桥、仓库、混凝土拌和基地、沥青混合料拌和基地、生活用房屋等。

（3）工地附近与施工有关的永久性建筑设施

如：已有公路、铁路、车站、码头、居民点、地方政府所在地等。

（4）施工管理机构

如：施工现场指挥部、监理机构、工程处、施工队、办事处等。

（5）重要地形、地物

如：河流、山峰、文物、自然保护区、高压铁塔、重要通讯线等。

（6）其他与施工有关的内容。如：地质不良地段、国家测量标志、气象台、水文站、防洪、防火、安全设施等。

第四节　公路网络计划

173．网络计划的概念是什么？

答：网络计划技术是20世纪50年代末国外陆续出现的一些计划管理的新方法。由于这些方法是建立在工作关系网络模型的基础上，把计划的编制、协调、优化和控制有机地结合起来，所以被称之为网络计划技术。网络计划技术有许多方法，主要有CPM法（关键线路法）、PERT法（计划评审方法）、流水作业网络计划和CNT法（搭接网络）等。

要说明网络计划技术,首先要了解什么是网络图。所谓网络图是由箭线和节点组成的,用来表示工作流程的有向、有序的网状图形。在网络图上加注工作的时间参数而编成的进度计划,称为网络计划。用网络计划对任务的工作进度进行安排和控制,以保证实现预定目标的科学的计划管理技术,即称为网络计划技术。

网络计划技术与传统的横道图计划管理比较,它具有以下特点。

(1)把施工过程的各个有关工作组成了一个有机的整体,并从工程整体出发,统筹安排,能明确地反映各工作间的先后顺序和相互制约、相互依赖关系。

(2)能进行各种网络时间参数的计算,并通过网络时间参数计算,能找出决定工期的关键线路和关键工作以及有机动时间的非关键工作,从而使管理人员心中有数,抓主要矛盾,避免盲目施工。

(3)能够在若干可行方案中,选出最优方案。

(4)网络计划执行过程中,由于可通过时间参数计算,预先知道各工作提前或推迟完成对整个计划的影响程度,而且能够根据变化的情况,迅速调整,保证管理人员对计划进行有效控制与监督,从而加强施工管理工作。

(5)通过网络计划中反映出的各项工作的时间储备,更好地调配人力、物力,以达到降低成本的目的。

(6)可以利用计算机进行时间参数计算、优化、调整,从而提高管理效率。由于网络计划实际计算工作量大,调整复杂,如果不利用计算机处理这些工作,实际工作中很难发挥该技术的特点;同时运用计算机辅助手段,方便网络计划的编制,也是本技术的一大优点。

174. 网络计划技术有哪几类?

答:按照不同的指标,可以将网络计划分成不同的类型。不同类型的网络图在绘制、计算、优化等方面也不相同,各有特点。

(1)按工作之间逻辑关系和持续时间的确定程度分类,如图5-8所示。

(2)按绘图符号的不同分类

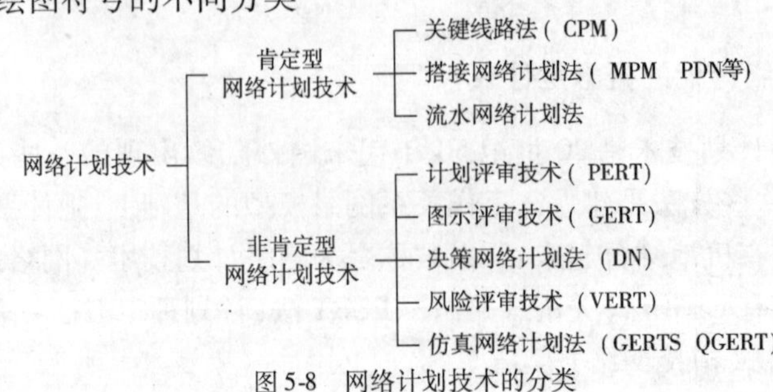

图5-8 网络计划技术的分类

①单代号网络计划

在单代号网络图中，每个节点表示一项工作，箭杆仅用来表示各项工作间相互制约、相互依赖的关系。

②双代号网络计划

在双代号网络图中，箭杆用来表示工作。节点仅标示一项工作结束、另一项工作开始的瞬间，具有承上启下的作用。

(3)按最终目标分类

按网络最终计划目标的多少，又分为单目标网络计划和多目标网络计划。

①单目标网络计划

单目标网络计划是指只有一个终点节点的网络计划，即网络图只具有一个最终目标。

②多目标网络计划

多目标网络计划是指终点节点不止一个的网络计划。此种网络计划具有若干个独立的最终目标。

(4)按有无时间坐标分类

网络计划按有无时间坐标分为时标网络计划和非时标网络计划。

①时标网络计划

时标网络计划是以时间坐标为尺度绘制的网络计划。

②非时标网络计划

非时标网络计划是不按时间坐标绘制的网络计划。

(5)按层次分类

根据网络计划应用对象(范围)的不同，分为总体网络计划和局部网络计划。

①总体网络计划

总体网络计划是以整个计划任务为对象编制的网络计划。

②局部网络计划

局部网络计划是以某个分部(或分项)工程为对象编制的网络计划。

175. 网络计划技术的特点有哪些？

答：网络计划技术作为现代管理的方法与传统的计划管理方法相比较，具有明显优点，主要有如下表现。

(1)利用网络图模型，明确表达各项工作的逻辑关系。按照网络计划方法，在制订工程计划时，首先必须理清楚该项目内的全部工作和它们之间的相互关

系，然后才能绘制网络图模型。

(2)通过网络图时间参数计算，确定关键工作和关键线路。

(3)掌握机动时间，进行资源合理分配。

(4)运用计算机辅助手段，方便网络计划的调整与控制。

176. 什么是双代号网络计划?

答:双代号网络图是以箭线及其两端节点的编号表示工作的网络图。在双代号网络图中，一条箭线表示一项工作，工作的名称写在箭线上方，完成该项工作所需要的时间标注在箭线下方，箭尾表示工作的开始，箭头表示工作的结束，在箭头和箭尾处分别画上圆圈并加以编号。如图5-9所示。

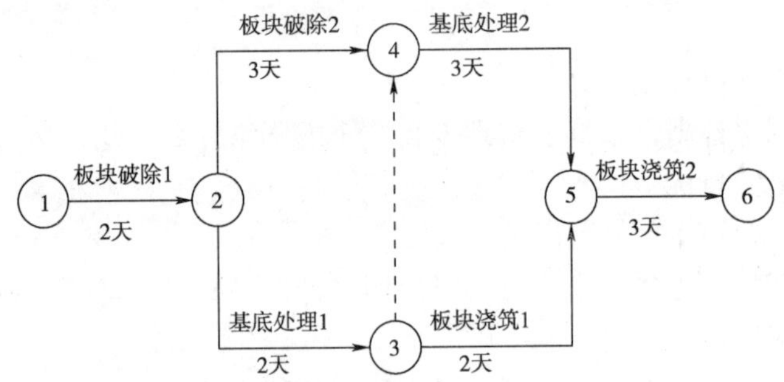

图5-9 某路段混凝土路面板块修复工程施工网络图

(1)双代号网络图图形要素

双代号网络计划图由三个要素组成，即:箭线、节点和流(方向)。

①箭线

箭线表示一项工作。它代表了某个专业队(工序)在某个施工段上的操作过程。根据施工组织设计阶段的不同，箭线所表示的工作，取决于网络的层次(即详细程度)，可能是单位工程，也可能是分部、分项工程。一般还在箭线上部标注工作名称、箭线下部标注工作的持续时间。箭线又分为实箭线和虚箭线:实箭线表示实工作，它表示的工作既消耗了时间又消耗了资源或只消耗了其中的一种:虚箭线表示虚工作，它表示的工作既不消耗时间又不消耗资源，只是用来表达工作之间的逻辑关系。

②节点

节点表示工作与工作之间的衔接关系，它具有相对性，代表前一项工作的结束，后一项工作的开始。常用圆圈加一编号表示。

③流(方向)

流代表线路从头至尾连成一线，说明了各项工作的工艺关系，表示完成某些操作过程所需消耗的各种资源。

(2)双代号网络图绘图的绘制规则

绘制双代号网络图一般必须遵循以下基本规则：

①双代号网络图必须正确表达已定的逻辑关系；

②双代号网络图中，严禁出现循环网络；

③双代号网络图中，在节点之间严禁出现带双向箭头或无箭头的连线；

④在双代号网络图中，严禁出现没有箭头节点或没有箭尾节点的箭线；

⑤在双代号网络图中，不允许出现代号相同的箭线；

⑥绘制网络图时，箭线不宜交叉，当交叉不可避免时，可用过桥法或指向法；

⑦在双代号网络图中，应尽量避免使用反向箭线以免出现循环线路；

⑧双代号网络图中应只有一个起点节点；在不分期完成任务的网络图中，应只有一个终点节点；而其他所有节点均应是中间节点。

(3)双代号网络图的绘制步骤

①按选定的网络图类型和已确定的排列方式，决定网络图的合理布局。

②从起始工序开始，从左向右依次编制，只有当先行工序全部绘制完成后，才能绘制本工作，直至结束工序绘完为止。

③检查工序及工序间的逻辑关系有无错漏并进行修正。

④按网络图绘图规则的要求完善网络图。

⑤按网络图的编号要求将节点编号。

(4)关键工作和关键线路的确定

网络计划中总时差最小的工作是关键工作。自始至终全部由关键工作组成的线路为关键线路，或线路上总的工作持续时间最长的线路为关键线路。网络图上的关键线路可用双线或粗线标注。

(5)双代号网络计划时间参数的计算

绘制完成的网络图还须计算时间参数，网络图的计算目的是确定各项工作最早开始和最早结束时间、最迟开始和最迟结束时间以及工作的各种时差，从而确定整个计划的完成日期、关键工作和关键线路，为网络计划的执行、调整和优化提供依据。网络图时间参数计算的方法有许多种，一般常用的有分析计算法、图上计算法、表上计算法、矩阵计算法和电算法等，具体的计算方法参见相关书籍。

177. 什么是双代号时标网络计划?

答：时标网络图是网络计划的一种表示形式。

在非时标网络图中，工作持续时间由箭杆下方标准的数字表明，而与箭杆的长短无关。使用这种网络图，如果作业顺序、相互关系及时间要求等有变动时，改动网络图是相当方便的，但是因为没有时间坐标，在工地上使用是不方便的，看起来不太直观，不能一目了然地在图上直接看出各项工作的开工和结束时间。

为了克服非时标网络计划的不足，产生了时标网络计划。在时标网络计划中，箭杆的长短和所在位置即表示工序的时间进程，因此它能够表达工程各项工作之间恰当的时间关系。

双代号时标网络计划是以水平时间坐标为尺度编制的双代号网络计划，其主要特点有：

(1)时标网络计划兼有网络计划与横道计划的优点，它能够清楚地表明计划的时间进程，使用方便；

(2)时标网络计划能在图上直接显示出各项工作的开始与完成时间，工作的自由时差及关键线路；

(3)在时标网络计划中可以统计每一个单位时间对资源的需要量，以便进行资源优化和调整；

(4)由于箭线受到时间坐标的限制，当情况发生变化时，对网络计划的修改比较麻烦，往往要重新绘图。但在使用计算机以后，这一问题已较容易解决。

178. 什么是单代号网络计划？

答：单代号网络计划，也称工作节点网络计划。它是在工序流线图的基础上演绎而成的，具有绘图简便、逻辑关系明确，便于检查和修改等优点。如图5-10所示。

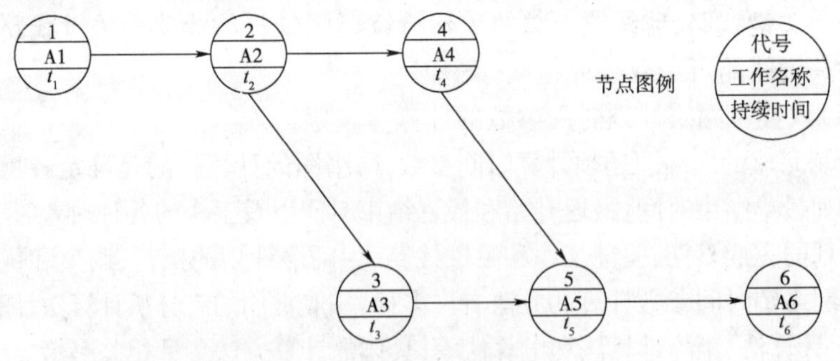

图5-10 单代号网络图示例

(1)单代号网络计划的特点

与双代号网络计划相比，单代号网络图具有以下特点：

①工作之间的逻辑关系容易表达，且不用虚箭线，故绘图较简单；

②网络图便于检查和修改；

③由于工作持续时间表示在节点之中，没有长度，不够形象直观；

④表示工作之间逻辑关系的箭线可能产生较多的纵横交叉现象。

(2)单代号网络图图形要素

①节点

单代号网络计划图中的节点可以用圆圈或方框表示，一个节点表示一项具体的工作。节点所包括的信息有工作名称(或工作的代号)、工作的持续时间和节点的编号。

②箭线

在单代号网络计划图中，箭线表示工作之间的相互关系，它既不消耗时间也不消耗资源。单代号网络计划图中不用虚箭线，箭线的箭头方向表示工作的前进方向。

③代号

在单代号网络计划图中，一项工作只能有一个代号，不能重复。箭头节点的编号应大于箭尾节点的编号。

(3)单代号网络图的绘图规则

由于单代号网络图和双代号网络图所表达的计划内容是一致的，两者的区别仅在于绘图的符号不同。因此，在双代号网络图中所说明的绘图规则，在单代号网络图中原则上都应遵守，比如一张网络图只能有一个开始节点和一个结束节点；工作互相之间应严格遵守工艺顺序和组织顺序的逻辑关系；不允许出现循环回路；工序的代号不允许重复，任何一个编号只能表示唯一的工序；搭接施工必须分段表达；如果单代号网络图在开始和结束时的一些工序缺少必要的逻辑联系时，必须在开始和结束处增加虚拟的起点节点和终点结点，除了开始的起点节点和最后的终点节点外，其他所有节点，其前面必须至少有一个紧前工序节点，其后面必须至少有一个紧后工序节点，并以箭线相联系。

(4)单代号网络计划时间参数的计算

单代号网络计划的工序时间参数计算可参照双代号网络计划，只是由于图形不同而略有不同，在原理上是完全一样的。

179. 网络计划优化的概念是什么？

答：网络计划虽然在编制过程中采取了一些方法使计划编制得较好，但这个方案只是一种可行方案，要获得最佳方案，还必须进行网络计划的优化。网络计划的优化,就是通过利用时差,不断改善网络计划的最初方案,在满足既定条件的情况下,按某一衡量指标来寻求最优方案的问题。

网络计划的优化目标按计划任务的需要分,有工期目标、费用目标和资源目标。例如:在人力、材料、设备和资金等资源供应受限制的条件下,寻求最短工期;在工期规定的条件下,寻求资源消耗量最少;在要求尽快完成任务的条件下,寻求最低成本等。

180. 如何对网络计划的工期进行优化?

答:在网络计划中,关键线路控制着施工任务的总工期,当计划的总工期超过了上级要求的总工期时,必须从关键线路着手优化。缩短关键线路的方法有:优化原来的组织计划;压缩关键工作的持续时间。

(1)优化原来的组织计划

①将顺序工作调整为平行工作。如将同一工作面上的若干个顺序工作调整为平行工作。

②将顺序工作调整为交叉工作。如某工程优化前采用顺序施工,则可将作业法调整为交叉作业,将工程分成若干个施工段,按流水作业方法组织,可达到工期优化的效果。

③延长非关键工作的持续时间。在工作面允许的情况下,按劳动量相等的原则,可抽调部分非关键工作的劳动力到关键工作上去,这样延长了非关键工作的持续时间,而缩短了关键工作的持续时间,使整个工期有所缩短。

④推迟非关键工作的开始。在工作面允许的情况下,可延迟非关键工作的开工时间,将此部分劳动力抽调到关键工作上去,这样缩短了关键工作的持续时间,使整个工期有所缩短。

(2)压缩关键工作的持续时间

在工作面允许、资源充足的情况下,可从计划外增加资源,压缩关键工作的持续时间,以达到缩短工期的目的。需要注意的是,在压缩关键线路的同时,会使某些时差较小的次关键线路上升为关键线路,这时需要再次压缩新的关键线路,如此逐渐逼近,直到达到规定工期为止。

181. 如何对网络计划的工期—资源进行优化?

答:这里所说的资源包括人力、材料、动力、机械设备等。在大多数情况下,在一定时间内所能提供的资源是有一定限定的。即使资源能满足供应,但某一时间资源需要量极大,造成现场拥挤,二次搬运费用增大,劳动管理复杂,管理

费用增加,将会给施工企业带来不必要的经济损失。因此,需要根据资源情况对网络计划进行调整,在规定工期和资源供应之间寻求相互协调和相互适应,这就是工期—资源优化。

工期—资源优化有两种形式。

(1)工期固定、资源均衡

在工期限定的情况下,力求资源消耗均衡。当对资源的需求出现"高峰"时,我们通常对非关键工作进行调整,以使资源尽量达到均衡,调整的方法有以下三种。

①利用时差,推迟某些工作的开始时间。推迟规则为:a)优先推迟资源强度小的工作(资源强度是指单位时间内的资源需要量);b)当有几项工作的资源强度相同时,优先推迟机动时间大的工作。

②在条件允许的情况下,可在资源需求量超限的时段内中断某些工作,以减少对资源的需要量。

③改变某些工作的持续时间。

(2)资源有限、工期最短

在资源供应有限制的条件下,寻求计划的最短工期,称为"资源有限、工期最短"的优化。备用库法是一种有效的资源有限的分配方法。

备用库法分配有限资源的基本原理为:设想可供分配的资源储藏在备用库中,任务开始后,从库中取出资源,按工作的"优先安排规则"给即将开始的工作分配资源,并考虑到尽可能的最优组合,分配不到资源的工作就推迟。随着时间的推移和工作的结束,资源陆续返回到备用库中。当库中的资源达到能满足,即将开始的一项或几项工作的资源需要时,再从备用库中取出资源,按这些工作的优先安排规则进行分配。这样反复循环,一直到所有工作都分配到资源为止。

资源分配的优先安排规则为:

①优先安排机动时间小的工作;

②当几项工作的机动时间相同时,优先安排持续时间短的和资源强度小的工作。

应注意的是:优先保障关键工作的资源安排和力争减少资源的库存积压,提高利用率。灵活地运用以上优先安排规则,并考虑尽可能最优组合。

? 182. 如何对网络计划的工期—成本进行优化?

答:完成一个工序常可以采用很多种施工方法和组织方法,而不同施工方法和组织方法,对完成同一工序就会有不同的持续时间与费用。由于一项工

程是由很多工序组成，所以，安排某项工程计划就可能有多种方案，它们的总工期和总成本也有所不同。因此，可由工程总成本最低为目标来编制进度计划。

工程的成本是由直接费和间接费组成，直接费用是指完成工程所需的人工、材料、机械等费用；间接费用包括管理费用、福利、利息和一切不便于计入直接费用的其他附加费用。直接费用随着工期的缩短而增加，间接费用则随着工期的缩短而减少。因此，对于一个工程项目来说，就有一个时间—费用的优化问题。

时间—费用优化的基本步骤为：

(1)按正常工作时间编制网络计划图，并计算计划工期和完成计划的直接总费用；

(2)列出构成整个计划的各项工作在正常工期时的直接费用，以及关键工作每缩短单位时间所增加的费用额，即费用斜率；

(3)根据费用最小原则，找出关键工作中费用斜率最小的首先给予压缩，这样可以使直接费用的增加最少；

(4)计算加快某关键工作后，计划的总工期和总直接费用额，并重新确定关键线路；

(5)重复第(3)步和第(4)步的内容，直到网络计划中关键线路上的工作都达到最短持续时间，而不能再压缩为止；

(6)根据以上计算结果便可以得到一条时间－直接费用曲线。如果时间—间接费用曲线也已知，叠加此二曲线便可得出计划的总费用曲线；

(7)总费用曲线上的最低点所对应的工期，就是整个项目计划总费用最低的最优工期。

? 183. 如何用网络计划法编制施工进度计划？

➔**答**：大型工程在施工前一定要做好施工组织设计，根据施工组织的原则和实际条件，从整个工程施工全局出发，选择最有效的施工方案和方法。网络计划是用网络图代替横道图在施工分案已确定的基础上来安排施工进度计划的。用网络图编制施工进度计划与用横道图相比，有相同之处，也有其特殊性。

(1)编制步骤

①熟悉图纸、调查研究、分析情况。计划编制前要全面熟悉和审查图纸，与设计单位和建设单位联系，了解设计意图和主要构造；摸清工程有关的自然、技术、经济条件，充分估计劳动力、材料及机械设备应用和供应的情况，了解上级单位的指示及协作单位的情况，做好资料的收集工作。

②确定施工方案。网络图是表达计划安排的一种方法，是由施工方法所决

定的。因此只有某项工程在一定的自然条件、物资条件、技术条件下用什么方法施工确定以后,才可着手编制网络计划。

③确定工作项目。网络图中小工作项目划分的粗细程度,是根据网络图的用途而定的。一般来说,供领导掌握使用的网络图,工作项目可划分的粗些,图面简单,便于抓住关键。而在工地上供基层管理人员及工人班组使用的网络图,项目要划分得细些,便于施工。也可以做分部、分项工程的网络图,按分部工程或施工阶段编制网络计划。

④确定施工顺序。确定施工顺序对编制进度计划来说是关键。根据施工方案和多年的施工经验及各项工作之间在工艺上、组织上的制约关系,确定工程各施工项目的先后顺序。

⑤计算各项工作的持续时间。首先要根据图纸计算出每项工作的工程量,如果分层分段施工,工程量的计算也应分层分段来算。然后根据定额查出某项工作所需工时数,再根据劳动力安排情况,确定工作天数,即该工作的持续时间。

⑥制定工作项目一览表。以上项目可以汇总成表,以便于画图,见表5-1。

工作项目一览表　　表5-1

工序编号		工序名称	紧前工序	工程量		生产定额	劳动量		劳动力安排		专业班数	机械需要量		工序持续时间
箭尾编号	箭头编号			单位	数量		工具	台班	专业名称	每班工人数		名称	数量	
1	2	3	4	5	6	7	8	9	10	11	12	13	14	15

表中的工作项目每项定要按施工先后顺序填写。第四栏可以是紧前工序,也可以填紧后工序,根据施工顺序来填写,目的是确定网络计划中工作之间的制约关系。

表中的工作编号,可以在绘制网络图以后按照编号的要求,统一编注和填写。

⑦绘制网络计划的初始方案。具备上述条件以后,就可以着手绘制网络图,一般先绘制草图,重点应放在工序之间的逻辑关系上,即要全面正确地反映各项工序之间的顺序关系。然后再绘制正式的初始方案,要求网络布局整齐、清晰、美观。最后在图上填入节点编号、工序名称及持续时间。

⑧计算网络计划时间参数。

⑨调整与优化网络计划。

⑩绘制正式网络计划。

(2)网络计划的排列

为了使网络计划更加条理化和形象化，在绘图时应根据不同的工程情况，不同的施工组织方法及使用要求等，灵活选用排列方法，以便简化层次，使各项工序之间在工艺上及组织上的逻辑关系准确而清晰，以便于施工组织者和工人掌握，也便于计算和调整。

①混合排列

这种排列方法可以使图形看起来对称美观，但在同一水平方向，既有不同工种的作业，也有不同施工段中的作业。一般用于较简单的网络图，如图5-11所示。

②按流水段排列

这种排列方法是把同一施工段的作业排在同一条水平线上，能够反映出土建工程分段施工的特点，突出表示工作面的利用情况。这是施工工地习惯使用的一种表达方式，如图5-12所示。

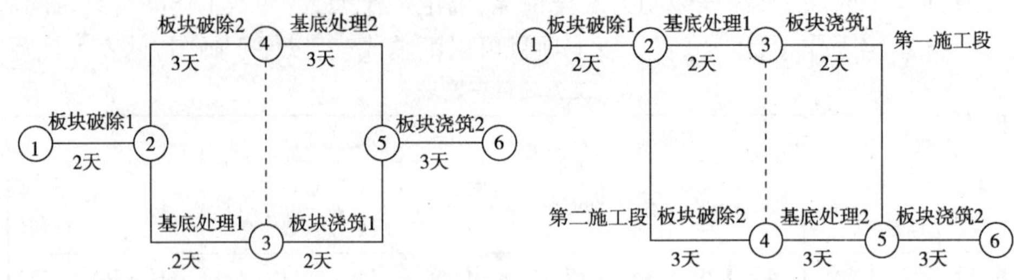

图5-11　混和排列图　　图5-12　按流水段排列

③按工种排列

这种排列方法是把相同工种的工作排在同一条水平线上，能够突出不同工作的工作情况，是基层工地上常用的一种表达方式，如图5-13所示。

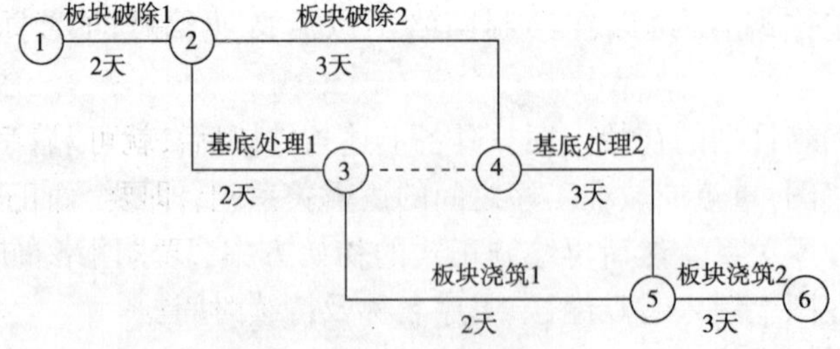

图5-13　按工种排列

④按施工专业或单位排列

在许多施工企业参加完成一个建设项目的施工任务时，为了便于各施工企

业对自己负责的部分有更直观的了解，而将网络计划按施工企业来排列。现以某立交桥工程为例，排列如图5-14。

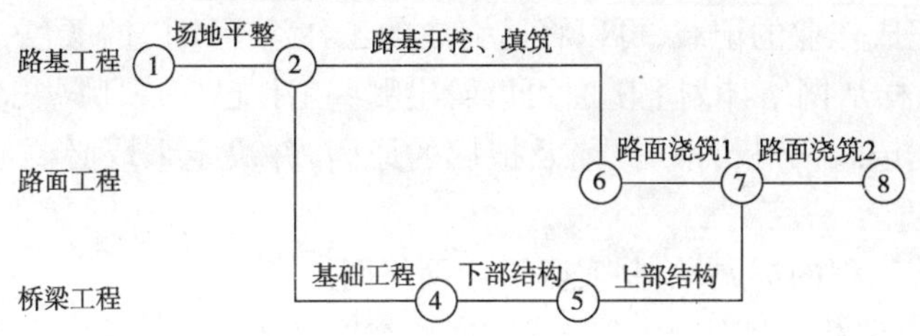

图 5-14　按施工专业或单位排列

⑤按工程序号排列

这种排列方法一般用于群体施工中，各单位工程之间可能还有某些具体的联系。比如机械设备需要共用，或劳动力需要统一安排，这样各个单位工程之间的网络计划安排都是相互有关系的，为了使总的网络计划清楚明了，可以把同一单位工程的工作画在同一水平线上，如图5-15所示。

单位工程A　单位工程B

图 5-15　按工程序号排列

在实际工作中可以按需要灵活选用以上几种网络计划的任一种排列方法，或把几种方法结合起来使用。

网络图的图面布置是很重要的，特别是给施工工地基层人员使用时，图面的布置更为重要。所以要求必须把施工过程中的时间与空间的变化反映清楚，要针对不同的使用对象分别采取合适的不同排列方式。有许多网络图虽然在逻辑关系上是正确的，但往往因为图面混乱而不易看懂，因而也就难以起到应有的作用。

184. 施工中如何对网络进度计划进行检查？

答：在工程实施的过程中，由于主客观因素不断地变化，计划也将不断地随之发生变化，特别是当影响施工进度计划的因素很多时，在实施的过程中就会发现一些问题，这时应随时采取有效的措施，使网络计划自始至终能起到指导施工的作用。因此必须加强对网络计划在执行过程中的管理，应定期检查和调整网络计划。

网络计划在实施中要随时掌握实际施工进度情况，这是检查和调整网络计划的依据。

实际施工进度记载的内容：

(1)各项工作实际作业时间。

(2)各项工作实际开始和结束的日期。

(3)已完成作业的记载,可以将已完成的工作涂上不同的颜色,以区别未完成的工作,这样从网络计划上随时可以看出哪些工作已完成,哪些工作待施工。

(4)根据记载,分析计划提前及拖后的原因,并决定采取必要措施,以便加以补救。

(5)随着工程的进展,绘制实际进度网络图。

根据以上记载,可以随时检查或定期检查网络图。

185.施工中如何对网络进度计划进行调整?

答:在工程施工中如果使用网络计划,那么在使用过程中对网络图的调整则是不可避免的,而调整又是为了使计划更符合实际情况,以便根据已变化的情况,使网络计划顺利完成。

(1)对关键线路上关键工作的调整

关键线路上所有工作都是没有机动时间的。如果关健工作的持续时间发生变化,那么就会引起整个网络计划的变化,所以我们要经常注意这些工作是否提前或拖延,并分析原因,采取相应的措施。

当关键工作时间缩短时,工期有可能提前。

当关键工作作业时间延长时,势必会影响整个工程进度,为确保按期完工,必须采取措施,缩短后面关键工作的作业时间,以弥补前面的时间损失。

(2)对非关键线路上工作的调整

非关键线路上某些工作的作业时间的缩短,只是增加了通过该线路的工作时差,不会影响整个工期。

非关键线路上某些工作作业时间的延长,当不超过时差范围时,则不影响整个工程进度,计划也就不必调整。如果非关键线路上某些工作的作业时间延长并超过了时差范围,则势必影响整个工程进度,关键线路就会转移。

(3)需变化网络计划内容时

由于编制网络计划时考虑不周,或因其他原因需要增加某些新工作项目时,需要检查网络和重新调整网络内容,计算求出调整后的关键线路和总工期。

网络计划在执行中的调整,归纳起来有三种情况:

①将已经完成的工作或因其他原因需要取消的工作从原有网络图中取消。

②由于编制网络计划时考虑不周或因设计变更需要在网络图上增添工作。

③由于实际工程进度有提前或拖延现象要修改某些工作项目的作业时间。

第六章

公路养护工程经济管理

第一节　公路养护工程定额管理

186. 什么是公路工程定额?

答:定额是指在一定的生产力水平和科学技术水平下,生产条件正常,施工组织合理并且合理地使用材料和机械的情况下,完成单位合格产品所必须消耗的人工、材料、机械设备和资金的数量标准。定额在规定数量的同时,还规定了相应的工作内容和要求到达的质量标准以及安全要求。定额的基本任务在于改善生产劳动组织,提高劳动生产效率,提高机械设备和生产能力的利用率,更经济地使用原材料,改善劳动条件,加快建设速度,降低产品成本,促进先进技术的运用,改善和提高劳动人民的物质生活水平和文化水平。

由于定额是在正常施工条件下,完成规定计量单位的符合国家技术标准、技术规范(包括设计、施工、验收等技术规范)和计量评定标难,并反映一定时期施工技术和工艺水平所必需的人工、材料、施工机械台班(时)消耗量的额定标准,所以在建筑材料、设计、施工及相关规范等未有突破性的变化之前,定额具有相对的稳定性。

在我国,凡经国家或其授权机关颁发的定额,是具有法令性的一种指标,不得擅自修改和滥用。定额要保持相对的稳定性。但也要随着技术条件、管理条件的变化,及时地进行修订、补充,直到重新颁布新定额为止。

?187. 公路工程定额主要有哪些？分别有哪些用途？

⇒**答：**按照定额的用途来分，公路养护工程定额主要可分为**投资估算指标、概算定额、预算定额、施工定额**。

(1)投资估算指标

它是在项目建议书和可行性研究报告阶段编制投资估算、计算投资需要量时使用的一种定额。它非常概略，往往以独立的单项工程或完整的工程项目为计算对象。它的概略程度与可行性研究报告相适应。它的主要作用是为项目决策和投资控制提供依据。投资估算指标虽然往往根据历史的预、决算资料和价格变动等资料编制，但其编制基础仍然离不开预算定额、概算定额。

(2)概算定额

这是编制初步设计概算时，计算和确定工程概算造价、计算劳动、机械台班、材料需要量所使用的定额。它的项目划分粗细，与初步设计的深度相适应。

(3)预算定额

是在编制施工图预算时，计算工程造价和计算工程中劳动、机械台班、材料需要量使用的一种定额。预算定额是一种计价性的定额。在工程委托承包的情况下，它是确定工程造价的主要依据。在招标承包的情况下，它是计算标底和确定报价的主要依据。

(4)施工定额

是建筑安装工人或小组在合理的劳动组织和正常施工条件下，完成单位合格产品的劳动力、材料和机械消耗数量的标准。应反映企业的施工水平、装备水平和管理水平，作为考核建筑安装企业劳动生产率水平、管理水平的尺度和确定工程成本、投标报价的依据，也是编制预算定额和补充单位估价表的基础。

?188. 什么是公路养护工程定额？

⇒**答：**公路养护工程定额是在正常的养护生产（施工）技术和组织条件下为完成单位合格养护工程所规定的人力、机械、材料、资金等消耗的标准。养护工程定额一般可分为预算定额和概算定额，其依据是交通部《公路工程预算编制导则》、《公路养护工程管理办法》、《公路养护技术规范》等有关内容。

?189. 公路养护工程预算的作用是什么？

⇒**答：**养护工程预算是养护工程设计文件的重要组成部分，是合理确定养护工程资金需求量、编制养护工程年度计划的依据，经批准的养护工程预算是向

财政部门编报公路养护资金年度预算的依据。预算经审定后，是确定养护工程造价、签订养护工程承包合同、实行经济核算和考核养护工程成本的依据。按预算承发包的工程，是编制工程结算的依据。

190. 公路养护工程预算编制依据是什么？与建设工程定额有什么主要区别？

答：公路养护工程预算编制依据是根据交通部《公路工程预算编制导则》、《公路养护管理办法》、《公路养护技术规范》等有关规定编制的《公路养护工程预算定额》。

与建设工程定额的主要区别是：关于养护方面与建设项目不同的施工工艺、计量方法、工资单价等都有不同的规定。

第二节　公路养护工程财务管理

191. 什么是公路财务管理？

答：公路财务管理，就是根据国家的法律、财经政策和社会主义市场经济管理要求，对公路投资、生产经营的财务活动进行组织、监督和调节，运用科学的方法做好财务管理的各方面工作。

随着社会主义市场经济的建立与发展，国家对于公路建设的要求更加迫切，因而不断地从各个渠道筹集资金，修建、改造公路及其设施，以使公路更好地为国民经济发展和社会主义市场经济服务。

为了保证以上各项公路再生产过程中资金正常运动，即投资、使用、耗费、往来结算、资金收回和循环周转等，需要加强经济管理，其中最重要的就是财务管理。

192. 公路财务管理的任务有哪些？

答：公路财务管理的任务，决定于公路部门经济体制的性质。体制的性质不同，管理任务也有所不同。目前，我国社会主义市场经济体制和经济运行机制，要求公路部门在转换经营机制的同时，执行新的财务制度规定。在现有的情况下，我国是以公有制为主体，多种经济成分共存和发展。财务管理的任务应该坚持按照社会主义市场经济规律办事，并适应社会主义市场经济要求，执行国家新颁布的财务制度。在日常工作中，要以公路生产经营为中心，正确组织各项财务活动。公路部门财务管理的任务，可以概括地从以下几个方面加以说明。

(1)依法合理地组织筹集资金

公路养护方面,主要是从公路养护拨款取得资金。但由于公路养护工程性质是多种形式的,它可能也从其他方面得到拨款或者发行债券筹集资金。公路部门的各种筹集资金的方式和渠道,必须按照法律、制度规定进行,与国家规定相一致。

在公路财务管理中,必须从资金数量上保证公路生产经营业务的需要。为了合理节约地使用资金,提高资金利用率,公路部门应根据公路生产经营的特点,规划需用量,按需要来筹集资金,并有计划地调节资金用途,组织资金支出收入平衡。

(2)实行各种经济制约,降低工程成本,经济制约,就是利用货币职能,通过经济杠杆作用,采用劳动定额、费用标准、计划和预算,对公路生产经营中各种经济活动实行控制。公路建筑产品的劳动消耗,最后要综合地反映在工程产品成本中。在保证公路产品质量的基础上,劳动消耗越少越好。劳动消耗减少,工程成本就低,经济效益就高。

公路施工生产活动,是与物化劳动、劳动消耗结合在一起进行的。实行经济制约就是要严格执行各项劳动消耗定额、费用标准,发挥财务计划和概、预算功能,将各种生产耗费控制在定额、标准、计划和预算以内,成为合理的最低的消耗水平。促使公路部门加强经营管理、实行经济核算,降低工程成本,增加收入、节约支出,为提高盈利能力创造条件。

公路部门为了降低工程成本,增加盈利,必须尽可能地、充分地利用人力、物力,努力减少消耗、改善劳动组织和劳动条件,提高劳动生产率。

工程成本是综合反映公路部门生产经营工作质量的重要指标。公路部门劳动生产效率高低,机械、生产设备利用程度,材料消耗多少,工程质量优劣,以及施工管理水平等都集中反映在工程成本上。因此,加强工程成本核算,努力降低工程成本,凡不符合规定的各项支出,坚决不准开支。审计部门在审核中发现不符合规定的支出,有权追查,要求退赔,防止乱挤成本的行为发生。

193. 公路财务管理的原则是什么?

答:财务管理的原则:是指公路部门财务活动的准则,以及处理财务关系的制度规定。在不同的社会制度下,财务管理的原则是不同的。在资本主义制度下,财务管理原则是以资本主义市场经济为基础,以资本家利益为前提,根据资本家管理企业经济的要求决定的。在社会主义制度下,财务管理原则是由社会主义制度和管理社会主义企业经济的要求决定的。它的具体形式表现为以国

家财经政策和制度为指导，以经济效益为核心，以财务管理理论为方法，正确处理社会主义制度下的财务关系。它是社会主义经济关系的具体表现形式。

194. 公路养护资金如何筹集？

答：公路部门公路养护资金筹集，概括起来有以下三个方面：一是公路主管（管理）单位养路拨款；二是中央和地方财政补贴和其他单位拨款；三是负债；四是经营性收费公路收取公路通行费。

（1）公路养护拨款

公路养护部门，是执行公路养路计划的事业单位。它的基本任务是进行公路养护（公路小修保养）、公路养护工程（公路中修、大修、灾害性修复工程和公路改建）生产业务。它设有辅助生产部门，还进行附属生产、承包外单位工程等生产经营业务、负责对本地区公路养路费的稽征和上交工作。在公路养护基本业务生产过程中，是按照批准的公路养护（养建）计划来安排公路养护拨款使用，保证公路养护生产任务完成。在进行公路养护工程生产过程中，实行独立经济核算，充分发挥公路养护资金使用效果。

公路养护部门，从筹建经济实体到日后经常公路养护生产活动、完成公路养护生产任务所需用的资金，主要是来源于上级的公路养护拨款，它是公路养护部门的主要资金来源。

公路养护部门为了取得公路养护拨款，为公路养路筹集资金，它根据公路养护、公路养护工程生产内容，按照劳动消耗定额、费用标准，编制公路养护（养建）支出计划或公路养护工程预算，材料物资采购计划、人工、机械设备的管理费预算，报省级公路管理部门审核拨款，并进行人力、物力和财力综合平衡，特别是养路费收入和养路费支出的平衡。最后由公路管事部门按照批准的公路养护支出计划或用款计划，管理费预算办理拨款。

（2）财政补贴和其他单位拨款

公路养护资金来源，除了公路养护拨款外，还有中央、地方财政拨入的公路养护工程和水毁抢修工程的补贴，以及其他来源拨入的工程款。

其他来源拨入的工程款，包括由于水利工程建设、矿山建设、铁路建设等需要修复被破坏的公路、或需要改线而拨入的工程款。

中央财政拨入的补贴，一般是由省、自治区、直辖市公路管理部门列为收入，然后按照公路养护工程和水毁抢修工程支出计划下拔给公路养护部门支用。地方财政拨入的补贴，由同级公路养护部门列账，根据用款计划安排使用。其他来源拨入的工程款，由承办单位列账，按照工程项目编制的建设计划和财务计划

支用。

以上中央、地方财政补贴和其他来源拨入的工程款是公路养护工程的补充资金来源。如果各级财政拨款和其他单位拨款有指定工程项目,此项拨款仅可用于指定工程的实际支出,工程竣工决算后,如有结余还须退回原拨款单位。对于这种情况,必须有合同、协议预先约定,作为后来执行的依据。

(3)负债

负债是指公路养护部门的负债。它是公路养护部门筹措资金的一项来源渠道。公路养护部门资金来源主要是拨款,但负债仍是公路养护部门全部资产资金来源的组成部分。

(4)经营性收费公路收取公路通行费。

195. 什么是财政预算拨款?

答:公路建设部门,是公路建设的管理单位。它的基本任务是按照基本建设程序筹集公路建设资金,从计划到建成、验收、交付投产使用,全部完成公路建设任务。

公路建设部门在筹集公路建设资金时,必须按照公路基本建设程序,根据国家批准的预算内公路建设投资项目,经过可行性研究,编制设计任务书、勘测设计、编制设计概算、施工图预算,基本建设投资计划和财务计划等工作后进行。然后,再根据批准的年度基本建设财务计划取得公路基本建设投资资金。

凡是由国家批准、已在财政预算内安排的公路建设投资项目。其所需要的资金,国家是根据其用款计划,每年以预算拨款的方式下拨给公路部门的公路建设部门。投资的数额,是由国家根据计划、投资结构和投资用方向的要求,在计划中予以确定。预算拨款数额,则受投资计划所制约。

公路建设部门为及时取得预算拨款,按照国家规定向经办拨款的银行提送:公路建设项目计划任务书及公路初步设计批准文件;批准的年度基本建设计划及工程项目一览表;批准的年度基本建设财务计划;批准的设计概算和施工图预算。银行根据公路建设部门所送的上项文件,作为拨款的依据。国家要求银行在办理拨款时,要做到:按计划拨款、按预算拨款、按基本建设程序拨款、按工程进度拨款。坚决贯彻完成多少工程量,拨多少工程价款。

用预算拨款安排的公路投资建设项目,国家还规定:各部门、各地区不得自行或建设工程,银行可根据实际情况收回其预算内投资及其相应的预算拨款,当年收不回来的,在下一年度扣回。实际预算拨款的公路建设项目,年度用款实行限额管理。公路建设部门在拨款限额内支用,不得超支。

196. 什么是专用基金?

答:每个企业为了进行生产,除了需要一定数额的固定资金和流动资金以外,还需要一定数额的一笔用于满足企业特定需要的专用基金,比如企业用于挖潜、革新、改造的生产发展基金;用于职工集体福利方面的职工集体福利基金;用于奖励对生产有贡献的职工的奖励基金,以及企业某些特定用途的基金。这些资金的使用范围和来源,都得按国家统一规定办理。

根据情况,专用基金一般可分为以下几大类:(1)生产发展基金;(2)职工集体福利基金;(3)职工奖励基金。

197. 专用基金管理原则是什么?

答:所谓专用基金就是按一定的比例从产品成本中提取或在利润中按一定比例留用的专用于某种特定用途的资金。企业要管好、用好专用基金,充分发挥他们的效能,就有必要对专用基金进行单独管理,以促进生产发展。

对专用基金的管理,总的原则要求是:以收定支、先提后用、专款专用,合理结算、不准挪用。

第三节 公路养护工程成本管理

198. 什么是公路养护工程成本?

答:成本是市场经济的一个经济范畴,它是衡量商品生产在生产和销售工程中耗费的尺度。通过劳动消耗和收入相配比,即是公路部门计算经营利润,向国家交纳税金、核算经营效果的依据。由于成本是商品价格的主要组成部分,所以成本就是国家制定工程预算定额、产品价格以及计算经济效益的依据。在社会主义市场经济条件下,公路养护工程、公路养护、辅助生产及其经售管理各个方面都要计算成本,但是公路养护工程(包括公路养护工程和公路养护工程,下同)成本,则是公路部门成本的主要部分。

公路养护工程成本,是一项具有高度综合性的经济指标,它全面反映公路养护工程施工生产和经营管理工作的质量、劳动生产效率高低、材料消耗多少、机械利用好坏、费用开支节超、施工速度快慢、工期长短、工程质量优劣、经营管理水平高低等。所有这些内容,最终都集中地反映到公路养护工程成本中,表现为公路养护工程成本的降低或升高。因此,认真做好公路养护工程成本管理工作,

对于改善经营管理,提高经济效益,是有着重要作用的。

199.公路养护工程成本主要包括那些内容?

答:公路养护工程成本是由公路施工、公路养护生产过程中耗费的物化劳动和活劳动所构成。这些耗费具体体现为材料费、折旧费、人工费(各种劳动报酬)等生产费用。在实际工作中,工程成本除包括上述的生产费用外,有些并非直接在公路施工、养护生产中耗费,而是由于公路施工、养护生产经营管理等原因造成的损失,以及按照国家规定应计入成本的费用,如工程返工损失、计划安排不当造成的停工损失、窝工损失、物资保管过程中发生的定额内损耗、库存积压物资削价处理损失、生产管理过程中发生的间接费用(包括办公费、差旅费、管理人员工资、折旧费、修理费、物料消耗、低值易耗品摊销等施工生产管理费用,即制造费用),公路部门将这些费用计入成本,是与实行经济核算制有着密切关系。经济核算制要求公路部门将工程对象在施工生产管理过程中所发生的一切支出都必须综合地表现出来,并用工程价款结算收入或拨款给以补偿。根据这个原则,在工程成本客观内容的基础上,就有必要根据实际情况增加一些新的要素,提高工程成本的综合反映作用,促使公路部门采取各种措施,改善管理方法,推行经济核算,厉行节约、降低工程成本,增加盈利。

200.公路养护工程成本管理的任务是什么?

答:公路部门进行公路施工和公路养护,应该正确地核算工程成本。由于工程成本反映了公路部门内部的生产技术、物资供应、组织体制、劳动管理、教育培训和政治思想等工作的质量以及各个环节之间的联系程度,因此,加强公路养护工程成本管理,就能够促进公路部门更好地实现经济核算,推行经济责任制,增加收入,减少支出,降低成本,增加盈利,提高单位经济效益,使所有者能够有更多的利润参与分配。

公路养护工程成本管理的任务,是由公路养护工程生产的特点和成本管理目的、要求决定的。主要任务有下面几项。

(1)正确地反映公路施工、公路养护、产品生产、劳务作业过程中所发生的各项费用。

(2)认真执行公路养护工程预算定额,即材料消耗定额、劳动工时定额、机械设备使用定额,以及各项费用定额(开支标准)。

(3)严格执行成本开支范围、划清成本界限、正确地按照成本项目确定经济内容。

(4)贯彻成本核算程序,按照规定进行成本费用的归集和分配,定期办理工程结算和竣工决算。

(5)完成和超额完成规定的成本降低任务。预测、控制工程成本水平。努力挖掘内部潜力,节约人力、物力和财力,降低生产消耗,增加经济效益。

(6)遵守国家法律、经济政策、财经制度,积极组织成本核算、成本分析和成本检查,通过数据资料信息反馈,寻求成本升降原因。

201. 公路养护工程成本管理的要求有哪些?

答:公路部门为了更好地完成上述成本管理任务,必须坚持成本管理原则,并要求做好以下几项。

(1)必须根据计算期内的已完工程、完工产品、已完作业和实际物化劳动、活劳动消耗资料,按实际价格,根据债权发生制原则,计算公路养护工程、养护工程、产品生产的实际成本。

(2)划清当期成本与下期成本、不同成本核算对象之间、未完施工成本与已完工程成本之间的界限。

(3)成本核算时,实际成本的核算范围、项目设置、计算口径,必须与有关财务制度、施工图预算、施工预算、工程计划取得一致。

(4)成本计算,必须根据合法、审核无误的凭证和正确的原始记录进行。凡是能够直接计入成本的费用,应该直接计入;不能直接计入的,可采用适当的分配方法计入。

(5)成本计算中采用的各种财务处理方法,包括材料计价、材料成本差异率计算、材料价差调整、周转材料和低值易耗品摊销、费用分配方法、工程和产品成本的计算方法等,各期必须相一致,以便于成本之间比较。

(6)公路部门应做好成本计算的各项基础工作。开展成本预测工作,根据计划、施工预算、施工组织设计的有关数据,以及准备采用的降低成本措施,经过测算,预计公路养护工程施工的目标成本。根据上年的成本计划执行情况,结合本期对降低成本的要求,编制成本计划,作为对公路养护工程施工、公路养护和产品生产活动进行指导和考核的依据。

202. 公路养护工程成本管理有哪几大环节?

答:公路养护工程成本管理应当从过去主要抓成本计划、成本核算、成本分析三个环节的管理体系改革为包括成本预测、成本计划、成本控制、成本核算、成本分析、成本考核六个环节。

203. 什么是成本预测?

答:根据成本特性以及有关数据和情况(成本发生的变动性和固定性、成本对产品的直接性和间接性、成本的可控制性和不可控制性、工艺要求、费用水平、目标利润等数据、市场情况),运用定量分析和定性分析方法对未来公路养护工程成本水平及其运动趋势作出科学的估计。成本预测是一种预测未来公路养护工程成本的科学方法。

204. 什么是工程成本计划?

答:成本计划是公路部门在一定时期内为完成生产任务所需要的生产耗费。并据以确定公路产品成本的一种计划,它是生产、财务计划的一个重要组成部分。

205. 什么是成本控制?

答:成本控制,是公路部门在公路养护工程形成的整个过程中,对公路施工、养护生产的各项支出,实行严格管理,以便将各项费用控制在成本计划和各项定额之内,防止发生超支和浪费,影响成本水平。

公路部门实行成本控制,必须具备下面的基本条件。首先,确定成本控制标准,如制定工程预算定额、劳动工时定额、材料消耗定额、机械使用台班定额、费用开支预算、分项费用报销标准、成本降低指标、利润指标以及工程目标成本。它是成本控制的依据。其次,监督成本形成过程。即经常对成本开支的内容进行检查,对成本标准、计划、预算相互进行对比。这要求工作人员必须有积极态度和工作责任心。从制度上建立经常性地、系统地经济责任体系,通过制度和工作方法,加强严格审核手续,使各项消耗和费用开支被控制在各项定额和标准之内,并要求能降低下来。最后,努力发掘存在的问题,针对影响成本降低的因素,及时进行解决和纠正,并予以总结。

206. 什么是成本分析?

答:成本分析指对一个项目工程进行成本综合分析,包括单位工程成本项目分析,技术组织措施计划完成情况分析等内容,成本分析除了以实际成本与预算成本、计划成本进行分析外,还需要与前期成本(本单位历史上最好水平)和同类单位进行成本分析比较。对于成本降低的工程,需要分析成本降低的原因,尤其是要防止不顾工程质量、偷工减料、片面追求降低成本的做法。对提高

成本的工程也要进行分析，要防止高估和增加预算外的费用。

207. 成本分析的方法有哪些？

成本分析是检查公路部门的成本计划执行情况及经济效益的有效方法，也是经济活动分析的重要内容。通过成本分析可以有效的提高公路部门的管理水平和经济效益。

成本分析的方法主要有：对比分析法、因素分析法、连环替代分析法、比率分析法、比较分析法。

(1)对比分析法：是根据实际成本指标与不同时期的指标进行对比来提示差异，分析差异产生原因的一种方法。

(2)因素分析法：是将某一综合性指标分解为各个相互关联的因素，通过测定这些因素，对综合性指标差异额的影响程度的一种分析方法。

(3)连环替代法：连环替代法是根据因素之间的内在依存关系，依次测定各因素变动对经济指标差异影响的一种分析方法。运用此方法可解决比较分析法和不能解决的问题，提出相应的措施。

(4)比率分析法：它是通过计算有关指标之间的相对数，即比率，进行分析评价的一种方法。

(5)比较分析法：它是把两个经济内容相同、时间或空间地点不同的经济指标相减从而进行分析的一种方法。

208. 什么是成本核算？

答：成本核算是企业会计核算的重要组成部分，是生产费用核算和产品成本计算的总称。它要求把生产过程中发生的费用，按其性质和发生地点分类和汇总，计算出某一时期内生产费用的实际发生总额，同时把这些费用按照产品的品种或类别、制造步骤或批别等，分别成本项目进行归集，以计算出各种产品的实际总成本和单位成本。

公路养护单位的基本经济活动是进行公路养护和公路养护工程施工，为全社会经济文化往来提供便利的基础设施——公路网。公路养护、工程施工过程中所发生的各项费用称之为养路支出。计算或归集到各个公路养护工程成本对象中的养路支出，形成公路养护工程成本。养路支出的发生过程，也就是公路养护工程成本形成过程。养路支出的资金来源是养路费。为了管好、用好养路费，提高使用效益、改善公路状况，适应国民经济发展需要，实行经济核算，严格遵守养路费使用范围。

209. 成本核算的任务是什么?

答:根据《公路养路费使用管理规定》文件精神,公路养护工程核算的主要任务是:

(1)正确、及时、反映公路养护、公路养护工程施工,劳动作业,产品生产过程中发生的各种费用;

(2)监督各项材料消耗定额,工时定额,机械设备使用定额以及各种费用定额的执行;

(3)监督成本开支范围和费用划分规定的贯彻执行;

(4)正确、及时计算公路养护、工程各成本计算对象及劳务作业,产品的实际成本,分析实际成本与预算成本,计划成本的差异,找出成本差异的原因,提高经济效益。

210. 公路小修保养、养护工程成本是由哪些部分组成?

答:(1)公路小修保养成本组成

包括:公路小修保养成本由人工费、材料费、机械使用费、构造物小修费、公路绿化管理费、工具使用费和其他费等组成。

①人工费:主要用于养护项目中保养和小修所需要的人工经费;

②材料费:在对各养护项目作业所需要的材料消耗所发生的经费;

③机械使用费:在对各养护项目作业所需要的机械使用所发生的总费用,包括机械操作人工费和机械使用、保养、维修经费;

④构造物小修费:在对各构造物养护项目作业所需要经费;

⑤公路绿化管理费:在对各绿化养护项目作业所需要经费;

⑥工具使用费:在对各养护项目作业所需要的工具和小型机具使用所发生的经费;

⑦其他费:公路养护单位管理经费和为保证公路养护事业发展等所必需的其他经费。

(2)养护工程成本组成:

①养护工程建筑安装工程费:包括直接费(人工费、材料费、机械使用费)、其他工程费、其他直接费、现场经费与间接综合费用、综合税费;

②设立、工具、器具购置费;

③工程建设其他费用,包括征地、拆迁、建设单位管理费、勘察设计费、供电费用等;

④预留费用，包括工程造价增涨预留费、预备费。

211. 公路小修保养成本核算的方法是什么？

答：公路小修保养所发生的费用，一般均应采取直接计入的方法。如小修保养的工资、提取职工福利基金、材料费、机械使用费、民工建勤费和其他费，均在发生时直接计入有关分类成本。

公路小修保养耗用的材料，有公路段（站）领用的，按段（站）实际成本计算。从段运到道班（公路站）所发生的运费，直接计入小修保养"材料费"项目。外购砂、石料的买价和运杂费直接计入"材料"项目。道班自采砂、石，不单独计算成本。其所发生的材料、工具费，仍分别计入有关成本项目，道工的工资也不分配计入砂、石材料成本。

公路段（站）辅助生产部门为小修保养提供的劳务作业和运输设备作业的费用，可按照实际完成作业量的实际成本分配计入，实现内部独立会计核算。附属辅助生产，也可按照内部结算价格计入成本。固定在道班管理使用的施工机械和设备其所发生的一切费用，除工资和职工福利基金以外，均在发生时直接计入"施工机械使用费"项目，不单独计算施工机械、运输设备的作业成本。

道班（公路站）领用的低值易耗品，属于规定单价限额值的，应按规定的方法进行摊销，按期将摊销额计入"小修保养成本"，领用规定限额以下的低值易耗品，在领用时可以一次计入公路小修保养成本。道班对在用的低值易耗品，无论是采取分期摊销和一次列销的，均应分别设置登记簿，对领用报废做出记录。

一个道班（公路站）如果养护两种以上路面种类时，对于能够按照路面种类划分的材料，可以分别计入各分类成本。其余各项费用按定员定额比例等适当的方法进行分配。

212. 从公路部门来说，要降低工程成本应做好哪些方面？

答：公路部门是公路施工养护生产执行单位。它既是生产者，也是消费者。公路施工、公路养护生产中消费的物化劳动和活化劳动构成了工程成本。在公路的施工生产中，公路部门为了降低工程成本，不仅要加快工程进度，提高工程质量，还要合理、节约地使用人力和物力，减少生产耗费，提高经济效益。作为公路部门，要降低工程成本主要要从以下几个方面着手。

（1）节约材料费

材料费在公路养护工程成本中占着较大的比重。要降低工程成本，必须努力节约材料消耗，为了节约材料费用，公路部门应该做到如下几点。

①严格控制材料采购成本；

②要贯彻合理储备原则，根据施工条件、材料消耗定额和施工生产任务，正确计算材料储备量，多储备会造成材料积压，少储备，则影响工程进度。

③建立和健全材料领用制度，经常检查材料消耗定额。

④尽量就地取材，公路养护工程耗用的材料，砂石料等大堆材料比较多，这些材料体积大、价格低，有些材料的运输费用超过买价，因此就地取材，可以节约运输费用。

⑤加强剩余材料、残角料和废料的回收工作。

(2)提高劳动生产率

公路养护工程成本内除了材料费用外，人工费在成本中也占着比较大的比重。提高劳动生产率可以减少单位工程用工，增加单位时间内完成工程数量(人工计件生产除外)。减少单位工程成本中的人工费，还可相应地降低其他费用。因为间接费(如施工管理费)是相对比较固定的，它不是与工程数量成比例变动，因此，当劳动生产率提高，完成工程数量增加时，这部分费用分摊到单位工程成本上的数额就会随之减少。

(3)提高机械设备利用率

为了降低公路养护工程成本，公路部门应该有效地利用各种施工机械、运输设备，充分发挥现有机械设备效能，提高机械设备利用率。公路养护工程成本中人工费的比重还是相当大的。如果将公路养护工程中的工人手工操作变为施工机械操作，这样就可以既节约了人工费开支，又能多完成工程数量，也会相应地减少其他费用，从而降低工程成本。

(4)减少工程返工损失

工程质量降低，发生工程返工，就会造成人力物力浪费，增加工程成本开支。公路部门为了降低工程成本，就必须消灭工程返工事故。因此，要不断地提高工人施工技术水平，改进施工操作方法，严格执行工程质量检查验收制度，以免造成人力物力浪费、增加工程支出。

(5)妥善地安排施工进度

公路养护工程都是室外施工，为了尽可能地减少冬季、雨季施工，避免夜间施工，以减少和节约冬季施工增加费、雨季施工增加费和夜间施工增加费，公路部门应该做好施工计划安排工作。研究和了解工程所在地区的冬季和雨季到来时间，妥善安排施工计划。尽量减少冬、雨季和夜间施工，节约冬季、雨季和夜间施工增加费用，减少成本支出。

(6)节约施工管理费

施工管理费属于工程成本中的间接费。公路部门要加强施工管理费的管理,应按规定的间接费取费标准,编制施工管理费预算,在预算内要严格各项费用开支定额,减少非生产用工。对施工管理费用要实行部门分管办法,就是将费用指标进行分解,谁使用谁控制、谁节约;先算后用,不得超支。在保证工程施工顺利进行和竣工的情况下,还可以对施工管理费的某些项目,采用节约和分成办法,一部分上交,一部分留给部门作为职工福利费和奖金使用,以提高职工生活文化水平。

以上降低工程成本的途径,是从公路养护工程的一般情况来说的。在实际工作中,每个公路部门的工程特点、技术装备、施工组织和施工方法各有不同,其降低成本的侧重点也有所不同的。因此,公路部门应根据其公路养护工程特点和具体情况,结合各个时期的实际需要,自行采取适当措施,力求取得良好的经济效益,降低工程成本,增加盈利。

第四节　公路养护班组经济管理

213. 公路养护道班(公路站)组成和作用是什么?

答:根据公路的类型、等级、交通流量和线路中的工程情况,以若干线路、里程,选择适当地点建立道班,配备道班房,参照定额配置养路工,以及相应的机具、材料,组成道班。

道班(公路站)由班(站)长全面负责生产管理,班(站)长一般由上级任命或经公平竞争产生,大道班(公路站)可增设副班长。班长负责带领全班做好养护生产和班务。道班(公路站)设有不脱产的政治宣传、技术质量、经济核算、机具材料、安全卫生和生活福利管理员。道班(公路站)是公路养护的基层生产组织和劳动组织。根据统一领导、分级负责的原则,县级公路管理机构的大量工作,要靠道班(公路站)来完成,主要表现在:

(1)道班(公路站)是公路养护生产活动的基本作业单位,道班(公路站)应建立责、权、利相结合的经济责任制,以最少的材料、最短的时间,做出最好的成绩,不断提高投资的经济效益;

(2)道班(公路站)管理是全面计划管理,全面质量管理和全面经济核算的基础;

(3)道班(公路站)是提高工人技术水平的实践场所,组织职工努力学习文化、科学技术,按交通部劳动部《中华人民共和国工人技术等级标准》的要求,逐步提高其业务技术能力，并及时考核，以适应工作需要；

(4)道班(公路站)是培养职工队伍，建设精神文明的基本阵地。

214. 什么是班组经济核算制?

答：班组经济核算制是一种工人参加企业经营管理和当家理财的较好形式，是按照价值规律的要求和物质利益的原则，把班组的责任、权限和利益有效地结合起来，以充分调动广大工人的积极性和主动性，又好又快地完成和超额完成各项任务，实行班组经济核算的要求如下。

(1)明确班组的经济责任。如企业对班组规定必须完成的生产计划、设备完好率、产品占用量和节约额等，并作为班组考核的内容和计奖的条件。

(2)授予班组一定的管理权限。如允许班组在完成规定生产任务的前提下，有权限依据班组的具体情况组织生产，在遵守定员定额的条件下，有权限按照生产的需要调配组内成员。

(3)完成规定任务时给予适当的物质奖励。企业应根据班组完成各项规定任务的情况，给予奖励和奖金，使班组工作人员从物质利益上关心生产经营的经济效果。

215. 班组经济核算的内容和指标是什么?

答：概括起来，正确处理班组的责、权、利关系，就是班组经济核算制的基本内容。

实行班组经济核算制，主要是核算生产消耗与生产成果，一般有产量、质量、材料消耗、出勤和工时利用情况等。要定期进行班组经济活动分析，揭露矛盾，发现问题，肯定成绩，总结经验，制定措施，挖掘潜力。

班组经济核算应本着“干什么、管什么、算什么”的原则和简单易行方法进行。按生产组织的班组进行核算，也可以按施工船机作业的单船、单机、单车进行核算。

班组经济核算一般有以下核算指标：

(1)实物工程量(产量)指标；

(2)工程质量(产品合格率)指标；

(3)工日(工效、工日利用率、出勤率)指标；

(4)材料和工具消耗指标；

(5)安全生产指标；

(6)单船、单机、单车核算还可以增加燃油料消耗和修理费指标。

216. 如何有效的进行班组经济核算?

答:一般以工程任务单(或班组作业计划)和限额领料单为核算的基本依据。工程任务单签发后,应做好以下几点工作。

(1)要做好任务、技术、安全、定额和措施等的交底工作。

(2)班组在接受任务后,根据上项交底工作,要做到:

①在施工前,有班组长组织工人熟悉图纸,制定完成任务措施,和提出节约工、料、机费用的途经,做好准备开工工作;

②施工中,要落实措施,保证工程质量,注意安全施工和节约工、料、机的消耗;

③在完工后,要及时清理现场,办理余料退库,核算工、料、机的实际消耗量,组织工人分析工、料、机的费用的节约和超支原因,提出改进意见。

根据各班组核算的结果,按核算结果按时进行登记和公布,并将核算资料作为相关考核评比奖励的主要依据。

班组经济核算形式,要简单明了,一目了然。例如,有的单位班组经济核算采用"一本、一表、一图"核算形式,形象生动,填写简单、明了,工人一看就懂,便于群众参与班组经济核算。"一本"就是班组经济核算本,"一表"是经济核算月结表,"一图"是经济核算曲线图。

开展班组经济核算,应做好几个结合工作:班组经济核算与目标考核、劳动竞赛评比奖励等相结合,与岗位经济责任制相结合,与专业核算相结合。搞好班组经济核算,要健全加强班组领导,实行民主管理切实抓好班组的政治宣传、生产计划统计、人事考勤、料具管理、经济核算、职工生活福利等工作,使班组经济核算有组织有领导地开展。

217. 道班(公路站)财务管理任务是什么?

答:道班(公路站)财务管理的任务是根据有关规定,依照上级下达的各项生产投资,正确执行道班的用款计划和结算。

218. 道班(公路站)财务管理的原则要求是什么?

答:道班(公路站)财务管理的原则要求如下。

(1)厉行节约。养路资金的使用,要精打细算,做到少花钱,养好路,以尽可能少的人力、物力和财力,取得最佳的经济效益。

(2)实行财务监督。财务监督就是成立财务收支结算组织,对班内发生的经济活动予以控制和管理。借以严格执行国家的法令、政策和确保生产费用的正常支出。

219. 道班经济核算的目的和任务是什么?

答:成本核算管理的目的和任务,就是要求养路单位努力完成养护工程计划,降低成本,具体是:

(1)正确反映养路工程各项费用的发生,严格控制成本开支范围,审查费用开支标准,检查各项消耗定额和费用预算的执行情况;

(2)节约费用支出,计算实际成本,反映成本计划执行和完成情况;

(3)分析成本资料,从中发现成绩和缺点,采取措施,解决问题,务求达到降低成本的目的;

(4)道班(公路站)的核算主要有:小修保养月度、季度核算;班内的机动车费用核算;工程成本核算等;

(5)辅助生产和部门,如运输组、机修组、料场等,应为公路小修保养提供服务,应按运输路单、定额、工时、实际耗用材料的原始记录,进行合理计费,并有道班签认后计入成本。

220. 如何进行道班(公路站)经济核算?

答:在进行道班(公路站)经济核算时,一般由工程技术部门签发月度计划、旬作业计划和任务单,以此作为核算的基本依据。

县段(站)生产技术部门在签发计划任务时,要向班组进行技术交底。内容有:交任务,交代有关施工生产进度,应完成工程数量;交要求,交代有关质量要求,安全生产注意事项;交代定额,交代有关工、料消耗定额;交措施,交代有关施工生产技术和节约措施等。

第五节　公路养护固定资产管理

221. 什么是固定资产?

答:为了进行公路建设、施工和公路养护生产,必须拥有各种类型的固定资产。它是公路部门进行公路生产、养护的物质基础。

固定资产是指使用期限超过一年以上,单位价值在规定标准以上,并在使用过程中保持原来物质形态的资产。包括房屋及建筑物、机械、机器、运输工具、器

具以及与生产经营有关的公路及构造物等。不属于生产经营的其他设备，单位价值在规定标准（目前规定2000元）以上的，使用期限超过两年的，也应作为固定资产。这个定义，既确定了固定资产的内涵，又确定了固定资产的外延。公路部门应结合本单位实际需要，按照规定分类方法，确定固定资产分类标准，制定固定资产目录。

222. 固定资产具有哪些特点？

答：固定资产的特点有以下几点。

(1)固定资产能多次的参加公路生产过程，不改变其实物形态，它的实物形态由新变旧，在施工生产中损耗的价值，逐渐地、部分地以折旧形式转移到工程成本中，构成已完工程产品价值的一部分，然后，通过工程点交价款的结算，产品价值的实现，而转化为货币资金，或从拨款内报销（采用拨款进行的工程项目，一般是先拨款后竣工，再报销），留存在实物形态上的价值不断减少，而转化为货币形式的价值部分不断增加，直到全部报废（含有形损耗和无形损耗）时，它的价值全部脱离实物形态，而转化为货币资金，再重新购置和建造，在实物形态上进行更新。所以说，通过折旧形式转化的货币资金，是对固定资产价值的补偿。

(2)固定资产的价值较高，它的价值又是分次转移的，应合理地估计固定资产的使用寿命，确定折旧方法，据以确定分次转移的价值。

(3)固定资产是公路施工生产使用的劳动资抖，它是以施工生产使用为目的，而不是出售的商品。

(4)固定资产价值收回所需要的时间，是取决于固定资产使用年限的长短。固定资产使用年限越长，固定资产的循环周期也越长，固定资产价值收回需要的时间也就越长；反之，固定资产的使用年限越短。固定资产的循环周期也就越短，固定资产价值收回需要的时间也就越短。

(5)列作固定资产的劳动资料。一般同时要具备两个条件：使用年限在一年以上；单位价值在规定金额以上。

223. 什么是固定资产计价？

答：为了对固定资产进行管理，必须正确地确定固定资产的价值。固定资产既要按实物数量进行计算和反映，又要按货币计量单位进行计算和反映。以货币为计算单位来计算固定资产的价值，称为固定资产的计价。

固定资产按其实物数量计算和反映：是指按照不同的具体对象，采用不同的实物计量单位计算的。采用实物数量计算固定资产，是为了从实物形态上反映和管理固定资产的数量和技术装备，确定公路部门公路施工养护生产能力，发挥固定资产在公路施工养护生产中的作用。但是，各种固定资产的实物形态、计量单位都不相同，以致按实物数量不能进行综合汇总。为了安排固定资产投资、使用和再生产，正确反映固定资产的数量指标和价值指标，还要采用价值指标，即用货币计量单位进行计算和反映。

按照固定资产的计价原则，对固定资产进行正确的货币计价，是做好固定资产的综合管理，是真实反映公路部门固定资产和正确计提固定资产折旧的重要依据。固定资产按货币计量单位进行计价，通常包括固定资产的计价方法和固定资产价值的构成内容两个方面。

224. 固定资产常用计价方法有哪些？

答：固定资产的计价方法取决于固定资产的计价目的。固定资产的计价方法通常有下列三种计价标准。

(1)固定资产原始价值

指公路部门在建造、购置、安装、改建、扩建、技术改造某项固定资产时所发生的全部合理支出。公路部门接收使用的固定资产应按全部造价(实际成本)计价。但由于固定资产的来源不同，其原始价值确定的方法也不完全相同。按原始价值计价，其主要优点是这种方法具有客观性和可验证性，它是按照实际发生并有支付凭证确定的，是该项固定资产合理的、必要的支出。

(2)固定资产重置完全价值

指公路部门在目前情况下，重新建造购置该项固定资产所需要的全部支出。单位在购入旧的固定资产或固定资产盘盈无法确定共原始价值时，可以采用重置完全价值计价。

(3)固定资产折余价值(也称净值)

指固定资产原始价值或重置完全价值减去已提折旧额后的净额。它可以反映公路部门实际占用固定资产的数额，即固定资产的现有价值。净值与固定资产的原始价值或重置完全价值比较下，它反映固定资产的新旧程度，显示公路部门现有固定资产的生产技术和施工能力。这种计价方法，主要用于计算盘盈、盘亏、毁损固定资产的溢余或损失。

225. 什么是固定资产折旧？

答：固定资产折旧，是指固定资产在使用过程中，通过逐渐损耗(包括有形损耗和无形损耗)，而转移到产品成本、费用中去的那部分价值。

公路部门必须在固定资产的有效使用期限内，将固定资产的损耗价值进行分摊，作为折旧费用，计入各期成本、费用。这种固定资产损耗价值(折旧费用)的分摊，不仅是为了收回投资，使公路部门在将来有能力重新购置固定资产，而又是为了将固定资产的价值分配于各受益期，实现期间收入与费用的正确配比，并真实地反映其经济效益。

固定资产折旧计入公路养护工程成本、费用的过程，实质上就是固定资产价值的转移过程。在这一过程中，公路部门固定资产形态上的价值，出于转移到工程产品成本、费用上去而减少，随着工程价款结算或工程竣工决算报销的实现，从工程结算收入和养路拨款中得到补偿，形成相应的货币资金，反映出流动资产的增加。

现行财务会计制度规定，固定资产折旧应以固定资产账面原价作为计提固定资产折旧的依据。并规定已经入账的固定资产，除发生下列情况外，不得任意变动：

(1)根据国家规定对固定资产进行重估价；

(2)增加补充设备或改良设备；

(3)将固定资产的一部分拆除；

(4)根据实际价值调整原来的暂估价值；

(5)发现原记固定资产价值有错误。

226. 固定资产计算折旧的范围和依据是什么？

答：固定资产计算折旧的范围和依据如下。

(1)计提折旧的范围

在一般情况下，公路部门使用的固定资产都应计提折旧。包括生产用(施工、养护、生产经营等用)固定资产、非生产用固定资产、租出固定资产等，具体内容有：房屋和建筑物、在用的施工机械、机器设备、仪器仪表，运输工具、季节性停用与大修停用的设备；融资租入和以经营租赁方式租出的固定资产。

不计提折旧的固定资产，包括除房屋及建筑物以外的未使用、不需用的固定资产、以经营租赁方式租入的固定资产，已提足折旧继续使用的固定资产，在建工程项目交付使用前的固定资产，破产、关停企业的固定资产等。

公路及构造物是通过局部轮番大修实现整体更新的固定资产，按照《国营企业固定资产折旧试行条例实施细则》的规定，不得提取折旧。由于经营管理不善等原因造成提前报废的固定资产，其未提足的折旧，按照现行制度规定不再

补提。

(2)计算提取固定资产折旧的依据

按照现行财务制度规定，计算固定资产折旧的依据应为固定资产原值。用基本建设拨款或基建投资借款购建的固定资产，应以建设单位编制的交付财产明细表中确定的固定资产值为原值。

公路部门计算折旧时，应以月初可提取折旧的固定资产账面原值为依据，但月增加的固定资产，当月不提折旧，当月减少的固定资产，当月照提折旧。

凡是完工已交付使用，但尚未办理竣工决算的工程，应以原估价转为固定资产的价值作为原值，从交付使用的次月起计提折旧；办理竣工决算后，再按其实际价值进行调整，保证固定资产原值与所提折旧相一致。

227. 固定资产折旧的计算方法有哪些?

答:公路部门计算固定资产折旧，应考虑下面几个因素：固定资产原值；固定资产净残值；固定资产使用年限。

固定资产原值，是指建造、购置某项固定资产时所支出的货币总额，即构建完成交付使用的固定资产价值，它是计算固定资产折旧的依据。

固定资产净残值，是指预计固定资产报废时可以回收的残余价值扣除预计清理费用后的余额。

在固定资产折旧计算中，无论是固定资产的残余价值或预计清理费用，都是估计数，很难估计准确。为了避免人为调整净残值数额与人为地调整计提折旧额，现行财务制度规定，固定资产的预计残值率应当不低于固定资产原值的3%，不高于固定资产原值的5%。公路部门的固定资产实际预计净残值高于或低于规定的比例，可根据其实际情况确定，并报主管财政机关备案。公路及构造物的净残值应根据交通部和财政部的规定。

计算固定资产折旧的方法比较多，有平均年限法、工作量法、双倍余额递减法等。由于固定资产折旧方法的采用，直接关系到工程成本和费用的计算，关系到公路部门收入和纳税，并影响到国家的财政收入，因此，现行财务制度规定，固定资产计算提取折旧的方法，一般采用平均年限法和工作量法。技术进步较快或使用寿命受工作环境影响较大的施工机械和运输设备，经财政部批准，可采用双倍余额递减法或年数总和法计提折旧。上述四种方法介绍如下。

(1)平均年限法(即直线法)

平均年限法又称直线法。是指按照固定资产预计使用年限平均计算的折旧方法。它是将固定资产的折旧均衡地分摊到各个期间的产品成本、费用中。采

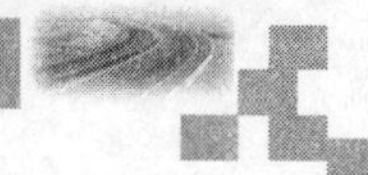

用这种方法计算的每期折旧额是均等的。这种折旧方法，适用于各个时期使用程度大致相同的固定资产项目。计算公式如下：

$$年折旧率=\frac{折旧年限-已使用年限}{折旧年限\times(折旧年限+1)/2}$$

$$年折旧额=\frac{固定资产原值-(预计残值-预计清理费用)}{预计使用年限} \tag{6-1}$$

$$月折旧额=年折旧额/2$$

在实际工作中，固定资产折旧通常都是利用折旧率来计算的。固定资产折旧率是指固定资产折旧额占固定资产原始价值的比率。它反映固定资产的损耗程度。固定资产折旧率通常是按年计算的。在按月计算时，可将年折旧率除以12，求得月折旧率，然后再与固定资产原值计算月折旧额。

$$年折旧率=\frac{1-预计净残值率}{折旧年限}\times100\% \tag{6-2}$$

$$月折旧率=年折旧率/12 \tag{6-3}$$

$$月折旧额=固定资产原值\times月折旧率 \tag{6-4}$$

(2)工作量法

工作量法，是指按照固定资产完成的工作量或工作时数计算折旧的方法。采用这种方法是将固定资产的有效使用年限改为使用这项固定资产所能完成的实际工作量。

$$每一工作量折旧额=\frac{固定资产原值-(预计残值-预计清理费用)}{预计的总工作量} \tag{6-5}$$

$$某项固定资产月折旧额=该项固定资产月工作量\times每一工作量折旧额 \tag{6-6}$$

(3)双倍余额递减法

双倍余额递减法，是在不考虑固定资产残值的情况下，用直线折旧率的双倍去乘以固定资产在每一会计期间的期初账面价值，作为当期固定资产折旧额的一种折旧计算方法，其计算公式如下：

$$年折旧率=\frac{2}{折旧年限}\times100\% \tag{6-7}$$

$$月折旧率=年折旧率/12 \tag{6-8}$$

$$月折旧额=固定资产账面净值\times月折旧率 \tag{6-9}$$

双倍余额递减法折旧率不得超过平均年限法的一倍。如果平均年限法的年折旧率为10%，则双倍余额递减法年折旧率为20%。假设固定资产第一年账面价值为10 000元，第一年折旧额为10 000元的20%，第二年为余额8 000的

20%,下面依次类推。

实行双倍余额递减法计提折旧的固定资产,应当在其固定资产折旧年限到期前两年内,将固定资产净值扣除预计净残值后的净额平均摊消。

(4)年数总和法

年数总和法,是将固定资产的原值减去残值后的净额乘以一个逐年递减的分数计算每年折旧额的方法。这个分数的分子代表固定资产尚可使用的年数,分母代表使用年限数字的总和。其计算公式如下:

$$年折旧率=\frac{折旧年限-已使用年限}{折旧年限\times(折旧年限+1)/2} \tag{6-10}$$

$$月折旧率=年折旧率/12 \tag{6-11}$$

$$月折旧额=(固定资产原值-预计净残值)\times月折旧率 \tag{6-12}$$

以上叙述的四种折旧计算方法,其中前一、二种是工作中一般采用的方法;而后两种为快速折旧法。快速折旧法又称为递减折旧法,后期提得少,从而相对加快了折旧的效率,采用快速折旧法,可以使固定资产价值在使用年限内加快补偿。

公路部门可根据其实际情况选择具体的折旧方法和折旧年限。在开始实行年度前报公路主管单位和主管财政机关备案。

公路部门无论采用哪种固定资产折旧计算方法,按规定提取的固定资产折旧,都应计入成本、费用,不得冲减资本金。

228.如何对固定资产进行有效的日常管理?

答:固定资产的日常管理主要包括:固定资产实行分口分级管理;加强管理工作,做到管好、用好、修好固定资产;建立固定资产清查盘点制度和固定资产利用效果考核。

(1)固定资产的分口分级管理

公路部门的固定资产种类繁多、数量大、使用地点分散。因此,要管好、用好这些固定资产,必须将固定资产日常管理的权限和责任分口分级的落实到各有关部门和使用单位。为了做好固定资产的日常管理工作,必须充分调动各部门、各级单位及职工群众的积极性和主动性,根据用与管相结合的原则,实行分口分级管理。它是管好固定资产,并把固定资产和公路生产、技术改造相结合的一种最好形式。该方法也是充分发挥固定资产职能作用的最好方法。

实行固定资产分口分级管理,是指在公路部门领导部门的统一领导下,按照固定资产的类别、使用地点,由各级使用单位负责具体管理,并将责任落实到班

组和个人。实行谁用则谁管、谁负责，把固定资产管理工作纳入岗位责任制。

(2)加强管理工作，做到管好、用好、修理好固定资产

公路部门进行固定资产管理，就是要管好固定资产，合理地使用固定资产和做好固定资产的维护保养与修理工作。

要管好固定资产，公路部门首先要建立固定资产管理责任制。从固定资产的采购、验收、保管直到固定资产领发使用，都必须有一套完整的管理制度。凡新增固定资产，必须按照规定确定原始价值。财务人员与固定资产管理人员要参加固定资产验收工作，把好质量关，保证固定资产入库保管前，一切手续完备，责任清楚，固定资产处于技术完好状态；固定资产验收入库时，要按照固定资产目录，分类、分项、顺序统一编号，做好设备定号，按物设卡，保证卡与实物相符；固定资产离库时，要按照规定手续发出，做好固定资产移交工作，根据谁用、谁管、谁负责维护保养的原则，把固定资产的保管责任落实到人；在固定资产清理报废时，财务人员既要记账核算，参加鉴定，最后提出处理意见，又要控制固定资产，并保证固定资产账实相符，账账相符。

(3)建立固定资产清查盘点制度

为了保证固定资产的完整无缺，必须定期和不定期的对固定资产进行清查盘点，应最少每年盘点一次。建立固定资产清查盘点制度，是为了查清固定资产的实有数量，了解固定资产的使用和维护情况，进一步挖掘施工机械、机器设备的生产能力，提高使用效率，同时，也可以核对固定资产的名称、数量、规格，保证账实相符；另一方面，还可以检查固定资产的管理情况，有无丢失、损坏、盘盈、盘亏情况，以及发生其他事项。

(4)固定资产利用效果考核

固定资产是公路部门公路施工、养护生产的物资基础。随着公路建设事业的向前发展，公路部门不仅要求固定资产在数量上增加，质量上提高，更重要的是切实改进固定资产的利用情况，充分发挥固定资产的利用效果，这是公路部门固定资产管理的一项重要任务。

229. 什么是流动资产？流动资产可分哪几类？

答：流动资产，是指可以在一年或超过一年的一个营业周期内变现或者耗用的资产。流动资产的一个重要特点是它在参加生产经营时，其价值一次转移到产品成本或费用中去。

上面所讲流动资产超过一年的一个营业周期是指从投入材料和人工到取得收入的时间超过一年。如公路部门企业的公路大桥施工，一般都须在一年以上

的时间才能完成。因此,按超过一年的一个营业周期作为划分流动资产的依据,是因为公路部门企业是按一个营业周期筹集资金和安排资金使用的。大部分流动资产从投入到收回都超过一年,如果规定一年为标准,就使公路部门企业本来用于公路生产周转的资金(货币资金、存货等)都将归入长期资产,所以,现行制度这样规定,显然是比较合理的。

流动资产按其性质与划分标准,分为现金、各种存款、其他货币资金、短期投资、应收及预付款项、存货等。这些流动资产都有其不同的性质和特点。

第七章

公路养护物资机械设备管理

第一节　公路养护物资管理

230. 什么是施工企业的物资管理?

答:在市场经济条件下,施工企业的物资管理可以概括为:以预算材料费为框架,以定额管理(控制)为中心,以经济效益为目的(节约工程材料费),以价差和量差的控制、考核为形式的一项专业管理。

231. 施工企业物资管理包括哪些内容?

答:施工企业物资管理包括物资计划,物资采购、运输、计量验收、保管、发放,账务处理,报表统计,量差和价差核算等工作流程。

232. 制定物资消耗定额的基本方法是什么?

答:制定物资消耗定额的基本方法有三种,即经验统计法、实际测定法、技术计算法。

(1)经验统计法

又可分为经验估算法、经验统计法、统计分析法三种。

①经验估算法:是以有关的资料或比较类似的实物为依据,通过估算,制定

出物资消耗定额的方法。

②经验统计法:指根据统计资料制定出物资消耗定额的方法。

③统计分析法:指分析、研究统计资料,考虑有关影响因素的基础上制定出物资消耗定额的方法。同统计法的区别在于它要通过对各个阶段的统计资料加以整理,对比分析,考虑影响的因素。

经验统计法,是在技术资料缺乏或者连续性生产,不能用单件测定的产品,只能依靠统计记录和分析客观因素,用经验以比较的方式来确定。其优点是简单易行,容易掌握,缺点是技术数据不足,难以反映出先进水平。

经验统计法适用范围比较广泛,在制定主要原材料和辅助材料消耗定额时都可采用。例如非标准设备、技改项目,某项临时维修工程,新产品试制、科研项目,特别是辅助材料的消耗定额,大多采用这些方法。

(2)实际测定法

实际测定法,是通过现场对物资消耗进行实际测定。例如从配料、投产、产品、废品回收,或坯料、毛坯、零件、料头进行分别计量写实,然后在此基础上制定出物资消耗定额。用这种方法查定,就叫实际测定法。

用实际测定法制定物资消耗定额时,选择查定对象非常重要,一般的应选择生产技术先进,劳动组织合理,物资消耗水平先进的小组或个人,进行实际测定。

实际测定法的优点是能反映出生产技术的实际情况,比较切实可靠,能消除比较明显的不合理的浪费因素。缺点是受到一定的生产技术条件限制,不可能消除所有的不合理因素。

(3)技术计算法:又可分为计算法、下料法、试验法三种。

①计算法:指根据产品设计和生产工艺资料,计算出物资消耗定额的方法。

②下料法:指根据产品设计和选择最合理的下料方案来制定物资消耗定额的方法。

③试验法:指在实验室的条件下,利用专门的仪器设备,通过试验,计算出生产单位产品或完成单位工作量消耗物资的数量,然后再在生产的实际条件下验证,并加以修正,从而制定出物资消耗定额的方法。

技术计算法,是根据设计图纸和工艺文件,对产品的加工过程进行全面研究和精确计算,对产品净重,工艺损耗材料利用率,从技术工艺角度进行全面权衡,所以是物资消耗定额制定方法中比较先进和科学的方法。但此法是要求掌握一定的技术资料和多方面的知识,计算比较复杂,而且工作量大,因而实际应用上受到一定限制。

以上三种方法,是制定消耗定额的基本方法,也是企业制定定额工作中经常采用的方法,都各有优点和不足,在实际工作中,可以根据各自的管理水平和技

术条件，具体应用。

233. 如何确定公路养护物资的需要量?

答: 正确地确定物资需要量，是编制计划的基础，它直接决定了物资供应计划的质量。物资需要量的计算，一般分直接计算法和间接计算法两种。

(1)直接计算法

又称定额计算法，是根据计划任务和物资消耗定额来计算物资需要量的，以产品主要材料为例，其计算公式如下：

$$\begin{matrix}\text{某种产品需要}\\\text{某种材料数量}\end{matrix}=\text{计划产量}\times\frac{\text{单位产品消耗材料}}{\text{工艺消耗定额}}\times(1+\text{供应系数})\qquad(7\text{-}1)$$

式中，计划产量指标，在机械行业，是按投入量计算的。在另一些行业中，是按商品产量直接计算的。供应系数，用工艺消耗定额核算时，作为需要量的增加额；如果供应系数已加入定额，构成供应定额，则不另加供应系数，因此计算公式就可以写成：

$$\text{某种产品需要某种材料数量}=\text{计划产量(或投入量)}\times\text{某种产品综合物资供应消耗定额}\qquad(7\text{-}2)$$

(2)间接计算法

本身又分为如下不同形式。

①动态分析法

这种方法多适用于没有消耗定额的物资需要量的核算，是从分析历史资料，得出任务量与物资消耗量的变动规律来计算物资需要量的一种方法，公式如下：

$$\text{某任务需要某种物资数量}=\frac{\text{计划任务量}}{\text{前期实际(预计完成量)}}\times\text{前期实际(预计)所消耗物资总量}\times\text{物资消耗增减系数}\qquad(7\text{-}3)$$

式中，增减系数，是根据计划年度内任务的要求同前期实际中反映出的问题进行调整和修订确定的系数；或者根据国家规定；或者由于产品任务归类合并后结构比例变化而产生的差额。

②类比计算法

在没有历史资料可查，又没有消耗定额的情况下，采取参照同类产品的物资消耗定额来计算物资需要量。对新产品，应考虑到新产品的结构，工艺上的差异，从而确定一个调整的系数，使需要量尽可能地同预期的接近。

234. 什么是物资库场管理，其作用和主要内容有哪些?

答: 施工企业的库场包括仓库、料场、堆场等，是施工企业存放物资的场所,也是企业物资供应的基地。库场管理就是对入库物资的进、出、存进行组织、计量、监督、控制和核算等各项业务工作的管理。

库场管理是物资管理的重要组成部分。物资部门做好库场管理工作,确保库存保管的物资符合规定的质量要求,对保证及时齐备地供应施工所需物资,降低材料成本,减少资金占用,维护企业财产不受损失,都有重要作用。

物资库场管理的业务内容主要有:物资的验收入库、保管保养、发放以及废旧物资的回收和利用。

235. 什么是物资储备定额,如何分类?

答:物资储备定额是指在一定条件下,为保证生产建设正常地进行,必须合理储备物资的数量标准。

1. 物资储备定额的分类

1)按物资储备范围不同分类

(1)生产储备定额,包括经常储备定额、保险储备定额和季节储备定额。

①经常储备定额——指为维持日常生产而形成的周转库存,即保证两次进货间隔期间正常需要的物资数量。

经常储备定额 = 日平均需要量 × 供应间隔天数　　(7-4)

日平均需要量 =(物资消耗定额 × 计划期产量)/计划期天数　　(7-5)

供应间隔天数 = 发货(订货)限制数量/日平均需要量　　(7-6)

②保险储备定额——指为了应付物资供应不及时、不均衡而建立的物资储备

保险储备定额 = 日平均需要量 × 保险储备天数　　(7-7)

保险天数 = ∑每天到货误期天数/误期次数　　(7-8)

③季节储备定额——指为了克服物资供应和需要之间季节差而建立的物资储备。

季节储备定额 = 日平均需要量 × 季节储备天数　　(7-9)

(2)流通储备定额,包括成品储备定额和供销储备定额。

2)按计算单位不同分类

(1)相对储备定额——指以物资储备天数为计算单位的储备定额,它表明应保有可供多少天使用的物资。

相对储备定额 = 绝对储备定额/日消耗平均量　　(7-10)

(2)绝对储备定额——指以物资实物量或货币金额为计算单位的储备定额。实物定额用以管理监督实物储备;货币定额用于财务监督。反映总的储备

水平,各种物资储备汇总时,只能用货币表示。

$$绝对储备定额 = 日平均消耗量 \times 储备天数 \quad (7\text{-}11)$$

3)按定额综合程度不同分类

(1)个别储备定额——按物资的具体品名、规格制定的储备定额。

(2)类别储备定额——按物资的大类品种制定的储备定额。它是在个别定额的基础上计算的。

(3)综合储备定额——在类别储备定额的基础上综合求出的,是综合程度更大一些的定额。

4)按定额使用期限不同可分为:季度储备定额、年度储备定额和长期储备定额。

施工企业由于生产的不均衡性,原则上在施工过程中采用相对储备定额和个别储备定额方法。即库存物资能够保证施工生产多少天的使用。但是在工程完工后,主要材料应达到工完料净场地清,除周转材料外,其他材料的库存也应压到最低限度。

2. 物资储备的考核指标

根据施工企业的实际情况,对物资储备周转情况的考核指标有:年均储备资金占用率和物资资金周转次数。

1)年均储备资金占用率——指年均物资储备资金占全年完成产值的百分数。

2)物资资金周转次数——指物资库存在一定时期内周转了多少次。

236. 编制物资计划的原则和要求?

答:编制物资计划的原则和要求如下。

(1)必须根据施工生产、机械维修等任务和进度要求,认真严肃地编制计划。

(2)坚持实事求是和计划的先进性、科学性、严肃性,依据充分,做到经济合理,切实可行、留有余地、在保证生产建设需要的前提下,防止积压浪费。同时又要考虑客观因素,组织合理储备,防止停工待料。

(3)坚持勤俭节约和先利库、后订货、采购的原则。充分挖掘和利用内部物资潜力,发挥修旧利废、改制代用的作用,贯彻就地取材的原则,以降低供料成本。

(4)会同计划、施工技术、财务等部门,对物资计划严格审查、核实。

(5)组织调查了解物资来源、运输条件、合理确定到站时间、运输方式,降低运输费用、减少运输损耗。

(6)编制物资计划应按统一《器材目录》规定写清物资名称、规格、材质、数量、计量单位等指标,力求概念清晰,采购方便。

? 237. 物资计划的实施要求?

➾答:物资计划确定后,必须严格执行,不得任意变更。对执行情况,要定期进行检查分析,及时解决存在的问题。检查的重点包括订货、到货及合同履行情况;计划用量与实际用量对比情况;物资消耗定额与储备定额的执行情况;利库挖潜与物资节约情况;计划对生产任务的保证情况等。

? 238. 如何做好公路养护物资储备工作?

➾答:从理论上讲,公路施工不是均衡生产和均衡消耗物资,因此从管理角度来说,应强调"工完料净场地清"。通常"储备"的概念不能完全适应施工企业,但是为了保证不停工待料,在不可能做到"零库存"的情况下,必须在生产过程中根据实际情况,有阶段性地对有些物资进行合理地储备。所谓的零库存是指在生产与流通领域按照交通部 JIT(准时制)组织物资供应,使整个过程库存最小化。

交通部 JIT(准时制)是指在精确测定生产各工艺环节作业效率的前提下按订单准确地计划,消除一切无效作业与浪费为目标的一种管理模式。

? 239. 如何做好料场物资的保管?

➾答:施工所需要的大宗物料包括地材(砂、石、灰)、水泥(工地水泥库房、料棚都很简陋,也放在料场保管中计论)、钢材、木材、周转材料等。这些材料数量大,难以入库,多堆存在露天料场,管理受天气和外界的影响大,应加大管理力度。

(1)地材的保管

①地材料场应坚实、平整、干净。需要拌和加工材料的,料场应堆放在拌和机附近;无拌和加工材料的材料应尽量堆在靠近需要用材料的地方或直接将砂石料送到沿线施工点,这样可避免二次倒运,以减少费用。

②不同品种、规格的地材应分别堆放。

③生石灰应堆放在干燥、平坦、不积水的地方,灰堆四周应挖排水沟,地表面应压实,防止损失。生石灰的储存期不宜过长。

(2)水泥的保管

①袋装水泥应尽量存放在干燥的库房或料棚内,库房或料棚要严格防漏雨

渗水，要设在地势高、排水良好的地方。库房或料棚内地面应高于库外，垛底应垫高，以防雨水渗入：堆放离墙壁应不少于50cm。库房或料棚四周应挖排水沟。

②露天存放时，应选择地势高且平坦、干燥、排水通畅的地点。垛底应高于地面40cm，用垫木垫高并垫铺油毡或其他防潮材料。水泥要盖严实，以防雨水渗入。

③散装水泥应储存在专用的水泥罐中。

④不同生产厂、品种、强度等级、出厂日期（生产完成日期）的水泥应分别堆垛，严防混存。袋装水泥堆垛高度和宽度一般以10袋为宜，最多不得超过12袋。

⑤水泥储存期从出厂日期（生产完成日期）起一般为3～6个月，所以应严格掌握先进先出的原则，堆放1个月宜翻库一次。超过期限的必须重新检验，确定强度等级后方可使用。水泥受潮后应对其受潮湿度进行鉴别，然后根据情况作不同的处理。

⑥水泥不得与石灰、石膏、黏土等粉粒状物料存放在一起，以免相互混杂。

（3）钢材的保管

①应选择地势较高、平坦、不积水及承载力大的地方为存放场地。做好料场的排水系统。

②堆码时应注意垫高垛底，有利垛底通风，促使垛底地面干燥，防止垛底钢材锈蚀。钢材是比重大的物资，要充分考虑物体的接地面积尽量大一些，免得被钢材压入地下，失去了垫高的作用。采用适宜的材料进行苫盖，避免雨淋。有条件的地方应搭盖料棚。

③保持料场清洁，清除杂草污物。

④钢材要分钢号、分规格、分产地堆放，并挂牌保管。

⑤加强计划性，合理进货，避免因存放时间过长产生锈蚀。

（4）木材的保管

公路施工中所用木材，由于普遍采用以钢代木而越来越少，大量储存木材现象已不多见。

①原木大多存放在露天，保管期易发生腐朽和变形开裂。防止的方法是：

a）将木材的含水率降低到20%以下，以不适于各类菌、虫的生长，同时也防止木材开裂（干存法）；

b）保持高度含水率（水存法）。

干存法堆垛形式有实堆楞、干燥楞和方格楞。

实堆楞——原木在垫木上顺码压缝堆垛，大小头方向一致。

干燥楞——原木分层顺码，每层用垫木隔开，上下垫木应在垂线上，以免受力不匀引起变形，最上一层密排并保持一定坡度。

方格楞——上、下层互相垂直顺码，各层间相邻两根原木大小头颠倒，以保持各层大致水平，最上一层密排并保持一定坡度。

采用干存法应选择高亢之处，基层垫木高度应不小于30cm。楞堆层数以稳定为原则，堆楞中各层原木的疏密程序以原木堆前的干燥程度、环境温度、湿度、风向、风力等安排。

水存法是将原木浸泡在江、河、湖、水塘中，以防止裂纹和菌虫损害木材。原则是应使保存的原木能全部浸入水中。

水存法堆垛形式有混合垛堆、多层排和鱼鳞排等。工程施工用料较少采用水存法。

②锯材应放在干燥、通风、排水良好的场地保管（有条件的地方应放料棚内保管）。锯材应按不同树种、尺寸、等级分别堆垛。

锯材垛基础应稳固，离地面30cm。垫木的疏密程度以保证锯材不变形为原则。堆垛高度一般不大于3m。堆垛的端面要避开主风向，垛顶盖上油毡可防雨、防日晒。顶面保持适当坡度，以利排水。

③人造板必须存放在库房内保管，分品种、规格、等级堆码。垛底面距地面30cm，每垛高以50块或100块为宜。垛顶面最好压上砂袋，防止翘曲交形。注意防潮防水。

(5)周转材料的保管

施工企业常用的周转材料主要包括：各类钢模、各类脚手架、支架、杆件、钢轨、枕木、钢板桩、各类大型型钢、导管、护筒、贝雷梁、导梁和门架等。周转材料是施工企业的重要家当。在保管中应加强维修保养，以延长使用寿命。

①对回收的周转材料，要先进行维修保养，然后分品种、规格摆放堆码整齐。露天存放时要做好上盖下垫，以防潮、防锈、防腐。小件周转材料及零配件要入库存放。

②对有缺损的周转材料应进行校正、焊补、配齐零件、除锈、上漆、刷油等工作。

第二节　公路养护机械设备管理

240. 根据现行《公路养护技术规范》要求，公路养护每百公里需配备哪些养护机械？

答：公路养护每百公里需配备养护机械见表7-1。

公路养护每百公里机械配备参考表　　表7-1

项目	机械名称	规格参数	沥青路拥有量		水泥路拥有量		碎石，土路拥有量	备注
			高速公路	普通公路	高速公路	普通公路		
日常养护机械	路面清扫车	清扫宽度2～3m	1～2	1～2	1～2	1～2	—	或真空吸扫车、按需配备
	多功能洒水车	5 000～10 000L	1～3	1～2	1～3	1～2	1～2	能洒水，浇树，喷药，标志清洗等
	割灌除草机	$30cm^2/s$，≥1.8kW	2～4	2～4	2～4	2～4	2～4	背携式
	绿篱机		2～4	2～4	2～4	2～4	2～4	绿化修剪
	油锯		2～4	2～4	2～4	2～4	2～4	绿化修剪
	高枝剪		—	0.5	—	0.5	0.5	高大树木剪枝
	防撞护栏清洗机		1～2	1～2	1～2	1～2	—	
	多功能养护机	≥26kW	1	1	1	1	0.5	可换装挖掘，挖护坑，挖沟等养护作业常用的十多种装置，按需配置
	公路巡查车	3～6座	2	2	2	2	1	
交通安全设施维修机械	路面划线机(车)	线宽80～300mm	1～2	1～2	1～2	1～2	—	热熔或冷喷式，按需配置
	路面除线机	线宽80～300mm	1～2	1～2	1～2	1～2	—	按需配置
	高空作业车	举升高度10～12m	1	0.5	1	0.5	0.5	构造物、沿线设施、行道树用
	护栏打桩机	打桩力≥20kN	1	1	1	1	—	安装护栏立柱，按需配置
	护栏拔桩机		1	1	1	1	—	拔护栏立柱，按需配置
	护栏板校正机		0.5	0.5	0.5	0.5	—	按需配置

续上表

项目	机械名称	规格参数	沥青路拥有量		水泥路拥有量		碎石,土路拥有量	备注
			高速公路	普通公路	高速公路	普通公路		
除雪清方排障抢险机械	除雪撒布机(车)	除雪宽度1.5~3.5m,撒布宽度≥6m,撒布量≥50 g/m^2	1~2	1~2	1~2	1~2	1	推雪除冰,撒防结防滑剂,按需配置
	装载机(或推土机)	斗容重3~5t	1~2	1~2	1~2	1~2	1	清坍方、推雪用,按需配置
	挖掘机	斗容≥0.8m^3	0.5	0.5	0.5	0.5	—	清坍方,挖边沟等,按需配置
	道路清障车	起吊5t,拖力20t	1	0.5	1	0.5	—	按需配置
	事故抢险车		1	0.5	1	0.5	—	施工安全标志移动
	移动标志车		2~3	1~2	2~3	1~2	1~2	施工安全标志移动
	移动式现场照明设备	照明范围>200m	1~2	1~2	1~2	1~2	1~2	夜间抢险及施工,按需配置
	水泵	扬程≥25m,吸程≥6m	1~3	1~3	1~3	1~3	1~3	排水抗洪
沥青路面养护维修机械	路面破碎机		2~3	2~3	2~3	2~3	—	液压或气压破碎装置
	路面切割机		2~3	2~3	2~3	2~3	—	规范化修补切割
	吹风机		2~3	2~3	2~3	2~3	—	坑洞及伸缩缝清理
	路面铣刨机	宽度0.5~2m	1	0.5	—	—	—	按需配置
	沥青洒布机	500~2 000L	—	1~2	—	—	—	

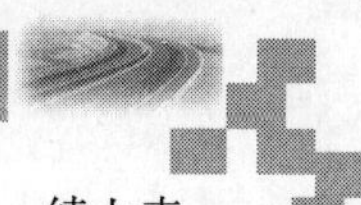

续上表

项目	机械名称	规格参数	沥青路拥有量		水泥路拥有量		碎石,土路拥有量	备　注
			高速公路	普通公路	高速公路	普通公路		
沥青路面养护维修机械	沥青洒布车	≥2 000L	1	1	—	—	—	
	乳化沥青稀浆封层车	厚度 3～12mm	0.5	0.5	—	—	—	用于路面预防性养护,按需配置
	沥青路面综合养护车	汽车底盘	1～2	1	—	—	—	具有路面破碎,沥青洒布,拌和,压实等功能,按需配置
	沥青路面加热机	加热面积 0.5～$2m^2$	2～3	2～3	—	—	—	路面热铣或铲油包,按需配置
	沥青路面热再生修补车	加热面积 0.5～$4m^2$	1	—	—	—	—	红外线,热风或微波加热,按需配置
	沥青路面就地热再生机组		0.1	—	—	—	—	用红外线,热风等加热,按需配置
	沥青料就地冷再生机		0.1	—	—	—	—	按需配置
	沥青混凝土摊铺机	摊铺宽度 4.5～9m	1～2	1	—	—	—	
水泥路面养护维修机械	水泥混凝土摊铺机		—	—	1	—	—	按需配置
	水泥混凝土摊铺整平机		—	—	0.5	1	—	按需配置
	真空吸水机	真空度 ≥97%	—	—	2	2	—	
	振捣器	1.1kW	—	—	4	4	—	
	抹平机	叶片直径 800mm	—	—	2	2	—	
	切缝机	刀宽 2.5～6mm	—	—	2	2	—	
	路面凿毛机		—	—	2	2	—	

续上表

项目	机械名称	规格参数	沥青路拥有量		水泥路拥有量		碎石,土路拥有量	备　注
			高速公路	普通公路	高速公路	普通公路		
水泥路面养护维修机械	砂浆灌注机		—	—	1	1	—	包括钻孔机械、压浆泵等
	水泥路面破碎机		—	—	1~2	1	—	水泥路面破碎,按需配置
	多锤头破碎机或共振破碎机		—	—	0.1	0.1	—	水泥路面破碎压实,按需配置
	冲击式压实机		—	—	0.1	0.1	—	水泥路面破碎压实,按需配置
	清缝机		1	1	1	1	—	裂缝清理
	灌缝机		1	1	1	1	—	裂缝填充与修补
	路缘石成形机	25cm×25cm	0.5	0.5	0.5	0.5	—	按需配置
	石屑撒布机(车)	宽度1~3m	0.5	0.5	—	—	0.5	按需配置
	回砂机	宽度1.8~3m	—	—	—	—	1~2	
	撒砂机	宽度1.5~2m	—	—	—	—	0.5	
	扫浆机	宽度1.5~2m	—	—	—	—	1~2	
路基养护维修机械	推土机	>56kW	1	0.5	1	0.5	0.5	按需配置
	挖掘机	斗容≥0.8m³	0.5	0.5	0.5	0.5	0.5	
	挖掘装载机(两头忙)	≥0.6m³	1	0.5	1	0.5	0.5	
	平地机	>100kW	1	0.5	1	0.5	0.5	
	稳定土摊铺机	最大宽度4.5~9m	1~2	1	1~2	1	—	
	稳定土路拌机	宽度2m	1	0.5	1	0.5	—	
	涵洞清淤机(车)		1	0.5	1	0.5	0.5	

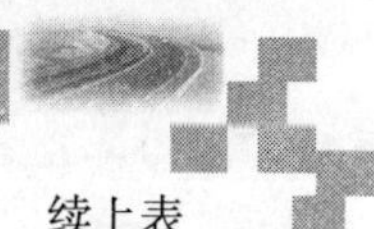

续上表

项目	机械名称	规格参数	沥青路拥有量		水泥路拥有量		碎石,土路拥有量	备注
			高速公路	普通公路	高速公路	普通公路		
压实机械	平板振动夯和冲击夯	100~200kg	各1~3	各3~6	各1	各1	各1	用于日常修补
	手扶振动压路机	≤2t	2~4	1~3	1	1	1	用于日常修补
	静碾压路机	≤10t	2	2	—	—	—	用于日常修补
	双钢轮	≤8t	1~3	1~2	—	—	—	用于日常修补
	振动压路机	≥9t	1~3	1~2	—	—	—	用于路面压实
	轮胎压路机	16~25t	1~2	1	—	—	—	用于路基路面压实
	单钢轮振动压路机	14~28t	1~2	1	1~2	1	1	用于路基压实
材料准备机械	沥青储存加温设备	300~2 000t	1	0.5~1	—	—	—	导热油、太阳能、远红外加热装置
	沥青储存加温罐	50t	1~3	1~2	—	—	—	
	沥青混合料搅拌站	强制拌和,≥40t/h	1~2	1	—	—	—	按需配置(承担薄层罩面或面层翻修的宜配140~160 t/h)
	沥青混合料拌和机	10~30t/h	1~2	1	—	—	—	
	沥青混凝土热再生拌和设备	>3t/h	0.1~1	1	—	—	—	按需配置
	沥青混凝土冷再生拌和设备	>3t/h	0.1~1	1	—	—	—	按需配置
	稳定土厂拌设备	≥200t/h	1~2	1~2	1~2	1~2	—	按需配置
	水泥混凝土拌和站	强制拌和,$30m^3/h$	0.5	0.5	1~2	1	—	按需配置
	水泥混合料拌和机	$10\sim25m^3/h$	0.5	0.5	1~2	1~2	—	按需配置

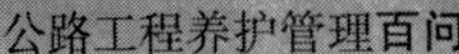

续上表

项目	机械名称	规格参数	沥青路拥有量		水泥路拥有量		碎石,土路拥有量	备注
			高速公路	普通公路	高速公路	普通公路		
材料准备机械	砂浆拌和机	7~12m³/h	—	0.5	—	0.5	0.5	按需配置
	凿岩机	钻孔深3~9m	0.5	0.5	0.5	0.5	0.5	配空压机,按需配置
	碎石机械	8~10m³/h	2	2	2	2	4	碎石筛分机组,按需配置
	地磅	10~40t	0.5	0.5	0.5	0.5	—	按需配置
	皮带运输机	带宽500~800m	2	2	2	2	2	按需配置
	卷扬机	3~5t	1	1	1	1	1	按需配置
	发电机组	50~200kW	1	1	0.5	0.5	0.5	按需配置
装运设备	拖拉机或农用运输车	0.5~1.5t	—	1~3	—	1~3	1~3	
	皮卡	0.5~1t	1~2	1	1	1	1	
	轻型货车	1~4.5t	0.5	0.5	0.5	0.5	0.5	
	自卸汽车	1.5~15t	1~2	1~2	1	1	1	
	平板拖车	10~30t	1	0.5	1	0.5	—	转运设备
	装载机	斗容重3~5t	1~3	1~3	1~2	1~2	1	
	沥青运输油罐车	5~10t	1	1	—	—	—	
	汽车起重机	10~30t	1	0.5	1	0.5	—	转吊设备,抢险
公路检测设备	公路路况与病害综合检测车		0.1		0.1		—	按需配置
	桥梁检测车		0.1		0.1		—	按需配置
	激光断面仪		0.1		0.1		—	检测路面平整度,按需配置

续上表

项目	机械名称	规格参数	沥青路拥有量		水泥路拥有量		碎石,土路拥有量	备注
			高速公路	普通公路	高速公路	普通公路		
公路检测设备	车载式自动弯沉仪或落锤弯沉仪		0.1		0.1		—	按需配置
	路面横向力系数测试车或纵向摩擦系数测试车		0.1		0.1		—	检测路面摩阻系数,按需配置
	探地雷达测试仪		0.1		0.1		—	检测路面各层厚度与密实度,按需配置
	标志标线逆反射系数测试仪		0.1		0.1		—	按需配置
桥隧养护机械			钢桥		混凝土桥		隧道	
	钢筋加工机械	加工直径 6～40mm	1		1		—	具有切断,调直,弯曲等功能
	钢筋对焊机		1		1		—	
	喷漆机械		1～2		—		—	
	吊装设备	起重能力 5～30t	1		1		—	
	水泥混凝土泵(车)	10～15m^3/h	—		0.5		0.5	按需配置
	混凝土喷射机	排量 2～6m^3/h	—		—		1	按需配置
	压浆设备	压力 >10MPa	—		1		1	按需配置
	隧道清洗机(车)	5MPa,50L/min	—		—		1	按需配置

注:以上是公路养护的主要机械设备配置参考表,各地可根据当地情况,按需制定本地养护机械配备标准。

241. 机械设备管理的任务是什么?

答:设备管理的主要任务是通过采取一系列技术、经济、组织措施,做到对设备准确选型购置、安装、使用、保养、修理、改造、更新直至报废的全过程进行综合管理,使得机械设备寿命周期为费用最经济,综合效能最高。

(1)本着统一领导与分级管理,集中与分散相结合的原则,建立健全机械管理机构和体制。

(2)合理配置机械,不断更新,使机械成龙配套并能充分发挥其经济效益,不断提高机械化水平。

(3)加强技术业务培训,大力提高管理水平和技术水平,努力培养一支思想觉悟高、技术精、纪律严、作风好的机械专业队伍。

(4)加强技术管理,制定各类机械使用和保修规程,建立技术检验和技术安全规章制度,组织技术经验交流。

(5)加强经济管理,实行单机核算或班组核算,考核各项经济指标,执行各种技术经济定额。反对浪费,节约能源。

(6)加强组织管理,贯彻专业管理和群众管理相结合的方针,建立健全以岗位责任制为中心的各项管理制度,做好“三基”工作(基层管理、基础资料、基本功),开展红旗设备、爱机能手和节油标兵等竞赛活动。

(7)实行统一的机械管理,正确处理管、用、养、修、供五方面的关系。改变“重用轻管”“只用不养”“不坏不修”的做法,做到科学管理、合理使用、定期保养、计划修理、及时供应。

(8)努力学习国内外先进技术和管理经验,加强科学研究。

242. 机械化施工计划的内容是什么?

答:机械使用应事先有计划,机械使用计划包括机械化施工计划,年度机械使用计划和年、季、月作业计划。

机械化施工计划,是施工组织设计的重要组成部分,施工单位接受施工任务后,应根据规定指标,结合本单位拥有机械的实际生产能力和现场施工条件,编制机械化施工计划,作为组织施工的依据。订作业计划时,就应考虑到执行过程中有关施工队等可能产生的各种具体情况及相应采取的措施。作业计划还必须保证及时进行工程材料的准备工作和合理地分配劳动力,并利用机械为每个施工队、班、组以及每个工人创造完成计划的必要条件,以利计划如期完成。同时需要对施工进度实行有系统的监督和管理。计划中应包括的内容:

(1)确定用机械化方法完成的工程项目和工程量;

(2)确定机械的利用率和生产定额指标;

(3)计算机械需要量和确定这些机械的来源,编制机械设备需要量核算表和机械调配计划。

243. 什么是机械作业计划? 机械作业计划与年度计划的主要区别是?

答: 施工组织设计与机械化施工计划都是在施工以前开始编制的,但在编制时不可能很细致地考虑到在施工过程中所发生的各种变化,以及涉及到每个执行人(如队、班、组、工人等)及其劳动生产率。因此这些年度、季度计划,需要定期修改并加以具体化,使其更加实际,并便于施工人员有充分的资料来直接组织施工。

为了使施工人员能正确掌握在每季、每月、每旬甚至每日应该如何开展施工和贯彻施工计划的顺利进行,就必须编制作业计划。作业计划是按月,按旬,按日编制的。这种计划能起到具体指导施工工作和检查督促施工任务完成情况的作用。

机械作业计划与年度计划的主要区别是:

(1)作业计划的时间间隔很短(与总计划相比),如月、旬、日;

(2)作业计划中规定了某一工程项目的执行人——队、班、组等的负责人;

(3)订作业计划时,就应考虑到执行过程中有关施工队等可能产生的各种具体情况及相应采取的措施;

(4)作业计划中规定了必要的统计核算和监督作业进度计划完成的内容。

此外,作业计划还必须保证及时进行工程材料的准备工作和合理地分配劳动力,并利用机械为每个施工队、班、组以及每个工人创造完成计划的必要条件,以利计划如期完成。

为使计划落实,并能如期地完成或超额完成,一切有关计划工作必须进行交底:即把计划传达到各个施工现场上的每个执行者。基层施工单位的计划,必须落实到个人,以使每个工人不仅知道自己所承担的工作量,而且还知道工程项目的生产定额、单价以及材料消耗定额和成本核算等内容。这样才可以使每个工人心中有数,自觉地发挥积极性,为节约原材料消耗、缩短工期、降低工程成本而努力。

作业计划有了以上的保证条件,才能对施工进度实行有系统的监督和管理。

244. 什么是机械设备的大修理基金?

答: 机械设备在使用工程中,要逐渐磨损变坏,为了保证正常的运转,延长使用寿命，必须进行各级保养和修理，其修理费用都要转入机械设备使用费的成本中去。但是根据机械设备大修理的特点（修理范围大，费用高，周期长，次数少），为了避免一次交付较大的修理费用，造成成本不合理的波动，同时保证大修理的资金来源，国家规定必须仿照固定资产提取折旧基金的办法，按月从成本中提存机械设备的大修理基金，作为实际发生的机械设备大修理费用的开支来源。

$$\text{年大修理基金提取额}=\frac{\text{每次大修费用}\times\text{使用年限大修费用}}{\text{使用年限}} \tag{7-12}$$

$$\text{年大修基金提取率}=\frac{\text{年大修基金提取额}}{\text{原值}}\times100\% \tag{7-13}$$

$$\text{月大修理基金提取率}=\frac{\text{年大修理基金提取额}\div12}{\text{原值}}\times100\% \tag{7-14}$$

上列计算公式中的大修理费用，一般包括从作业现场到修理厂（4～6km 范围内）往返过程中所发生的费用，但不包括长距离送修及接运的费用。

但实际提取时，按单机计算过于繁琐。为了简化手续，有的系统规定大修理基金的提取也采取分类综合提取的方法，即按分类综合折旧率的50%计算，其中运输设备按分类综合折旧率的100%计算。企业在提取折旧费的同时，附带提取大修理基金。

企业按月提取的大修理基金，必须专款专用。机械设备大修理申请单必须经过企业机务和财务部门审查签注意见后，才能送修，并凭批准的申请单作为报销大修理费的依据。

机械设备的折旧和大修理基金都由企业财务部门核算、提存和管理。财务部门必须建立机械设备的资产卡片，按时核算、登记，监督机械设备的合理使用，对积压浪费现象及时提出处理意见，坚决制止违反折旧和大修理基金管理的行为。

机务部门要为财务部门提供对机械折旧和大修理基金核算的有关资料，认真执行审批手续，协助财务部门做好这两项资金的管理工作。

245. 什么是机械设备的“三定”制度？实行“三定”制度的优点是什么？

答：“三定”制度即是“定人、定机、定岗位”责任制。实行“三定”制度的优点如下。

（1）能加强操作人员的责任感，促使操作人员千方百计管好、用好所负责的机械，保持机械经常处于完好状态。

(2)有利于操作人员熟悉机械特性,学习业务技术,掌握机械技术性能,减少事故的发生。

(3)有利于促进操作人员积极总结机械作业方法,提高机械作业效率。

(4)有利于积累机械运行原始资料,获得正确、完整、连续的统计资料,做好统计分析和单机、单车核算工作。

(5)有利于做好机械定员工作和加强劳动管理。

246. 如何统计机械数量和能力?

答:机械设备的数量和能力是机务统计的基本数据,它主要由以下指标来确定。

(1)实有机械设备台数:它是表示机械设备实物数量的主要依据,是指单位报告期内(通常指期末最后一天)列为固定资产在册机械设备的台数。计算公式为:

期末实有机械设备台数 = 期初实有台数 + 本期增加台数 - 本期减少台数

(2)机械设备实有能力:它反映单位(通常是期末)所拥有各类机械设备能力的总水平,是指单位各类机械设备能够承担工作量的能力。机械设备能力一般是根据机械工作部分的容量或动力部分的功率来计算的,也可以用机械设备的总价值来表示。

①某类机械设备能力 = (该类机械设备)平均台数 × 单台设计能力

$$机械设备平均台数 = \frac{报告期内每天拥有的机械设备台数之和}{报告期内日历天数} \quad (7\text{-}15)$$

②机械设备的总功率:是指报告期末最后一天机械设备的总功率,是按标定能力或查定能力计算的,单位是千瓦(kW)。

③机械设备的总价值:是指单位自有机械设备的总价值。为计算方便,一般采用报告期末机械设备的总价值。它可按原值和净值计算。原值反映机械设备的重置价值,净值反映机械设备的实际价值。

247. 如何统计机械设备装备程度?

答:在机务统计中,技术装备率和动力装备率是反映单位技术装备程度的指标,它们又可用全员装备率、工人装备率、里程装备率指标来表示。

(1)技术装备率计算

$$①全员技术装备率(万元/人) = \frac{报告期末自有机械设备净值(万元)}{报告期末全员人数(人)} \quad (7\text{-}16)$$

$$②工人技术装备率(万元/人)=\frac{报告期末自有机械设备净值(万元)}{报告期末工人人数(人)} \tag{7-17}$$

$$③养护里程技术装备率(万元/km)=\frac{报告期末自有机械设备净值(万元)}{报告期末养护里程(km)} \tag{7-18}$$

(2)动力装备率计算

$$①全员动力装备率(kW/人)=\frac{报告期末自有机械设备总功率(kW)}{报告期末全员人数(人)} \tag{7-19}$$

$$②工人动力装备率(kW/人)=\frac{报告期末自有机械设备总功率(kW)}{报告期末工人人数(人)} \tag{7-20}$$

$$③养护动力技术装备率(kW/km)=\frac{报告期末自有机械设备总功率(kW)}{报告期末养护里程(km)} \tag{7-21}$$

248. 如何统计机械设备的效率?

答:机械效率是指报告期内机械设备额定能力与完成产量之比值,它反映单位机械设备的工作效率,也就是指机械设备实际干了多少活。其计算公式如下。

$$(1)机械效率=\frac{报告期内机械设备实际完成的总产量}{报告期内机械设备的平均总能力}\times100\% \tag{7-22}$$

对不能按能力和产量计算效率的机械设备也可以按实际作业台班比计算。

$$(2)机械效率=\frac{报告期内机械设备实际作业台班数}{报告期内机械设备的额定台班数}\times100\% \tag{7-23}$$

机械设备的机械效率也可以用如下指标来表示。

$$(3)机械完成产量定额率=\frac{报告期内某种机械平均台班实际产量}{报告期内某种机械台班定额产量}\times100\% \tag{7-24}$$

$$(4)装备生产率=\frac{报告期内机械设备完成的总产值(元)}{报告期内机械设备的总净值(元)}\times100\% \tag{7-25}$$

$$(5)装备收入率(或利润率)=\frac{报告期内机械设备的收入(或利润)(元)}{报告期内机械设备的总净值(元)}\times100\% \tag{7-26}$$

其中:装备生产率反映了单位机械设备投资在生产中创造价值的大小;装备收入率(或利润率)则能更准确地反映机械设备的经济效益。

249. 如何统计机械化程度?

答:机械化程度是反映单位机械化施工水平的重要指标,是指单位报告期内由机械设备所完成的工程量(或工作量)占总工程量(或总工作量)的比例。其计算公式如下:

$$\text{机械化程度}=\frac{\text{报告期内机械设备完成的工程量(或工作量)}}{\text{报告期内完成的总工程量(或总工作量)}}\times 100\% \tag{7-27}$$

250. 如何统计机械设备的利用率和完好率?

答:机械设备利用率与完好率是反映和考核单位机械设备的实际使用情况与技术状况的主要指标。机械设备利用率可分为机械台日利用率和台时利用率,机械设备完好率可分为数量完好率和台日完好率。其计算公式如下:

$$\text{机械台日利用率}=\frac{\text{报告期内实作台日数}+\text{节假日加班台日数}}{\text{报告期内制度台日数}+\text{节假日加班台日数}}\times 100\% \tag{7-28}$$

$$\text{机械台时利用率}=\frac{\text{报告期内实作台时数}+\text{节假日加班台时数}}{\text{报告期内制度台时数}+\text{节假日加班台时数}}\times 100\% \tag{7-29}$$

$$\text{机械数量完好率}=\frac{\text{报告期末机械设备的完好台数}}{\text{报告期末机械设备的实有台数}}\times 100\% \tag{7-30}$$

$$\text{机械台日完好率}=\frac{\text{报告期制度台日内完好台日数}+\text{节假日加班台日数}}{\text{报告期内制度台日数}+\text{节假日加班台日数}}\times 100\% \tag{7-31}$$

节假日台日数:是指报告期内全部机械设备台数乘以国家规定的例假、节日数之积。全产年例假、节日数一般按111天计算。

制度台日数:是指报告期内全部机械设备台数乘以制度日(日历日数减节假日数)之积。

实作日台日数:是指报告期内机械设备实际出勤进行施工的台日数。一般一台机械设备工作8小时(不足8小时按8小时计)为一个实作台日。

完好日台日数:是指报告期制度台日内处于完好状况下的机械台日数(包括修理不满一日的机械,不包括在修一日以上、待修、送修在途的机械)。

251. 如何统计机械设备新度系数?

答:机械设备的新度系数也称机械设备的新旧程度,它一般由如下几种方式来表述：

(1)从机械设备经济价值角度来表达

$$\text{机械设备新度系数} = \frac{\text{机械设备的净值}}{\text{机械设备的原值}} \times 100\% \tag{7-32}$$

(2)从机械设备的使用时间表达

$$\text{机械设备新度系数} = \frac{\text{规定使用年限} - \text{已累计使用年限}}{\text{规定使用年限}} \times 100\% \tag{7-33}$$

(3)从机械设备的技术性能表达

通常由机务管理人员对机械设备的技术性能进行评估，并根据机械设备的使用和修理情况，把现机械设备的技术性能与全新时机械设备的技术性能进行比较，考察现机械设备的技术性能能达到新购同种机械设备技术性能的几成，从而确定现机械设备的新旧程度(即新度系数)。

252. 机械改装的要求是什么?

答:为提高筑养路机械技术性能和生产率，降低能源消耗，提高结合机械检修，大力开展机械局部改装，改装的要求：

(1)技术改造工作必须根据“技术可靠，经济合理”的原则，按机械隶属关系报批后方可进行，技术改造工作完毕后，需经有关部门组织试验、鉴定，重新办理机械验收手续和建立技术档案。

(2)改装机械时，必须提出改装方案，有计算资料和施工图纸，并经本单位技术负责人审核，上级批准后，方可改装。

(3)机动车辆改装需要上路行驶的机动车辆改装后必须经公安交通管理部门批准，并办理相关手续。

(4)技术改造所需费用可以在大修理基金、生产发展基金和更新改造基金内开支。改造后增加价值的部分，由有关部门按照规定办理机械增值手续。

253. 哪些机械可以更新?

答:机械的更新要根据实际情况，按照国家有关规定，有重点、有步骤地进行:一是更新机械应当认真进行技术经济评价，根据经济效益确定。属于下列情况之一的机械，一般应当更新：

(1)机械损耗严重，大修后性能仍不能满足经济技术规定要求的；

(2)机械损耗虽在允许范围之内，但技术上已陈旧落后，技术经济效益很差的；

(3)机械役龄大,大修虽能恢复性能,但经济上不如更新合算的。

254. 报废设备应符合什么条件?

答:设备由于严重的有形或无形损耗而退役称为设备报废。设备报废时应由使用部门提出申请,说明理由,并依设备管理权限按级批准。在未经上级正式批准报废前,设备使用部门不得拆卸、挪用其零部件,更不能自行拆毁。机械设备具有下列情况之一者,可申请报废:

(1)超过规定使用年限,技术性能已达不到国家标准和规定的;

(2)因意外灾害或事故使设备受到严重损坏,无法使用和修复的;

(3)技术性能差、能耗高、效率低、经济效益差的;

(4)大修后虽能恢复技术性能,但不如更新经济的;

(5)严重污染环境,危害人身健康,进行技术改造又不经济的;

(6)非标准专用机械设备经生产验证不能使用,且无法改造的;

(7)国家规定淘汰的。

255. 机械设备的事故如何定性?

答:凡由于管理、操作、维修、经营、施工或其他原因引起的机械非正常损坏或损失,造成机械设备及附件的精度或技术性能降低,使用寿命缩短,不论对生产有无影响均称为机械事故。机械事故可分为责任事故和非责任事故两大类。

(1)发生下例情况之一属责任事故:

①因保养不良,驾驶操作不当;或因缺油、缺水而损坏机件或撞车、翻车,以及扭、断、裂工作装置等;

②修理质量差,未经严格检验而出厂,或因装配不当或紧固件松动而使发动机、变速器等主要部件内部组件分离,而损坏总成等;

③不属于正常磨损的机件损坏;

④因操作不当造成的间接损失,如起重机摔坏起吊物或碰坏其他物品、施工机械碰坏地面或地下已知的构造物和设施等;

⑤因操作人员的违章作业和施工人员违章指挥所造成的机械损坏和其他事故;

⑥丢失主要随机附件和工具而影响工作的。

(2)发生下例情况之一属非责任事故:

①因发生自然灾害,如台风、地震、山洪、雪崩和坍方,以及抢险救灾等造成

的机械损坏，应从实际出发，作出具体分析，确系意想不到和无法防范的，经鉴定属实应作为非责任事故；

②属于原制造质量低劣，事先未被操作人员发现而发生的机件损坏，经鉴定属实应作为非责任事故。

256. 机械设备的事故如何分类？

答：机械事故分为一般事故、大事故的隐患和重大事故三类。

(1)一般事故：是指造成总成、零部件损坏，经过相当于小修或一、二级保养即可恢复，或直接经济损失在2 000元以内者。

(2)大事故：是指造成主要总成、零部件损坏，经过相当于大修或三级保养即可恢复，或直接经济损失在2 000～10 000元以内者。

(3)重大事故：是指造成重要基础零部件损坏，必须经大修理或更换主机才能恢复，或整机报废，或直接经济损失在10 000元以上者。

257. 如何做好机械事故的预防工作？

答：预防机械事故，把事故消灭在萌芽之中，是保证机械安全运转的重要措施，各级机械管理部门必须把它当作一件大事来抓。预防机械事故应抓好以下工作。

(1)建立健全机械安全制度。

①切实贯彻"合理使用，安全第一"的原则，建立专职安全机构，由专职人员负责机械安全管理工作，制定安全操作规程、安全责任制、安全考核标准和安全奖罚办法等。

②各级机务管理部门应坚持对操作人员定期和不定期地进行安全教育，开展安全月活动，定期对操作人员进行安全技术考核。

③开展技术培训，提高业务素质和操作技能。

④坚持"三定"制度，严禁无证操作机械或非本机械操作人员未经批准乱开机械的情况发生。

⑤定期对机械设备的安全操作、安全保护、安全指示装置及施工现场机械使用情况进行检查，发现问题及时处理，把事故苗头消灭在萌芽之中，杜绝事故的发生。

(2)做好机械的"三防(防冻、防洪、防火)"工作。

①在每年冬季来临之前，组织和布置一次设备越冬保养工作，进行防冻教育，妥善安置越冬设备，落实越冬措施。尤其是对停置不用的机械设备，要逐台

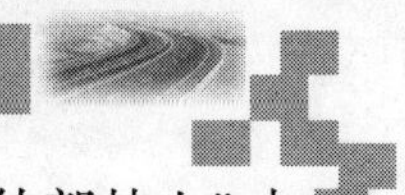

检查,放尽发动机和工作装置内的积水,加盖防雨篷布,并在机械外部挂上"水已放"的牌子,同时标明检查日期。

②在汛期到来之前,要对在水上或低洼地带施工或停放的机械设备进行全面检查,采取有效措施,防止其被洪水冲毁;对露天存放的停用机械,要上盖下垫,防止雨水渗入锈蚀机械。

③机驾人员须严格禁止明火烘烤发动机,并常按防火规定检查机械设备;在施工现场加注燃油时,要有适当的防火措施,严禁加油时吸烟或附近有明火;在集中存放机械的场地,要配备砂箱、灭火器等消防器材;机械停放须排列整齐,场内留有足够的通道,以免发生火灾时堵塞出路。

(3)架设机械安全装置。对推土机、装载机和铲运机等设备,为保护机驾人员在万一发生翻车时的人身安全,可以加装防翻车架或设备安全带等。

258. 机械设备的事故如何处理?

答:机械事故处理的目的是为了分析原因,划清责任,找出规律,吸取教训。其处理方法如下。

(1)机械事故发生后,如有人员受伤,首先应迅速抢救伤员。并在不妨碍抢救伤员的条件下,注意保留现场。

(2)事故无论大小,肇事者和肇事单位均应如实报告领导和上级主管部门。若发现隐瞒不报者,要严加处理。

(3)机械事故发生后,肇事单位必须认真对待,按照“三不放过”(即事故原因分析不清不放过、事故责任者未经处理和群众未受到教育不放过、没有防范措施不放过)的原则,对责任者进行批评教育。

(4)在处理过程中,对责任者要根据情节轻重、态度好坏和造成损失的大小分别予以批评教育、纪律处分、经济制裁,直至追究刑事责任和法律责任;对非责任者也要总结教训;对人民生命财产不负责、忽视安全生产的单位领导,要追究领导责任,并应严肃处理;对坚持安全生产和采取措施、消除隐患、避免重大机械事故发生的人员,要给予表彰和奖励。

(5)在机械事故处理完毕后,应将事故详细情况记入机械设备档案(或机械履历书)的“事故记录栏”内,以备查考。

第八章

公路养护工程作业安全管理

259.什么是安全生产责任制度?

答:是指企业主要负责人应负的安全生产责任,各级管理人员、技术人员和各职能部门应负的安全生产责任,和各岗位操作人员应负的本岗位安全生产责任所构成的企业全员安全生产制度。安全生产责任制度是企业安全生产规章制度中的重要组成部分。

260.施工项目如何进行安全控制?

答:施工项目安全控制应遵循下列程序:

(1)确定施工安全目标;

(2)编制项目安全保证计划;

(3)项目安全保证计划实施;

(4)项目安全保证计划验证;

(5)持续改进;

(6)兑现合同承诺。

261.施工项目安全生产有哪些管理制度?

答:必须建立以下基本制度:

(1)安全管理体系;

(2)施工安全管理责任制;
(3)施工安全技术措施;
(4)施工安全技术措施交底;
(5)安全教育与培训;
(6)安全检查;
(7)伤亡事故处理。

随着安全生产管理制度的不断发展和完善,还应建立安全卫生评价制度,易燃、易爆、有毒物品管理制度,特种设备及特种作业人员管理制度,机械设备安全检修制度及文明生产制度等。

262. 施工安全管理有哪些基本要求?

答:施工安全管理的基本要求主要有以下几个方面。

(1)要求全体职工参加安全管理

安全管理是一项系统工程,必须把所有人员的积极性充分调动起来,全体人员参加,才能做好安全管理工作。首先必须抓好全员的安全教育,强化职工的安全意识,牢固树立"安全第一"的思想,促进职工自觉地参加安全管理的各项活动。另外,要实现全员安全管理,还要开展岗位安全责任承包,把安全目标管理落到实处。

(2)安全管理的范围应是施工全过程

安全管理包括设计、施工准备、生产安装、竣工验收的全过程。全过程的安全管理,也即是对每项工作、每种工艺、每个施工阶段的每一步骤,都要抓好安全管理。

(3)安全管理应是全企业的安全管理

从安全职能上看,安全职能分散在各个部门,要做好企业生产安全工作,就必须将各部门的安全职能充分发挥出来,都对安全生产负责;从组织管理角度看,"安全企业"的含义就是要求企业各管理层次都有明确的安全管理活动内容。

(4)安全管理所采用的管理方法应是多种多样的。

263. 什么是"三级"安全教育?

答:"三级"安全教育即项目级安全教育、作业队级安全教育、班组级安全教育。

264. 项目经理对安全事故如何处理?

答:对于事故的调查处理,必须坚持"事故原因不清不放过、事故责任者和群众没有受到教育不放过、没有防范措施不放过”的“三不放过”原则，项目经理部应按照下列步骤进行。

(1)报告安全事故。事故发生后，受伤者或最先发现人员应立即用最快方式将事故发生的时间、地点、伤亡人数、事故原因等情况，上报企业安全主管部门。企业安全主管部门视事故的伤亡或损失情况，按规定向政府主管部门报告。

(2)事故处理。抢救伤员、排除险情，防止事故蔓延扩大，做好标识，保护好现场，稳定职工情绪。

(3)事故调查。项目经理部应指定技术、安全、质量等部门的人员，会同企业工会代表组成调查组，开展调查。

(4)调查报告。调查组应把事故发生的经过、原因、性质、损失责任、处理意见、纠正和预防措施撰写成调查报告，经调查组全体人员签字后报企业安全主管部门。

265. 如何预防安全事故?

答:为了便于掌握和切实达到预防事故和减少事故损失，应采取以下安全技术措施:

(1)改进生产工艺，实现施工生产机械化、自动化;

(2)设置安全装置，如防护装置、保险装置、信号装置和危险警示标志等;

(3)预防性的机械强度试验和电气绝缘检验;

(4)机械设备的维修保养和有计划的检修;

(5)规范场容管理，做到文明施工;

(6)合理使用劳动保护用品。

(7)强化民主管理，认真执行操作规程，普及安全技术知识教育。

除了上述预防安全事故的几条最基本的措施外，每个施工项目还应根据工程的特点，拟定切合实际的预防安全事故的具体措施。总的目标是:从“经验管理型”的模式解放出来，逐步走上“预测控制型”的管理方式，最后达到减少和杜绝一切因工伤亡事故的目的。

266. 公路应急预案主要分哪几类? 其主要内容包括哪些?

答:公路应急预案主要指，为保障公路的安全畅通，保证车辆人员的顺利安全出行，针对可能造成公路损失或影响公路安全畅通的自然灾害及突发事件，而预先制定的处治措施。

(1)公路应急预案主要分为两类:一类是为应对自然灾害而制定的预案，主

要有《公路“三防”应急预案》、《公路地质灾害防治应急预案》等；另一类是为应对突发事件而制定的预案，主要有《隧道火灾应急预案》、《公路重大交通事故应急预案》等。

（2）应急预案主要包含以下内容：组织形式、处治流程、责任人、人员物质保障措施、应急措施、信息报告流程、公路绕行方案等。

第九章

公路养护工程全面质量管理

第一节 公路养护工程全面质量管理

267. 什么是质量管理?

答:质量管理是指企业制定和实施质量方针、质量目标和职责,并在质量体系中通过质量策划、质量控制、质量保证和质量改进等实施其全部管理职能的所有活动,是一个施工企业为保证和提高产品质量而进行的一系列活动的总称。

268. 全面质量管理包含哪些基本思想?

答:企业的全面质量管理包含着全面的质量管理、全过程的质量管理、全员性的质量控制三个基本思想。

(1)全面的质量管理

全面质量管理中的"质量",是一个广义的概念,它不仅包括产品(工程)质量,而且还包括人的工作质量。这是两个不同的概念,两者之间既有区别又有联系。产品(工程)质量在一定程度上是工作质量的反映,而工作质量又是产品(工程)质量的保证。在质量管理中,既要抓改进产品(工程)质量,又要抓好工作质量。

(2)全过程的质量管理

全过程质量管理,就是对影响产品质量的全部过程实施管理。例如,公路建设对勘察、设计、施工、养护等影响工程质量的一切因素和环节都要管起来。这种全过程的管理,突出了预防性,即事前的质量控制。

(3)全员性的质量管理

企业中的每一个人都直接或间接与生产质量有关。每个人都要在自己的工作中去发现与产品质量有关的因素或特点,进而在同其他人的工作中把与产品质量有关的部分协调起来,各负其责,这样才能提高产品质量。

269. 全面质量管理基本方法有哪些?

答:全面质量管理的基本方法可以概括为“一个过程、四个阶段、八个步骤、七种工具”。一个过程是指一个管理的过程,从确定方针、目标,到传达布置到贯彻执行,再通过了解情况反映上来,然后经过分析研究作出奖励和制定下一步的措施。

这个过程具体可分为四个阶段,即计划(Plan)、实施(Do)、检查(Check)、处理(Action)四个阶段,形成一个循环,称为PDCA循环,它是由美国数理统计学家戴明创立的,所以也称戴明环。

为了解决和改进质量问题,通常四个阶段又进一步划分为八个步骤。第一步:分析现状,找出所存在的质量问题;第二步:分析产生质量问题的各种原因和影响因素;第三步:找出影响质量的主要因素;第四步:针对主要影响因素,制定改善措施,提出工作计划并预计其效果。以上四个步骤属于第一阶段(即计划阶段)。第五步:执行措施和计划,该步骤属于第二阶段(即实施阶段)。第六步:检查采取措施后的效果,并找出存在的问题,该步骤属于第三阶段(即检查阶段)。第七步:总结经验,巩固成果,制定相应的标准或制度;第八步:提出尚未解决的问题或新发现的问题,转入下一个PDCA循环中解决,以上两个步骤属于第四阶段(即处理阶段)。

全面质量管理需用科学的统计方法对大量的资料进行整理、分析和研究,才能作出科学判断。能应用的统计方法很多,常用的主要有排列图、因果分析图、调查表法、分层分析法、直方图、管理图、相关分析图等七种,又称为七种工具。

这些工具,由于其研究、分析问题的方法不同而适用于PDCA循环中的不同阶段和步骤。四个阶段、八个步骤和七种工具的关系见表9-1。

270. PDCA循环特点有哪些?

答:PDCA循环具有完整性、程序性、前进性、系统性等特点。

四个阶段、八个步骤、七种工具的关系 表9-1

四个阶段	计划阶段				实施阶段	检查阶段	处理阶段	
八个步骤	第一步:分析现状	第二步:分析产生质量问题的各种原因和影响因素	第三步:找出影响质量的主要因素	第四步:针对主要影响因素,制定改善措施	第五步:执行措施和计划	第六步:检查采取措施后的效果,并找出存在的问题	第七步:总结经验,巩固成果,制定相应的标准或制度	第八步:提出尚未解决的问题或新发现的问题,转入下一个PDCA循环中解决
采用的工具	排列图 直方图 管理图	因果分析图	排列图 相关关系图	—	管理图	排列图 直方图 管理图	—	—

注:调查表法和分层分析法是两种最基本的方法,在各个步骤都可能用到。

(1)循环的完整性。每一个循环都要经历四个阶段,缺一不可。

(2)循环的程序性。循环中的阶段和步骤顺序不能颠倒。

(3)循环的前进性。PDCA循环过程是一个不断前进、不断提高的运动过程,每循环一次都能解决一定的质量问题,并提出新的内容和目标,进入下一个循环。即循环一次,改善一次,提高一步,通过周而复始的循环,使质量水平如同爬楼梯一样,不断提高。PDCA循环的前进性如图9-1所示。

(4)循环的系统性。PDCA循环适用于企业各级、各方面的管理。整个企业有一个大循环,企业的各级、各部门又都有各自的小循环,依次又有更小的循环,直至每个人。通过大环套小环,环环相扣,一层一层的解决问题,形成整个企业的全面质量管理体系,如图9-2所示。

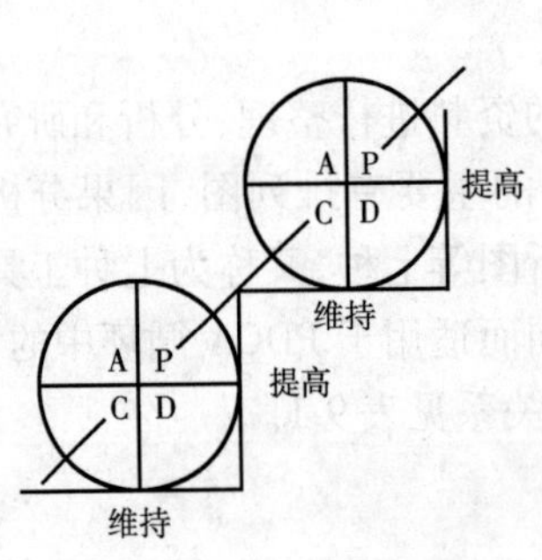

图9-1 不断提高的PDCA循环

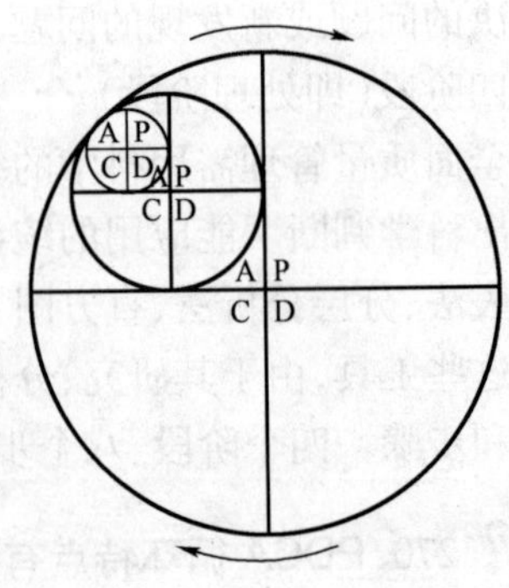

图9-2 PDCA循环体系

(5)循环的关键是处理阶段。在四个环节中,处理阶段是关键,重点在于制定标准。通过总结经验,肯定成绩,并对成绩加以“标准化”“制度化”,从而形成新的标准,并制定新的目标,使 PDCA 循环能继续转动。否则,PDCA 不再循环,质量也就无法再提高。

271. 什么是质量保证?

答:质量保证就是每一过程应做好本过程的质量保证,并对下一过程的质量要求和保证起到预防、控制作用。

272. 什么是质量反馈?

答:质量反馈就是质量形成的逆过程,凡发现上一过程质量问题,应及时反馈并请示处理。

273. 公路养护工程质量是怎么形成的?

答:工程质量形成于生产过程的全过程,对公路产品而言,即形成于勘察设计、施工准备、施工、辅助生产和养护等生产过程。公路养护工程质量最根本取决于勘察设计质量和施工质量。

274. 公路建设的质量保证体系是什么?

答:公路建设的质量保证体系就是通过必要的制度、手段和方法,把公路建设从勘察、设计、施工、辅助、使用等全过程一切影响质量的因素控制起来,使质量管理工作贯穿于公路建设的全过程。质量保证体系由政府监督、法人管理、社会监理、企业自检等四部分组成。

275. 公路养护全面质量管理应做哪些基础工作?

答:公路养护全面质量管理应做好以下五个方面的基础工作。

(1)编制质量体系文件

质量体系文件是企业开展质量管理和质量保证的基础,是质量体系审核和质量体系认证的主要依据。建立、完善质量体系文件可以进一步理顺关系,明确职责、权限和协调好各部门之间的关系。

(2)做好计量工作

通过计量工作,可以提供各方面的资料,以实现质量管理的定量化。没有计量,或计量不准,就根本谈不上正确贯彻执行质量标准。做好计量工作,起码应

做到:施工生产中所需的量具、器具及仪表配齐配全,完整无缺,能正确、合理地使用,达到使用灵活可靠。

(3)做好质量信息工作

搞好质量管理必须掌握大量准确而又齐全的第一手资料,包括施工过程中各个环节的质量信息、基本资料、原始记录、验收结果、统计分析以及用户意见等。这些信息和情报资料的收集、整理、分析和反馈,是企业提高和保证质量的巨大动力。必须注意,资料的收集要做到及时、准确、系统、全面。

(4)建立质量责任制

质量责任制,是把质量管理各方面的质量要求落实到每个部分,每个工作岗位,把与质量有关的各项要素都组织起来,形成一个严密的质量管理工作体系。

完整的质量管理工作体系,必须组织上合理,规章制度健全,责任制严密,三者缺一不可。

(5)开展质量教育,加强技术培训

全面质量管理的中心是人,TQC 认为人的质量观念比什么都重要。要培养人的质量意识,确立质量第一观念,就是要对员工进行质量教育。质量教育的内容:第一是培养质量意识,第二是学习质量管理方法。质量教育的对象:首先是各级领导,其次是全体职工。质量教育的步骤:由初级到高级,长期地、反复地进行。随着不同时期的产品、任务和客观变化情况而更新教育内容。在加强全面质量管理教育的同时,还要进行一定的技术业务培训,使职工具有保证操作质量的技术知识和业务技术能力。

276. 施工准备阶段的质量管理包括哪几个方面的内容?

答:施工准备工作是完成公路养护工程施工任务的重要前提,施工准备阶段的质量管理工作,对公路产品最终的质量有很大的影响,它主要包括以下几个方面的内容。

(1)施工方案和施工组织设计的质量保证

如果施工方案和施工组织设计在的质量不高,就难以保证在预定的成本范围内,按期交工和确保工程质量,也就不可能创全优工程。怎样来保证施工方案和施工组织设计的质量呢?第一,要讲究科学的编制程序和方法;第二,编制时要进行技术经济分析和比较,做到科学合理。

(2)检查施工准备工作的质量

按有关准备工作的计划做如下检查:①全场性的施工准备工作;②单位工程的施工准备工作;③作业条件的施工准备工作。此外还应检查临时性的生产设

施是否达到要求;施工用原材料、机械设备是否检测、试验和鉴定等。

(3)做好技术交底

做好技术交底,使施工人员熟悉工程情况、设计意图、技术要求、质量标准和施工方法和程序,做到人人心中有数。

277. 什么是施工过程的质量管理?

答:施工过程的质量管理就是质量事故的防范,是质量管理工作的重点。施工过程的质量管理,就是建立一套完整的质量保证体系,对公路施工项目的所有环节进行质量控制。

278. 施工过程质量管理的主要内容有哪些?

答:施工过程质量管理的主要内容如下。

(1)加强施工工艺管理

工艺管理好了,就可以从根本上减少废品和次品,提高质量的稳定性。加强工艺管理,主要是及时督促检查已制定的施工工艺文件是否得到认真执行,是否严格遵守操作规程等。

(2)施工过程中的工序管理

好的产品或工程质量是通过一道道工序逐渐形成的。要从根本上防止不合格品的产生,就必须对每道工序进行管理,以便及时发现缺陷并迅速予以排除,在缺陷未排除前不准进入下一道工序的施工。

(3)试验检查、测量检查和验收检查

试验检查的中心任务是对原材料、混合料的试验和检查,对工艺过程的试验、检验,对结构物强度、路基、路面压实度和平整度的试验检查等。测量检查的基本任务则是保证公路几何要素和结构物的几何尺寸符合合同、图纸和规范精度的要求。验收检查是对公路施工的单个工程或者构件,或者公路结构物的某一独立部分,或者某一部分的检查,如隐蔽工程、墙身、墩、台、梁等。验收检查的实施一般应由项目监理工程师负责,而且承包人必须履行中间交验手续,在自检合格的基础上填报中间交验申请书。

279. 施工过程质量管理的依据有哪些?

答:施工过程质量管理的依据如下。

(1)设计图纸和有关规范

严格按照设计图纸和技术规范中写明的试验项目、材料性能、施工要求和允许偏差等有关规定进行施工，没有监理工程师的同意，不得引用其他任何标准。

(2)合同条款

图纸和技术规范是对工程的具体要求，而合同条款则是要求承包人执行规范、按图纸施工的法律保证，二者结合起来才能保证工程质量达到规定水平。

280. 质量分项管理是怎么划分的？

答：结合公路的专业性质，将公路养护工程项目划分成若干工程分项，按照质量管理的基本程序和内容，依据合同条款、图纸和规范的规定，对质量进行分项管理。这样做有利于专业对口、分工明确、责任清楚，便于管理。一般可按下列分项进行划分。

(1)道路工程

①路基土石方；②路面；③路基防护及排水；④交通工程。

(2)桥隧工程

①大中桥；②隧道工程；③小桥涵；④立交。

(3)试验

①土工；②钢材与水泥混凝土；③沥青混凝土。

(4)测量

①平面及高程；②几何尺寸；③其他。

(5)材料

①外购；②当地加工。

281. 施工过程中质量管理的基本方法有哪些？

答：施工过程中质量管理的基本方法如下。

(1)设立管理点，运用数理统计方法实施质量管理控制

所谓管理点，就是设置在需要加强质量管理控制的重点工序(或重点部位)的测试点。正确设立管理点是进行工序质量管理控制的前提。管理点通常设置在：①关系到工程主要性能和使用安全的关键工序或部位；②工艺上有特殊要求，对下道工序或后续工程有重大影响的工序或部位；③质量不稳定，出现不合格较多的工序或部位；④根据反馈信息，质量不良的单位。

(2)开展质量统计分析，掌握工程质量动态

开展工人和班组的自检和互检，同时组织专业人员进行专门检验。为了充分发挥施工过程中质量管理的预防作用，必须系统地、经常地掌握各施工处、施工班组在一定的时间(月、季等)内产品质量或工作质量的现状及发展动态。为

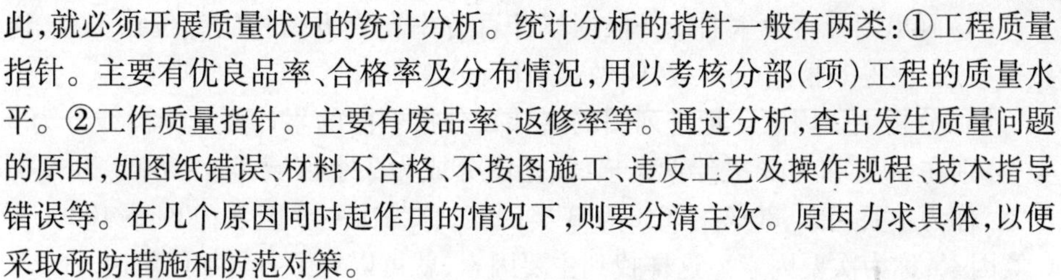

此,就必须开展质量状况的统计分析。统计分析的指针一般有两类:①工程质量指针。主要有优良品率、合格率及分布情况,用以考核分部(项)工程的质量水平。②工作质量指针。主要有废品率、返修率等。通过分析,查出发生质量问题的原因,如图纸错误、材料不合格、不按图施工、违反工艺及操作规程、技术指导错误等。在几个原因同时起作用的情况下,则要分清主次。原因力求具体,以便采取预防措施和防范对策。

第二节　公路养护工程质量管理常用统计方法

282. 质量管理常用统计方法有哪些?

答:质量管理应用的统计方法很多,常用的主要有排列图、因果分析图、调查表法、分层分析法、直方图、管理图、相关分析图等。

283. 什么是质量管理排列图?

答:排列图又称巴累托(Parto)图或主次因素排列图,这是找出影响产品质量主要问题的一种有效方法。巴累托是意大利经济学家,他最早用排列图来分析社会财富占有状况。后来,美国质量管理学家朱兰(J. M. Juran)在质量管理中采用了排列图。

把影响工程(产品)质量的缺陷、特性或主要因素(简称项目),用宽度相等、高度为该项目频数的直方,按着由高到矮的原则,由左向右排列到直角坐标中并对应画出各项目累积比率变化曲线。这种图称为质量管理用的排列图。

284. 排列图的作法是怎样的?

答:排列图的作法的主要步骤如下。

(1)决定调查对象,收集资料。确定调查对象、范围、内容等,通过实测收集一批数据,并按内容和原因进行分类。

(2)把经过整理的数据,按照频数(点数)的大小重新排列项目,计算各自的比率、累计百分率。

(3)坐标纸上画出纵、横坐标,并画出各项目的直方。在横坐标上从频数大的项目起自左到右依次写入项目名称。左边纵坐标表示频数,右边纵坐标表示累计百分率。纵横坐标的长度比一般为1:1～2:1。按照这个比例来决定刻度的间隔。各直方的宽度相等,直方之间不留空隙。

(4)画出累计百分率曲线。根据累计百分率在直方图相应部位点上点，连接这些点，便得一根曲（折）线，叫做“累计百分率曲线”。

(5)分析主要因素。把排列图的累计百分排列图的累计百分率曲线分为3类，分别在80%和90%处绘两条横线，把图分成为3个区域：0%～80%为A类因素，称为主要因素；80%～90%为B类因素，称为次主要因素；90%～100%为C类因素，称为次要因素。这样找到主要因素，就可以集中力量加以解决。

(6)写入必要事项，包括标题、期间、数字合计、工序名称、制作者等。

285. 排列图一般有什么用途？

答：排列图的主要用途有：

(1)找主要问题，即利用排列图，可以从很多问题中找出其中最主要的问题；

(2)调查质量不良及故障的原因；

(3)鉴定技术改进的成果。

286. 排列图的应用应注意事项有哪些？

答：排列图应用时，应注意事项有：

(1)制作排列图时，要掌握尽可能多的情报（资料）；

(2)要抓住关键的少数，因素分类不宜过多，突出一两个主要因素，以便集中力量去解决；

(3)要变换分层方法，从不同方面进行分类，从各种不同角度分析问题，画出排列图进行比较，这样容易从复杂的问题中找出最主要的问题；

(4)对一个问题采取措施前后都要画出排列图，对照分析，验证效果。

287. 什么是质量因果分析图？

答：因果分析图又称特性要因图或鱼刺图。它是日本东京大学教授石川馨提出的一种简单而又有效的方法，它的格式如图9-3所示。

工艺 人 机械 更小原因
大原因 次要原因
特性
材料 测量 环境

图9-3　因果分析图

288. 因果分析图的作法是怎样？

答：发生产品质量问题的原因是多方面的，但是一般总离不开机械、人、工艺、材料、测量和环境6个方面。每个原因又有它产生的具体原因（次要原

因)，而这些次要原因则是由于更小的原因形成的。把所能想到的原因分门别类的归纳起来，绘成一张树枝状或鱼刺状的因果分析图，就能搞清楚各个原因之间的关系。当然主要原因不一定是这6类，可以根据具体问题来分析，从各个不同角度来分析质量问题的起因，凡是想到的原因都要一个不漏地列在因果分析图上。

289. 什么是质量管理调查表？

答：调查表又称检查表，是用来进行数据收集、整理，并给其他数理统计工具提供依据和粗略原因分析的一种工具，是日常了解问题、监视质量情况的一种简单易行的方法。

290. 调查表根据调查目的有几种格式？

答：调查表格式各种各样，一般根据调查目的有以下几种：

(1)工序分布调查表，可用来作频数分布直方图；
(2)不良项目调查表，可用来作排列图；
(3)缺陷位置调查表，可用来调查质量状况；
(4)不良原因调查表，可用来作散布图；
(5)工程检查评定调查表。

291. 什么是质量管理分层分析法？

答：分层分析法就是性质相同的，在同一条件下收集的数据归纳在一起，以便进行比较分析。因为在实际生产中，影响质量变动的因素很多如果不把这些因素区别开来，难以得出变化的规律。分层分析可根据实际情况按多种方式进行。分层分析法的应用，主要是一种系统概念，即在于要想把相当复杂的资料进行处理，就得懂得如何把这些资料加以有系统有目的加以分门别类的归纳及统计。

292. 什么是质量管理直方图？

答：直方图又叫质量分布图。它是将收集到的数据，按一定的要求加工整理，然后画成柱状(直方)统计图，每个直方的高度代表一定范围内资料所出现的频数，从而由频数的分布情况来分析质量问题，它可以了解工序是否正常，工序能力是否满足需要等。

293. 频数分布直方图的步骤是怎样的？

答：频数分布直方图作法的主要步骤如下。

(1)收集数据。数据不能太少，太少了易使误差大，不精确，一般取50~200个。

(2)求出数据中的最大值和最小值。全体数据中的最大值与最小值之差，称为极差或散差，这个描述了数据分布范围。

(3)确定组距和分组数。散差与组数的比值为组距。分组要适当，一般以分成10组左右为宜。一般先定组数，再定组距。

(4)确定分组区间值(组界值)。为了避免数据刚好落在组界上，组界值的资料要比原资料的精度高一位。

(5)编制频数分布调查表。分组区间值确定之后，就可以绘制频数分布调查表。

(6)频数分布直方图。从频数分布调查表上可了解数据的分布情况，但为了进一步了解产品质量情况，还可画出频数分布直方图，该图横坐标表示分组区间，纵坐标表示各个组间数据发生的频数。

(7)判断质量分布状态。作直方图的目的，是通过观察图的形状，来判断产品质量是否稳定，预测生产过程的不合格品率。有正常型和异常型两种情况。正常型：图形中间高，两边低，基本近似正态分布。判断方法是用直方图与公差(或标准)进行对比，看直方图是否都在公差要求的范围内。异常型：若图形呈现孤岛形、折齿形、双峰形、陡壁形等形状，都为异常型状态，就要分析判断原因，采取处理措施。

294. 什么是管理图？

答：管理图也叫控制图，它是动态地分布和判断工序是否处于稳定状态，预报工序中是否存在影响质量异常原因的一种有效工具。管理图是典型的动态分析方法，它的控制线是用来判断工序是否发生异常变化的尺度，而决不是用来判断产品合格与否的标准。当生产处于控制(稳定)状态时，图上资料点应在控制界限范围内和在中心线两侧附近随机排列；当生产处于失控(不稳定)状态时，资料点就会出现异常情况。

295. 绘制管理图的基本方法是什么？

答：管理图的基本方法是：定期收集若干资料，分别计算其平均值和极

差，点绘成曲线；同时绘出控制上限线和控制下限线，根据资料点在控制线内的分布情况判断工序是否稳定或生产异常。

296. 管理图中判定异常情况的原则有哪些？

答：(1)资料点超过控制上、下界限。

(2)资料点在中心线一侧连续出现7次以上。

(3)连续3点中，至少有2点在中心线的上方或下方2倍方差横线以外出现者。

(4)资料点发生倾向性变化，如连续上升或下降、连续多点出现在中心线一侧。

(5)资料点保持周期性的变化等。

当生产出现上述情况后，就应及时采用全面质量管理的其他几种方法找出原因，采取措施，保证生产的正常进行。

297. 什么是相关分析图？

答：相关分析图又叫散布图，它是将两个可能相关的变量数据用点画在坐标图上，用来表示一组成对的数据之间是否有相关性。这种成对的数据或许是特性—原因，特性—特性，原因—原因的关系。通过对其观察分析，来判断两个变量之间的相关关系。假定有一对变量 x 和 y，x 表示某一种影响因素，y 表示某一质量特征值，通过实验或收集到的 x 和 y 的数据，可以在坐标图上用点表示出来，根据点的分布特点，就可以判断 x 和 y 的相关情况。

第十章

农村公路养护管理

298. 农村公路的概念和范畴是什么？

答：农村公路是指国道、省道以外的县道及县道以下的公路（县道、乡道、村道）。其技术等级主要是二级公路、三级公路、四级公路，有少数发达地区也修建了少量一级公路。

县道是指具有全县（旗、县级市）政治、经济意义，联结县城和县内主要乡（镇）、主要商品产生和集散地的公路，以及不属于国道、省道的县际间的公路。

乡道是直接或指主要为乡（镇）内部经济、文化、行政服务，为农民生产、生活服务的公路，以及不属于国道、省道、县道公路的乡与乡之间及乡村与外部联络的公路。

村道是指不属于乡道及其以上公路的乡（镇）通往建制村、建制村际间及建制村与外部联络的公路。

299. 农村公路养护管理体制是什么？

答：原则上以县级人民政府为主负责管理养护工作，省级人民政府主要负责组织筹集农村公路养护资金，监督农村公路管理养护工作。各省、自治区、直辖市人民政府可结合当地实际，对有关地方政府及其交通主管部门管理养护农村公路的具体职责作出规定。

（1）省级人民政府交通主管部门负责制定本地区农村公路建设规划，编制下达农村公路养护计划，监督检查养护计划执行情况和养护质量，统筹安排和监管农村公路养护资金，指导、监督农村公路管理工作。

(2)县级人民政府是本地区农村公路管理养护的责任主体,其交通主管部门具体负责管理养护工作。主要职责是:负责组织实施农村公路建设规划,编制农村公路养护建议性计划,筹集和管理农村公路养护资金,监督公路管理机构的管理养护工作,检查养护质量,组织协调乡镇人民政府做好农村公路及其设施的保护工作。

(3)县级人民政府交通主管部门所属的公路管理机构具体承担农村公路的日常管理和养护工作,拟订公路养护建议计划并按照批准的计划组织实施,组织养护工程的招投标和发包工作,对养护质量进行检查验收,负责公路路政管理和路权路产保护。县级人民政府交通主管部门没有设立专门的公路管理机构的,可委托省级或市级公路管理机构的派出(直属)机构承担具体管理工作,不宜另设机构。

(4)乡镇人民政府有关农村公路管理、养护、保护以及养护资金筹措等方面的具体职责,由县级人民政府结合当地实际确定。经济条件比较好的乡镇要积极投入力量,共同做好农村公路管理养护工作。

300. 农村公路的养护管理模式可以有哪些?

答:农村公路的管养,既有直接实施者,又有多个间接参与者;既有行业管理者,又有具体组织实施者。按照生产的机械化和专业化程度不同,基本养护管理模式可以分为四种,即:群众突击季节性养护、分段承包养护、道班养护、专业公司养护。

(1)群众突击季节性养护

该模式是农村公路养护中采用最多、最为广泛的一种模式。在费税改革之前,许多地方都规定了农村居民必须承担法定公路建勤义务工和车辆建勤工,利用农闲季节集中养护农村公路,这是群众突击季节性养护模式的基础。该模式组织者一般是乡级政府或者村委会,群众出劳动力,市(县)交通部门或乡(镇)级政府补助部分材料费。适用于道路等级低、交通量小、专业机械化难以开展的乡道和村道,尤其是路线长、人口密度低、地形条件相对恶劣的山区,实用意义更强。该模式的最大优点是充分发挥了农村劳动力资源丰富的长处,在一定程度上弥补了相对缺乏的农村公路养护资金。但随着费税改革的实行,“两工”逐渐取消,从政策上讲,村民已经没有进行农村公路养护的义务,乡(镇)级政府或村可通过“一事一议”的方式解决村道养护问题。但现在农村劳动力不断流出,该养护模式实施难度较大,所需费用也日益增加。

(2)分段承包养护

随着群众突击季节性维护难以组织以及养护费用不断上升，或交通量较大不能适应突击性养护的要求，农村道路的一般性养护需求逐渐加大，需要相对固定的人员进行日常养护，因此，可采用分段承包到户或组的农村公路养护模式。可根据路段等级、交通量大小、养护材料难易程度等因素测定每公里所需养护经费，然后以招投标的方法承包给农户或养护小组，并签订承包责任书。组织者一般是市（县）级公路养护部门或乡（镇）级政府。该模式是专业化、市场化养护公司的雏形或者低级形式，主要用于交通量小、等级较低的一般农村道路。养护内容也仅限于路基、路肩、边坡和低等级路面的日常性养护。优点在于易于组织，在一定程度上引进竞争机制，降低了养护成本，而且此种小规模零星形式作业模式，也比较符合农村公路分布广的特点。

(3)道班养护

该模式是与干线公路养护类似的一种养护模式，主要分为三类：一类是由县级交通管理部门负责，以道班的形式在重要农村道路沿线布设；另一类是由地方交通主管部门领导，作为其在乡（镇）级政府的派出机构，如交管所或类似机构，来管理养护生产；第三类是乡（镇）政府内设立一个机构，对农村公路进行养护管理。从目前来看，这是目前农村道路使用最为广泛的一种模式。该模式优点是由于具备一定的养护机械和相对固定的人员，公路养护质量较高，除了大中修外基本能够完成农村公路和桥涵的养护工作。缺点是与养护管理没有分开，具备一定的管理职能；乡（镇）级政府领导的道班多属临时性机构，常常面临资金困难，养护队伍不够稳定。

(4)专业公司养护

养护公司是拥有独立注册资金、相应设备及技术人员和施工资格，在工商税务部门注册登记，具有独立资金调配和人事权利，在法律上与公路管理部门处于独立平等地位的，真正面向市场的经济实体。专业公司养护真正实现了养护的管理与生产分离，按照性质可分两类，一类是适应市场的要求，有社会性资金建立起来的股份制公司；另一类是由原来的公路管理机构剥离管理职能后，经过改制建立起来的股份制公司。

农村公路养护采取专业公司养护的模式，当前也存在些问题，主要是：一是农村公路养护市场主体较少，投标不具备竞争性；另一个是资金问题；第三个是目前尚缺乏对承包人的有效监督。优点是最大限度的提高了养护资金的使用效果，充分利用专业公司养护的机具和技术力量方面的优势，对公路养护质量的提高十分有利。缺点在于，由于农村公路分布相对分散，对于农村公路养护市场不够大的地区，全面推广难度较大。

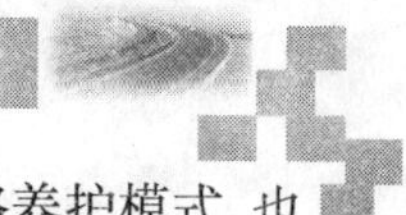

在具体的实施中可根据各地的实际状况，灵活地各种农村公路养护模式，也可应用多种农村公路的养护方式来养好农村公路。

301. 农村公路养护工程招投标如何开展？

答：养护工程按工程性质和规模大小分为改建、大修、中修、小修保养，当养护工程已组建的养护机构不能自行组织实施时，可实行对外招标承包，进行合同管理。如组建的养护机构没有组织招标能力时，可委托具有一定资质的招标代理机构进行招标代理。

对满足招投标条件的养护工程，其中招标方式可采用公开招标、邀请招标两种形式。公开招标的一般程序是：组织编制招标文件——发布招标公告——发售资格预审文件——资格预审；向资格审查合格者发售招标文件——组织投标人勘察现场；针对投标人的询问，解释招标文件中的疑点——组织编制标底和制定评标办法——组织开标并进行标书清算、算术性复核与澄清——评标并确定推荐中标人——确定中标人；履行有关批准程序——发出中标通知书——与中标人签订公路养护工程项目合同。也可参照第四章公路养护工程施工管理的有关内容进行，也可根据需要作适当的简化。

资格审查，其对象应是持有公路养护工程资质，交通部在《公路养护工程市场准入暂行规定》中符合资质要求的从业单位或根据工程要求能符合工程资质要求施工企业。

养护工程造价应以招标文件、图纸、有关养护工程资料及省级交通主管部门颁发的养护工程定额或相应的施工定额为依据，来控制工程的造价。

经过一整套招投标程序选定中标人，中标人应在接到中标通知书后，在规定的时间内与招标人签订书面承包合同。合同条款的主要内容有：承发包形式、付款和结算办法、工期要求、质量要求、现场交通组织要求、施工要求措施、解决变更的方式、主要材料供应方式和价格、验收以及违约责任、索赔办法等。承包合同签定后，招标人和中标人不得再行订立背离合同实质性内容的其他协议。承包合同的承、发包人应当按合同约定履行双方的权利和义务。

为提高农村公路养护工程的大中修、小修保养的质量管理，可采用公开招标或邀请招标的方式来确定监理单位进行质量监理，采用什么招标方式，可根据工程的规模确定。一般工程规模较小可采用邀请招标。

302. 农村公路养护资金渠道有哪些？

答：农村公路养护资金渠道如下。

(1)公路养路费(包括汽车养路费、拖拉机养路费和摩托车养路费)应主要用于公路养护,首先保证公路达到规定的养护质量标准,并确保一定比例用于农村公路养护,如有节余,再安排公路建设。具体按以下原则掌握。

一是公路养路费总收入(扣除合理的征收成本及交警费用)用于公路养护(含大中修、小修保养及其他管理养护)的资金比例不得低于80%。要采取有效措施降低人员经费支出,缓解公路养护资金紧张状况。

二是省级人民政府交通主管部门每年在统筹安排汽车养路费,市、县交通主管部门征收的拖拉机养路费、摩托车养路费实行收支两条线管理,原则上全部用于农村公路养护,由省级人民政府交通主管部门核定用于农村公路养护的基数。

(2)地方各级人民政府应根据农村公路养护的实际需要,统筹本级财政预算,安排必要的财政资金,保证农村公路正常养护。对一些特殊困难地区,中央财政要加大转移支付力度,增强这些地区的财政保障能力。随着农村公路里程的增加和地方财力的增长,用于农村公路养护的财政资金要逐步增加。

303. 如何加强农村公路养护资金使用管理?

答:农村公路养护资金统一由省级人民政府交通主管部门根据农村公路养护计划,综合平衡,统筹安排,专款专用。除市、县两级财政资金和拖拉机养路费、摩托车养路费外,其余资金全部由省级人民政府交通主管部门根据农村公路养护计划拨付县级人民政府交通主管部门;市、县两级财政资金由相应的财政部门拨付县级人民政府交通主管部门;农村公路养护资金纳入国库集中支付改革范围的,按照国库集中支付的有关规定办理。县级农村公路养护专项资金由县级人民政府交通主管部门按养护计划用于辖区内农村公路的养护,接受财政部门的监管。审计部门要定期对农村公路养护资金使用情况进行审计。

304. 农村公路养护财务管理应包括哪些内容?

答:养护资金是养好公路的前提,有效地、合理地使用好养护资金显得尤其重要。其中,加强财务管理即是使用好养护资金的重要保证。

(1)养护资金的使用原则

农村公路的养护资金虽然来源渠道较多,但总量较少,也不稳定。要管好用好来之不易的养路资金,使其发挥出应有的效益。首先要坚持养路资金专款专用的原则,其次在使用上应本着先重点后一般,以养护为主的原则。要先保小修,其次大中修及水毁修复工程,最后为改建工程。

在资金管理上,养护机构应进行独立会计核算,建立经济责任制,实行企业

化管理，充分发挥养路资金的经济效果。财务管理要主动接受上级公路管理部门的业务指导，以及上级及当地审计机关的资金审计。

养护费用的支出范围一般包括：小修保养、大中修工程、公路水毁及抢修工程、改建工程、公路设施、养护事业费、养路其他费用等。其中养护事业费的开支范围有：养路机械、车辆设备购置、养护专用小型机械厂、材料厂建设、科技开发及培训、行政管理费用等。养路其他费用的开支范围有：安全、宣传、劳动保险及用作固定职工的福利、奖励、医药抚恤等费用。

(2)加强会计核算。

会计工作是农村公路养护机构进行经济管理的主要手段，为此必须充分发挥会计职能，管好、用好养护资金，以加强财务管理，促进养路工作良性发展。

养护机构必须严格执行党和国家的财经政策、法令和规章制度，按规定的会计科目设立账户，根据会计科目的经济内容和会计核算体系组织会计核算，按照国家和上级制定的经济指标，通过账簿编制报表，在记账、算账、报账的基础上，对养护机构的经济活动进行系统的反映和监督，促使养护机构严格遵守党和国家的方针政策，认真执行财经纪律，坚决贯彻会计规章制度。

养护机构要在资金管理上精打细算，合理使用养路资金，力求以最少的耗费、最少的占用，取得最大的经济效果。要实行经济核算，正确计算公路养护成本，凡不属于养路费用开支范围的费用，不应挤占养路费。

养护机构要通过会计核算和其他核算资料，实行预测分析，发挥生产控制作用；考核投资效果，分析养路资金使用情况，及时发现计划执行中的问题，充分发挥会计核算的积极作用。

？305. 农村公路养护机械设备管理有哪些内容？

答：养路机械设备对保证养护质量、提高工作效率、减轻劳动强度、降低养护成本具有重要的作用，是实现公路养护机械化的物资基础和决定性条件。机械设备管理主要是指根据农村公路的养护实际和特点进行机械设备的选购、使用、管理等方面的工作。

(1)机械设备的选购

农村公路养护中设备的选购，要根据路面类型、同种路面的拥有量、路基情况、自然灾害情况以及经济条件、实际需要等情况进行综合考虑。在选购时，既要实用，又要经济，有条件时适当超前的原则。

(2)机械设备的使用

由于农村公路养护费用一般偏少，对购买的机械设备往往不敢有效、合理的使用,因此会造成不使用时设备闲置,使用时养护工程费开支较大的矛盾。这个矛盾不光在农村公路养护中存在,在其他公路养护中也普遍存在。

要解决这个矛盾,关键是要改变机械设备的使用管理和核算办法。对于较大型的机械设备,一是尽量将工作量集中起来,便于发挥其生产能力;二是在闲置时对外出租,让其有收入;三是当工作量饱满时,对其折旧及大修理基金采取多折多提,以加速其折旧,当出现红字后,使用时便可只支付油燃料等较低的成本费。对于小型养护设备,不按台班及工作量计提设备使用费,而是将其发生的油燃料费、修理费等直接进入养护生产成本,从而大大降低其使用费。对于不常用的机具可采用向外租赁的方法。

(3)机械设备的管理

农村公路的养护机械设备是养护机构拥有的主要固定资产,应该对其按相关制度规定管好、用好、保护好这些资产,发挥其应有的作用。

机械设备的管理。首先,养护机构应对机械设备建立登记簿和卡片。登记簿和卡片应该逐一登记机械设备的明细资料,如编号、名称、规格、技术特征、附属设备、购买年份、原值、开始使用日期、折旧率、折旧额、使用台班、使用车公里等,俗称机械设备台账。其次,要建立机械设备管理的规章制度,比如驾驶操作人员的培训和定机定人及维修保养制度、安全驾驶及操作制度等,只有在严格制度管理下才能保证机械设备的完好率和使用率。

机械设备的核算。核算时做到要反映和监督公路养护机构固定资产的调入、调出,内部转移和报废清理等增减变动情况;要反映和监督折旧基金的提存,保证固定资产更新改造资金的需要;要反映和监督大修理基金的提取和修理费用的使用情况;要提供固定资产的利用数据,促使固定资产合理使用,考核其使用效果,计算其使用成本。

306. 如何对养护人员实行合同管理?

答:农村公路养护人员中的合同工、协议工、临时工,为了明确管理方与养护人员双方的职责和权益,应根据《劳动法》和一些相关规定,应签订用工合同,实施合同管理。选择养护人员时,宜优先考虑居住在本地、有一定文化、身体健康、年龄适中和工作责任性强的人。

(1)合同一般内容及签订

合同拟定时要参照《合同法》和《建筑合同法》以及相关规定,一般包括以下内容:

甲乙双方名称、法人代表、承包(从事)项目(公路养护)名称、内容、数量(公

路养护条数、里程)、项目(公路养护)的质量要求、计酬办法、安全及要求、双方权益、违约责任、公证机关及证人等。

签订合同时,应在公开场合进行,并最好有公证机关及公证人在场。

养护人员应相对稳定,合同期不宜过短,最好一年签订一次合同。

对签订合同后的合同工、协议工,应进行上岗前培训。培训内容应是养路的基本知识、基本技能和安全知识等相关内容。上岗后,也应根据工作需要,不断地进行培训。

(2)合同执行及检查

工人在签订用工合同、参加过岗前培训后,即可上路进行养路工作。公路管理部门应定时或不定时地对其承包路段进行检查或抽查,对承包者进行指导帮助。

对按工程量进行考核的项目,当该项目完工后,应及时验收,予以结算。对按路段进行承包养护的,应按月检查,及时兑现工资。对按公路条数进行养护承包,需进行综合考核的,可先预发部分工资(合同有约定时,按合同有约定),之后按规定时间进行检查考核兑现。

(3)竞争机制的引用

签订合同的农民合同工、协议工,尽管许多人因从事养护工作时间相对较长,一段时间后,便会成为农村公路养护的骨干,为使公路养护不断地充满活力,达到优胜劣汰、奖勤罚懒的目的,也可引入必要的竞争机制,既可保住了养护骨干,有利于养护职工队伍的相对稳定,又激活了养护机制,有利于公路养护质量的不断提高。

307. 如何实现农村公路管养分离,推进公路养护市场化?

答:在对公路管理机构科学定岗和核定管理人员的基础上,逐步剥离各级交通主管部门及其公路管理机构中的养护工程单位,将直接从事大中修等养护工程的人员和相关资产进行重组,成立公路养护公司,通过招投标方式获得公路养护权。公路养护公司实行自负盈亏,与职工依法签订劳动合同,按企业用工制度进行管理。

所有等级公路的大中修等养护工程向社会开放,逐步采取向社会公开招投标的方式,择优选定养护作业单位,鼓励具备资质条件的公路养护公司跨地区参与公路养护工程竞争。逐步取消养护包干费,全面实行养护工程费制度。养护工程费由公路管理机构按照养护定额和养护工程量核定,依照养护合同拨付,充分发挥资金使用效益。对等级较低、自然条件特殊等难以通过市场化运作进行

养护作业的农村公路，可实行干线支线搭配，建设、改建和养护一体化招标，也可以采取个人（农户）分段承包等方式进行养护。

308. 农村公路的养护技术档案应包括哪些内容？

答：农村公路的养护技术档案应包括的内容如下。

（1）路况登记资料

包括公路平面略图、公路基本资料（公路路线表、路线地形描述、公路修建史、交通量情况、沿线养路材料情况）、路况示意图、构造物卡片、涵洞、挡土墙、绿化登记表等资料。

（2）公路检查与验收资料

包括大中修、改建工程的日常作业检查、中间检查、定期检查、竣工验收资料和部、省、市、县各级养护质量检查资料、养护巡查记录，均应纳入公路技术档案之范围[部、省级检查资料由省级公路管理机构存档，市（地）县级检查资料由市（地）级公路管理机构存档、巡查记录由县级公路管理机构存档]。

（3）公路大中修和改建工程档案

①工程合同造价文件（含招投标文件及决算资料）；

②施工组织设计、监理大纲及批复如施工组织设计文件及上一级管理单位批复、监理大纲及上一级管理单位批复文件等；

③技术交底文件（含设计交底会议纪要、施工图交底会议纪要、关键工程施工技术交底会议纪要）及竣（交）工验收会议纪要等；

④工程施工资料（含开工、停工、复工、竣工等报告）及水准点、控制点、基准线测量记录、施工日志、施工原始记录、监理日志、监理原始记录等；

⑤施工质量控制资料如工程项目划分表、计量仪器、设备检定（检测）资料、工程质量检验评定资料、工程质量保证资料、工程质量事故及处理资料等；

⑥工程竣工图表如竣工图目录、工程变更单与相关竣工图对照资料、工程设计变更单、业务联系单、竣工图等；

⑦工程总结资料如业主总结、施工总结、监理工作总结、工程设计总结、工程竣工验收资料等。

第十一章

公路沿线设施管理

第一节　交通标志

309. 什么是公路交通标志?

答:公路交通标志是用图形符号、颜色和文字向交通参与者传递特定信息,用于交通管理的设施。适用于公路、城市道路以及一切专用公路,具有法令的性质,车辆、行人都必须遵守。公路标志的形状、颜色、尺寸、图案种类和设置地点应按现行的《道路交通标志和标线》(GB 5768)的规定执行。

310. 公路交通标志的设置目的是什么?

答:公路交通标志标线的设置是以保证交通畅通和行车安全为目的,是为了给公路使用者提供及时、准确的道路信息,以便公路使用者根据所提供的信息在合理的时间和地点采取相应的行驶措施,达到相应的行驶目的,进而保证交通流的顺畅性。

311. 公路交通标志设置的基本要求有哪些?

答:为了能够以最佳的视觉效果来实现这些信息的传递过程,交通标志的设置必须能够满足以下基本要求。

(1)易见性。交通标志是通过人的视觉来实现信息的传递,标志的功能能否充分发挥直接受到视觉传达效果的影响。能在要求的认读距离以外吸引驾驶

人员的注意，能在标志所处的背景中清晰地显示出来。

(2)易读性。易读性的言外之意就是标志能够快速、明了的传递相关信息，能够很快让驾驶员读懂，能在瞬间理解其含义，这是交通标志设计和设置的基本要求之一。

(3)协调性。协调性就是要求交通标志提供的信息与其他来源提供的信息保持协调一致，能够真实客观的反映道路交通环境情况，不能互相矛盾。

(4)规范性。交通标志作为公众信息载体，要求用以反应信息的语言、文字、图形、符号等必须采用国家相关的规范和标准；另外，针对某条公路而言，标志设计的风格也应保证完整的规范统一性。

(5)兼顾性。交通标志的服务对象是所有的交通参与者，容易被不同文化和语言背景的人们理解，既要符合本国文化特点，又要照顾到国际通用性。

? 312. 交通标志的设置原则有哪些?

→答:(1)交通标志以确保交通畅通和行车安全为目的。应结合道路线形、交通状况、沿线设施等情况，根据交通标志的不同种类来设置。以利向公路使用者提供正确的、及时的信息。通过交通标志的引导，顺利、快捷地抵达目的地，不允许发生错向行驶。

(2)交通标志的设置应进行总体布局，防止出现信息不足或过载的现象。对于重要的信息应给予重复显示的机会。

(3)交通标志的设置应充分考虑公路使用者的行动特性，即充分考虑在动态条件下发现、判读标志及采取行动的时间和前置距离。

(4)交通标志应设在车辆行进正面方向最容易看见的地方。可根据具体情况设置在道路右侧、中央分隔带或车行道上方。交通标志的设置不得侵占建筑限界，保证侧向余宽。标志牌不应侵占人行道有效宽度和净空高度。

(5)同一地点需要设置两种以上标志时，可以安装在一根标志柱上，但最多不应超过四种。应避免出现互相矛盾的标志内容。解除限制速度标志、解除禁止超车标志、干路先行标志、停车让行标志、减速让行标志、会车先行标志、会车让行标志应单独设置。标志牌在一根支柱上并设时，应按警告、禁令、指示的顺序，先上后下，先左后右的排列。

(6)路侧式标志应尽量减少标志板面对驾驶员的眩光。在装设时，应尽可能与道路中线垂直或与道路中心线的垂直线成一定角度，指路标志和警告标志为0°~10°，禁令标志和指示标志为0°~45°。

标志立柱应保持垂直，其倾斜度不应大于立柱高度的0.3%，且不允许向车

行道一侧倾斜。

(7)交通标志的支持方式

①柱式。柱式标志不应侵入公路建筑限界以内,标志内边缘距路面或土路肩边缘不得小于25cm。标志牌下缘距路面的高度为100~250cm。柱式又分为单柱式和双柱式。单柱式指标志牌安装在一根立柱上,适用于中、小型尺寸的警告、禁令、指示等标志。双柱式指标志牌安装在两根立柱上,适用于长方形的指示或指路标志。

②悬臂式。标志牌安装于悬臂上,标志下缘离地面的高度,至少按该道路规定的净空高度设置,适用于柱式安装有困难时,道路较宽、交通量较大、外侧车道大型车辆阻挡内侧车道小型车道视线时,视距受限制时,景观上有要求时等情形。

③门式。标志安装在门架上,标志下缘距路面的高度,至少按该公路规定的净空高度设置。门架式标志适用于多车道道路(同向三车道以上)需要分别指示各车道去向时;道路较宽、交通量较大、外侧车道大型车辆阻挡内侧车道小型车辆视线时;互通式立交间隔距离较近标志设置密集之处;受空间限制,柱式、悬臂式安装有困难时;车道变换频繁,出口匝道为多车道者;景观上有要求时等情况。

④附着式。即标志安装在上跨桥和附近构造物上。附着式标志的安装高度也应符合净空高度的规定。

313. 公路交通标志分为哪几类?

答:公路路交通标志按功能分为主标志和辅助标志两大类,共320个。主标志包括警告标志、禁令标志、指示标志、指路标志、旅游区标志和道路施工安全标志六类;辅助标志附设在主标志下,起辅助说明作用,通常不单独使用。

314. 公路交通标志的类别特征是什么?

答:各类公路交通标志的特征如下。

(1)警告标志,是警告车辆、行人注意危险地点的标志。形状为等边三角形,顶角朝上,黄底、黑边、黑图案。如交叉口、急弯、铁路道口、易滑、路面不平、傍山险路等。

(2)禁令标志,是禁止或限制车辆、行人交通行为的标志,一般为圆形,白色底,红圈红斜杠,黑图案,如禁止通行、禁止停车、速度限制等。

(3)指示标志,是指示车辆、行人行进的标志,形状为圆形和矩形,蓝色底,白色图案,如直行、左转、右转、单向行驶等。

(4)指路标志,是传递道路方向、地点、距离信息的标志。形状一般为矩形,一般道路为蓝色底白色字符,高速公路为绿色底白色字符。

(5)旅游区标志,是提供旅游景点方向、距离的标志。形状为矩形,棕色底白色字符。

(6)道路施工安全标志,是通告道路施工区通行的标志。形式多样,有黄黑相间的路栏、红白相间的锥形交通路标、蓝底白字部分黄底黑图案的施工区标志及黄底黑图案、黑边框、反光、背面斜插二面红色旗的移动性施工标志等。

(7)辅助标志一般设于主标志的下面起辅助说明的作用,形状为矩形,白底黑字黑边框,可分为:用于说明车辆的种类、时间、区域或距离、禁令和警告的理由等四种,辅助标志不能单独设立。

315. 公路交通标志的三要素是什么?

答:交通标志的视认性主要考虑的因素是标志的颜色、形状和图形符号,三者称为交通标志的三要素。

(1)颜色。最先引起视觉敏感的是物体的颜色。颜色具有一定的物理、生理和心理特征,运用这些特征不仅可以使标志在第一时间里引起驾驶员的注意,帮助驾驶员迅速辨别标志的种类和含义,而且还有利于创造出更舒适、更美好的交通环境,使人产生赏心悦目的感觉。

(2)形状。驾驶员在公路上认知交通标志是从它的颜色、形状判别开始的,为了能更好地让驾驶员在行驶过程中快速准确的辨别标志的含义,在设计交通标志的时候都会赋予标志的形状和颜色以一定的意义,增加传递信息的可靠性和有效性。驾驶员在远处发现标志时,虽然看不清其字符内容,但单从其形状来判断也能对其将要表达的含义略知一二,从而提前采取相应的驾驶措施。工程心理学认为,在同样条件下(面积大小、明亮度、颜色等)以三角形的辨认效果最好,其次是菱形、正方形、圆形、六角形、八角形等。

(3)图形符号。由于交通标志要在最短的时间内给驾驶员和行人传递某种特定的信息,因此需要简洁明快、易于识别的文字和图案来表示。用图案来表示的内容形象直观、生动易懂,可使识别人不受语言、文字的限制,只要设计的图案形象、直观,不同国家、不同民族、不同语言文字的驾驶人员均可理解、认读;另外,符号具有简单、易认、明了的特点,比较符合人们日常生活中的思维习惯。

316. 道路施工安全标志分哪几类,各有什么作用?

答:道路施工安全标志分类如下。

(1)路栏,用以阻挡车辆及行人前进或指示改道。设在道路施工、养护、落石、坍方而致交通阻断路段的两端或周围。

(2)锥形交通路标,与路栏配合用以阻挡或分隔交通流。设在需要临时分隔车流,引导交通,指引车辆绕过危险路段,保护施工现场设施和人员等场所周围或以前适当地点。夜间使用时,上端应安装白色反光材料或反光导标。

(3)施工警告灯号,用以警告车辆驾驶人前方道路施工,应减速慢行。设于夜间施工路段附近。

(4)道口标柱,设在公路沿线较小交叉路口两侧,用来提醒主线车辆提高警觉,防范小路口车辆突然出现而造成意外。

(5)施工区标志,用以通告高速公路及一般道路交通阻断、绕行等情况。设在道路施工、养护等路段前适当位置,可根据道路交通情况选择使用。

(6)移动性施工标志,用以警告前方道路有作业车正在施工,车辆驾驶人应减速或变换车道行驶。移动性施工标志悬挂于工程车辆及机械之后部。

317. 关于施工警告灯号有何规定?

答:施工警告灯号分闪光灯号及定光灯号两种,安装于路栏或独立活动支架上,高度以120cm为度。其镜面闪烁频率、光度及适用地点,应符合表11-1的规定。

闪光灯、定光灯的使用范围　　表11-1

种　　类	闪光灯号(黄色)	定光灯号(红色)
镜面数	单面或双面	—
闪烁频率(次/分)	55~75	定光
发光强度(cd)	20~40	5~10
适用地点	施工区段或危险地点的起点以前	用于导向车辆行驶

318. 如何正确使用辅助标志?

答:凡主标志无法完整表达或指示其规定时,为维护行车安全与交通畅通之需要,应设置辅助标志。

(1)辅助标志的颜色为白底、黑字、黑边框。

(2)辅助标志的形状为长方形。

(3)其尺寸由字高、字数确定,按字高10cm为下限值。如有需要可增加辅助标志板的尺寸。

(4)辅助标志安装在主标志下面,紧靠主标志下缘。

(5)辅助标志的种类和使用方法:

①表示时间,即根据需要,对某些标志规定时间的范围;

②表示车辆种类,即根据需要,对某些标志规定车辆的种类;

③表示区域或距离,即根据需要,对某些标志规定区间距离或区域;

④表示警告、禁令理由;

⑤组合辅助标志,即如果在主标志下需要安装两块以上辅助标志牌时,可采用组合形式,但组合的图案不宜多于三种。

319. 如何规范使用可变信息标志?

答:可变信息标志是一种因交通、道路、气候等状况的变化而改变显示内容的标志。一般可用作速度限制、车道控制、道路状况、气象状况及其他内容的显示。主要用于高速公路、城市快速路的信息显示。可变信息标志的显示方式有多种,如:高亮度发光二极管、灯泡矩阵、磁翻板、字幕式、光纤式等,可根据标志的功能要求、显示内容、控制方式等进行选择。可变信息标志的板面应进行专门设计,其图案、文字应符合标准有关规定。

320. 交通标志版面布置的要求是什么?

答:交通标志版面布置的要求如下。

(1)布置原则。应正确处理颜色、文字、箭头、编号、图形及边框的关系,使标志版面清晰、美观;同类交通标志应采用同一类型的标志版面;门架式交通标志的各交通标志板宜统一高度、统一边框规格。

(2)交通标志采用的颜色、形状、图形符号应符合现行《道路交通标志和标线》(GB 5768)的规定。

(3)指路标志上使用的箭头应以一定角度反映车辆的正确行驶方向。

①门架式标志或跨线桥上附着式标志的箭头,用来指示车道的用途或行驶目的地时,箭头应向下,并指向该车道的中心线;用来指示出口方向时,箭头应倾斜向上,倾斜角度应能反映出口车道的线形。

②路侧安装的指路标志,表示直行方向的箭头应指向上方,表示转向方向的箭头应与转向车道的线形保持一致。同时出现向上和向左、向右的三个箭头时,指向右侧的箭头应放置在最右侧,指向上、左的箭头应放置在最左侧。

③箭头可以放置在主要标志文字的下方,或文字一侧的适当部位。

(4)公路的指路标志应采用汉字,根据需要可与其他文字并用。当标志采用中、英两种文字时,地名应用汉语拼音,专用名词应用英文。因版面规格限制

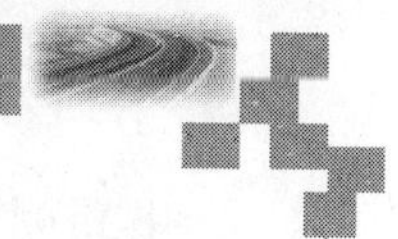

时，部分英文可以采用缩写。

（5）警告、禁令、指示标志的板面尺寸和指路标志的文字高度，应由公路的设计速度决定。指路标志的板面尺寸，还应考虑字符数量、图形符号、其他文字和版面美化等因素。

（6）地点、距离标志中，地点应放在最左侧，地名由近而远、从上到下排列。如果几个独立的标志板组成一组，则各板的长度应相同。地点、方向标志中，直行标志应设置在最上部，其下为向左、向右可以到达的地点。

（7）当路段运行速度与设计速度之差大于20km/h时，宜按运行速度对交通标志的版面规格及视认性加以检验。

321. 交通标志按设置方式有几种？

答：交通标志按设置方式有：

（1）竖立式标志：以支柱竖立于路侧或交通岛上。单柱式标志牌面由一根支柱支撑，双柱式标志牌面由两根支柱支撑；

（2）悬挂式标志：以支架悬挂于车道上方；

（3）门架式标志：牌面安装于门架结构上方；

（4）悬臂式标志：牌面安装于悬臂结构上方；

（5）附着式标志：牌面附设于构造物上。

322. 交通标志如何选择支撑方式？

答：交通标志支撑方式应根据交通量、车型构成、车道数、沿线构造物分布、风荷载大小以及路侧条件等因素综合确定。

（1）警告、禁令、指示标志和小尺寸指路标志宜采用单柱式支撑方式，中、大型指路标志可采用双柱或多柱式支撑方式。

（2）当符合下列条件时，根据需要可采用悬臂式或门架式等悬空支撑方式（版面内容少时，宜采用悬臂式）：

①交通量达到或接近设计通行能力时；

②互通式立交的设计很复杂时；

③单向有三个或三个以上车道时；

④互通式立体交叉间距较近时；

⑤出口为多车道时；

⑥大型车辆所占比例很大时；

⑦穿越多个互通式立体交叉、为保持标志信息设置位置的一致性时；

⑧路侧安装空间不足或受遮挡时；

⑨连接两条高速公路之间的枢纽互通时；

⑩出口匝道为左向出口时；

⑪平面交叉口标志或位于互通式立体交叉减速车道起点处的出口预告标志。

(3)公路沿线设置有上跨天桥等构造物，路侧设置有高挡土墙、照明灯杆等时，交通标志在满足公路建筑限界要求的前提下，可以采用附着式支撑方式。

323. 交通标志反光材料有哪些种类，其性能作何要求？

答：用于标志面的反光材料按其结构的不同可以分为透镜埋入型、密封胶囊型、微棱镜型等品种。其反光原理为：射向标志面的光线应沿入射光线的反方向返回光源。由于标志位置和车辆行驶条件的不同，用于标志面的反光材料应具有优良的广角性和逆反射性能。在不同入射角（汽车前照灯光线与标志表面法线之间的夹角）、不同观测角（汽车前照灯光线与标志反射回驾驶者眼睛的光线间的夹角）的条件下，用于标志面的反光膜的逆反射系数值应符合《公路交能标志板》（JT/T 279—1999）的规定。

反光膜按其不同的逆反射性能，可分为五个等级：一级反光膜为微棱镜型反光膜；二级反光膜为密封胶囊型反光膜，通常称高强级反光膜；三级反光膜为透镜埋入型反光膜，通常称超工程级反光膜；四级反光膜为透镜埋入型反光膜，通常称工程级反光膜；五级反光膜为透镜埋入型反光膜，通常称经济级反光膜。

324. 交通标志如何选用材料？

答：交通标志选用材料的要求如下。

(1)反光材料

采用反光膜时应选用有平滑、光洁的外表面，表面不应有明显的划痕、条纹、气泡、颜色不均匀或逆反射性能不均匀等缺陷或损伤。其防沾纸也应平滑、干净、无气泡、无污点或其他杂物。

①公路交通标志板均应采用符合现行《公路交通标志反光膜》（CB/T 18833—2002）要求的反光膜或其他逆反射材料制作。

②交通标志板采用反光膜材料时，高速公路、一级公路上宜采用一、二级反光膜，二、三级公路的交通标志宜采用三、四级反光膜，四级公路和交通量很小的其他道路宜采用四、五级反光膜。

③门架、悬臂型等悬空类交通标志，宜采用比路侧交通标志等级高的反

光膜。

④在保证均匀性和条件容许时，可以采用照明或发光二极管增加重要标志的视认效果。

(2)标志板

交通标志板可采用铝合金板、挤压成型的铝合金型材、薄钢板、合成树脂类板材等制造，所用材料应符合现行《公路交通标志板》(JT/T 279—1999)的规定，厚度应根据计算确定。

(3)支撑结构

①交通标志立柱、横梁等可采用钢管、H型钢、槽钢及钢筋混凝土等材料制作，钢管顶端应设置柱帽。钢构件应进行防腐处理。

②交通标志应设置钢筋混凝土基础，位于桥梁段的单柱式交通标志可采用钢结构附着在桥梁上。

325. 公路交通标志的管理维护要求有哪些？

答：

(1)标志的管理

①一条公路施工完成后，应对每块标志登记卡片，建立档案，以作日后更新或改装之参考与依据。每一标志安装完毕后，即建档案，登录相关资料，以作为日后更新或改装之依据。

②标志登记内容包括：管理单位，路线名、里程、桩号、道路形态，标志设计资料(标志类别、反光材料、结构形式、尺寸)，安装日期，检修记录及其他。

(2)标志的维护

①定期维护。定期维护的目的在于保持标志面整洁及文字图案的清晰，以利车辆驾驶人及行人之判读。

a)标志面清洗。每年至少清洗一次，易污染地区或路段应增加清洗次数。先用清水喷洒标志表面，再用清洁液，利用软毛刷、抹布或海绵等刷洗，再用清水冲洗干净。使用的清洁液或工具，不可擦伤标志面(使用清洁剂应先取小面积试验后，再决定用何种材料、何种清洁剂为宜，清洁液之选择应注意无磨损性、无强酸、无强碱之特性，pH值在6~8之间，不可用苯类、醇类之芳香族溶剂)。去除标志面上的柏油、油质、柴油污点或其他杂质时，可用抹布浸湿煤油、矿油精、戊烷或石油脑擦拭反光材料后，再用洗洁剂及清水冲洗。标志面清洗完成后，应进行发光性能测试。

b)支柱。每年检查一次，评定各部状况，歪、斜、锈蚀等。

c)连接件。每年检查一次,松动、脱落、丢失、锈蚀等。

d)基础。每年检查一次,稳固情况,回填土流失等。

②不定期维护。不定期维护适用于遇台风、暴雨、地震等灾害时;车祸现场对标志造成损伤时;标志附近有施工,可能危及标志基础安全时;标志前的高茎植株或树木有碍视线时。

③更新作业。发现标志有轻微损伤,应立即整修。损坏比较严重时,视情况需拆回工厂整平后,重贴反光膜。

326. 交通标志板的形状、尺寸及外观质量有何要求?

答:对交通标志板的形状、尺寸及外观质量要求如下。

(1)标志板的形状、图案、文字应符合《道路交通标志和标线》(GB 5768—1999)的规定。对标志底板的边缘和尖角应适当倒棱,使之呈圆滑状。

(2)标志板的尺寸应符合《道路交通标志和标线》(GB 5768—1999)的规定或有关设计的要求。一般外形尺寸偏差为±5mm,若外形尺寸大于1.2m时,其偏差为其外形尺寸的±0.5%。

(3)标志板应平整,表面无明显皱纹、凹痕或变形,按《公路交通标志板》(JT/T 279—1999)中6.2.1规定的方法检测,板面的不平度不应大于3mm/m。

(4)标志板不允许存在以下缺陷:裂纹、起皱、边缘剥离;明显的划痕、损伤和颜色不均匀;在任何一处面积为50cm×50cm的表面上,存在总面积大于$10mm^2$的气泡;逆反射性能不均匀。

(5)反光膜应尽可能减少拼接,当标志板的长度或宽度、直径小于反光膜产品最大宽度时,不应有拼接缝。当粘贴反光膜不可避免出现接缝时,应使用反光膜产品的最大宽度进行拼接。接缝以搭接为主,重叠部分不应小于5mm;当需要丝网印刷时,可以平接,其间隙不应超过1mm;距标志板边缘5cm之内,不得有拼接。

327. 对交通标志进行质量检验评定时应掌握的基本要求是什么?

答:对交通标志进行质量检验评定时应掌握的基本要求如下。

(1)交通标志的制作应符合《道路交通标志和标线》(GB 5768—1999)和《公路交通标志板技术条件》(JT/T 279—1999)的规定。

(2)交通标志在运输、安装过程中不应损伤标志面及金属构件的镀层。

(3)标志的位置、数量及安装角度应符合设计要求。

(4)大型标志的地基承载力应符合设计要求。大型标志柱、梁的焊接部分

应符合钢结构焊接规范的质量要求，无裂缝、未熔合、夹渣等缺陷。

(5)标志面应平整完好，无起皱、开裂、缺损或凹凸变形，标志面任一处面积为500mm×500mm表面上，不得存在总面积大于$10mm^2$的一个或一个以上气泡。

(6)反光膜应尽可能减少拼接，任何标志的字符不允许拼接，当标志板的长度或宽度、圆形标志的直径小于反光膜产品的最大宽度时，底膜不应有拼接缝。当粘贴反光膜不可避免出现接缝时，应按反光膜产品的最大宽度进行拼接。

第二节　交通标线

328. 什么是公路交通标线？

答：公路交通标线是由标划于路面上的各种线条、箭头、文字、立面标记、突起路标和轮廓标等所构成的交通安全设施。

329. 路面标线涂料是如何分类的？

答：路面标线涂料可分为溶剂型、热熔型、双组份和水性等四类。其中溶剂型、水性涂料又分别分为普通型和反光型，热熔型、双组份涂料又分别分为普通型、反光型和突起型。

330. 哪些公路必须设置反光标线？

答：高速公路、一级公路、二级公路和城市快速路、主干路应按《道路交通标志和标线》(GB 5768—1999)规定设置反光交通标线。

331. 道路交通标线按设置方式如何分类？

答：道路交通标线按设置方式分为：

(1)纵向标线，是指沿道路行车方向设置的标线；

(2)横向标线，是指与道路行车方向成角度设置的标线；

(3)其他标线，是指字符标记或其他形式标线。

332. 公路交通标线按功能如何分类？

答：公路交通标线按功能分为：

(1)指示标线,指示车行道、行车方向、路面边缘、人行道等设施的标线;

(2)禁止标线,系告示道路交通的遵行、禁止、限制等特殊规定,车辆驾驶人及行人需严格遵守的标线;

(3)警告标线,系促使车辆驾驶人及行人了解道路上的特殊情况,提高警觉,准备防范应变措施的标线。

333. 公路交通标线按形态如何分类?

答:公路交通标线按形态可分为以下四类。

(1)线条。标画于路面、缘石或立面上的实线或虚线。

(2)字符标记。标画于路面上的文字、数字及各种图形符号。

(3)突起路标。安装于路面上用于标示车道分界、边缘、分合流、弯道、危险路段、路宽变化、路面障碍物位置的反光或不反光体。

(4)路边线轮廓标。安装于道路两侧,用以指示道路的方向、车行道边界轮廓的反光柱(或片)。

334. 公路交通标线的标划如何区分?

答:公路交通标线的标划区分如下。

(1)白色虚线。画于路段中时,用以分隔同向行驶的交通流或作为行车安全距离识别线;划于路口时,用以引导车辆行进。

(2)白色实线。画于路段中时,用以分隔同向行驶的机动车和非机动车,或指示车行道的边缘;设于路口时,可用作导向车道线或停止线。

(3)黄色虚线。画于路段中时,用以分隔对向行驶的交通流。划于路侧或缘石上时,用以禁止车辆长时在路边停放。

(4)黄色实线。画于路段中时,用以分隔对向行驶的交通流;划于路侧或缘石上时,用以禁止车辆长时或临时在路边停放。

(5)双白虚线。画于路口时,作为减速让行线;设于路段中时,作为行车方向随时间改变之可变车道线。

(6)双黄实线。画于路段中时,用于分隔对向行驶的交通流。

(7)黄色虚实线。画于路段中时,用以分隔对向行驶的交通流。黄色实线一侧禁止车辆超车、跨越或回转,黄色虚线一侧在保证安全的情况下准许车辆超车、跨越或回转。

(8)双白实线。画于路口时,作为停车让行线。

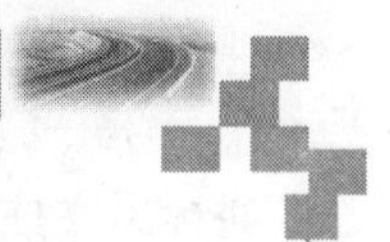

335. 一般路段交通标线的设置原则有哪些?

答:一般路段交通标线的设置原则如下。

(1)高速公路和一级公路的一般路段应设置车行道边缘线、车行道分界线;二级及以下等级的双车道公路应设置路面中心线,路面较宽或非机动车较多的路段可设置车行道边缘线。

(2)车行道边缘线应设置于公路两侧紧靠车行道的硬路肩内,不得侵入车行道内。车行道分界线应设置于同向行驶的车行道分界处。

(3)交通标线宽度应符合《公路交通安全设施设计细则》(JTG/TD81)表7.2.1的规定。

336. 特殊路段的交通标线的设置原则有哪些?

答:特殊路段交通标线的设置原则如下。

(1)经常出现强侧向风的特大桥梁路段、宽度窄于路基的隧道路段、急弯陡坡路段、车行道宽度渐变路段,应设置禁止变换车道线,线宽与车行道分界线一致。

(2)二级及以下等级的公路桥梁段与路基段同宽时,路面中心线在桥梁长度范围应设置双黄中心实线,在桥梁引道两端大于160m范围应设置黄色虚实线。公路桥梁窄于路基段时,在桥梁及两端渐变段范围内不划中心线。

(3)度窄于路基的隧道入口前30~50m范围的右侧硬路肩内应设置斜向行车方向的立面标记,线宽45cm,间距100cm;隧道入口前50~100m、出口后30~50m范围的车行道分界处应设置禁止变换车道线,线宽与车行道分界线一致。

(4)爬坡车道处交通标线应连续设置,沿行车方向左侧设置车行道分界线,其宽度、线形应与标准路段的车行道边缘线一致,右侧应设置车行道边缘线,在渐变段处过渡到与标准路段的车行道边缘线相接。

(5)路侧紧急停车带、简易停车区、公共汽车停靠站处交通标线应连续设置,沿行车方向左侧渐变段处设置长100cm、间距100cm的虚线,正常段设置实线,沿行车方向右侧宜设置车行道边缘线,在渐变段处过渡到与标准路段的车行道边缘线相接。虚线、实线的宽度与标准路段的车行道边缘线相同。

(6)路面文字标记应按由近到远的顺序排列,字数不宜超过3个,设置规格应符合《公路交通安全设施设计细则》(JTG/T D81—2006)表7.2.2的规定。最高限速值应按一个文字处理。

(7)位于中央分隔带或路侧安全净区内未加护栏防护的桥墩、隧道洞口、交通标志立柱等构造物应设置立面标记,颜色为黄黑相间,线宽及间距均为15cm。立面标记应向车行道方向以45°角倾斜。立面标记宜设置为120cm高。

(8)二级及以下等级的公路上设置减速丘设施时,应在距其两侧各30m的范围内设置减速丘预告标线。

(9)需要车辆减速或提醒驾驶员注意安全行车处,可根据需要设置减速标线。

(10)车距确认标线、车行道宽度渐变路段标线、接近障碍物标线等交通标线设置方式应符合现行《道路交通标志和标线》(GB 5768—1999)的有关规定。

(11)收费广场进口端应设置减速标线、收费岛路面标线、岛头标线,各条减速标线的设置间距应根据驶入速度、广场长度经计算确定。收费广场出口端可设置部分车行道分界线。

337. 公路平交路口标线的设置原则有哪些?

答:道路与道路平交路口的标线包括人行横道线、停止线、车行道中心线、车道分界线、导向箭头等。上述标线在设置时,应考虑交叉路口的形式、交通量、车行道宽度、转弯车辆的比率、非机动车的混入率等因素,并遵循下列原则设置。

(1)要积极开辟左转弯车道。可利用削去中央分隔带的方法,也可利用缩窄车道宽度和偏移车行道中心线的方法开辟左转弯附加车道。

(2)路口的导向车道线的长度应根据路口的几何线形确定,其最短长度为30m。导向车道线应划白色单实线,表示不准车辆变更车道。

(3)平交路口驶入段的车道内,应有导向箭头标明各车道的行驶方向。距路口最近的第一组导向箭头,设置在导向车道线的末尾。导向箭头重复设置的次数和距离,应根据平交路口驶入段的具体情况确定。一般计算行车速度大于60km/h的道路,导向箭头按导向车道线的长度重复三次;计算行车速度小于60km/h的道路,导向箭头按导向车道线的长度重复二次。

338. 互通式立体交叉、服务区、停车区出入口交通标线设置原则有哪些?

答:(1)互通式立体交叉、服务区、停车区出入口交通标线应根据互通式立体交叉、服务区、停车区的形式,准确反映交通流的行驶方向。

(2)互通式立体交叉出入口处,宜设置导向箭头。出口导向箭头的规格、重复设置次数可参考(JTG/T D81—2006)表7.2.3选取。出口导向箭头应以减速车道渐变点为基准点,间距50m。入口导向箭头应以加速车道起点为基准点,视

加速车道长度而定，可设三组或两组。

（3）二级及以上等级的公路平面交叉应设置渠化标线，其他公路的平面交叉宜设置渠化标线。导向箭头的规格、重复设置次数可参考《公路交通安全设施设计细则》（JTG/T D81—2006）表7.2.3选取。

（4）平面交叉应根据其形式、车道宽度、交叉公路的优先通行权和各种交通流量的分析结果设置渠化标线。部分示例见《公路交通安全设施设计细则》（JTG/T D81—2006）附录D。

339. 突起路标的设置原则有哪些？

答：突起路标的设置原则如下。

（1）下列情况下，应在路面标线的一侧设置突起路标，并不得侵入车行道：

①高速公路的车行道边缘线上；

②一级公路互通式立体交叉、服务区、停车区路段的车行道边缘线上；

③互通式立体交叉匝道出入口路段。

（2）隧道的车行道分界线上宜设置突起路标。

（3）下列情况下，可设置突起路标：

①高速公路的车行道分界线上；

②一级公路的车行道边缘线、车行道分界线上；

③减速标线上；

④二级、三级公路的导流线及小半径平曲线、公路变窄、路面障碍物等危险路段。

（4）突起路标可单独设置成车行道边缘线和车行道分界线。

（5）突起路标的壳体颜色、设置位置、间距应符合现行《道路交通标志和标线》（GB 5768—1999）的规定。

（6）突起路标应符合现行交通行业标准《突起路标》（JT/T 390—1999）的要求。突起路标与涂料标线配合使用时，应选用定向反光型，其颜色应与标线颜色一致。设置于路面中心线、隧道内的突起路标，应选用双面反光型。

340. 如何设置高速公路交通标线？

答：（1）公路标线应设置反光标线，能清晰地识别与辨认，并符合白天、雨天、夜间视认性规定的要求。

（2）设置“路面文字标记”处，其被覆盖部分的摩擦系数不应低于所在地段路面的摩擦系数。

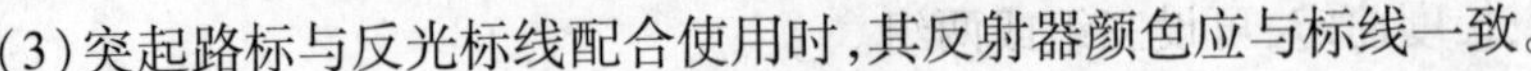

(3)突起路标与反光标线配合使用时,其反射器颜色应与标线一致。

(4)标线的设置应同标志内容相互配合,相辅相成。

341. 高速公路哪些部位应设置立面标记?

答:上跨高速公路跨线桥中墩的端面,或紧邻路基的桥台、隧道洞口侧墙的端面,或收费岛、安全岛的端面等处,应设置黄黑相间的立面标记。

342. 高速公路如何设置视线诱导标?

答:(1)高速公路主线、出入口、匝道以及线形变化较大的路段,应视需要设置轮廓标、分流或合流诱导标、线形诱导标等视线诱导标。

(2)高速公路主线应连续设置轮廓标,轮廓标的设置间距最大为50m。

主线为曲线的路段或匝道处,轮廓标的间距不应大于《高速公路交通工程沿线设施设计通用规范》(JTG/T D80—2006)表5.4.2规定。

343. 交通标线施工的要求是什么?

答:交通标线施工的要求如下。

(1)一般规定

新铺沥青混凝土路面的交通标线施工,可在路面施工完成一周后开始;新建水泥混凝土路面的交通标线施工,应在混凝土养护膜老化起皮并清除后开始。雨、雪、沙尘暴、强风、气温低于规定温度的天气,应暂停施工。突起路标宜在路面标线施工完成后安装,且不得影响标线质量。路面标线、突起路标施工过程中,应加强安全管理,维护标线涂料和突起路标的正常养护周期。

(2)材料

除设计文件另行规定外,路面标线涂料的性能、质量应符合现行《路面标线涂料》(JT/T 280)、《道路交通标线质量要求和检测方法》(GB/T 16311)的规定。除设计文件另行规定外,突起路标的性能应符合现行《突起路标》(JT/T 390)的规定,底胶可采用耐候性专用沥青胶或环氧树脂。

(3)施工

①路面标线的施工。标线施工前,应熟悉设计图、了解气象气候状况、维护车辆机械设备、根据设计要求选定标线材料,设置相应的施工安全设施,彻底清扫标线施工范围内的路面,并按设计或原有的线形要求放样。路面应清洁干燥,不得存在松散颗粒、灰尘、沥青渣、油污或其他有害材料。应根据公路横断面的具体尺寸和设计文件的要求确定标线位置和标线宽度、长度,在路面上划出标线

位置。

正式施划前应进行试划，以检验划线车的行驶速度、线宽、标线厚度、玻璃珠撒布量等能否满足要求。调试合格后才能开始正式施工。施工时，应按设计文件的要求留出排水孔，各种标线或底漆漆划后，应放置锥型路标等护线物体，加强护线措施，不应有车轮带出涂料、压漆现象。对施工中存在的缺陷，应及时修整。成型标线带和防滑彩色路面标线的施工应符合设计的规定要求。

②突起路标的施工。根据设计文件的要求确定突起路标的设置位置，反射体应面向行车方向。路面和突起路标底部应清洁干燥并涂粘结剂。突起路标就位后，应在其顶部施加压力，排除空气，调整就位。

(4)验收

路面标线的颜色、形状和标线划法应符合现行《道路交通标志和标线》(CB 5768—1999)和设计文件的规定。路面标线、突起路标的设置位置和规格应符合设计文件的规定。标线线形应流畅，与公路线形相协调，曲线圆滑，不得出现折线。反光标线玻璃珠应撒布均匀，附着牢固，反光均匀。标线涂料表面不应出现网状裂缝、断裂裂缝、起泡、变色、剥落、纵向有长的起筋或拉槽等现象。对不符合要求的标线进行修整，并将残留物清除干净。突起路标的抗压荷载应大于160kN，不得有任何破损开裂。

344. 标线施工具有哪些特殊性？

答：标线施工的特殊性是：

(1)标线施工的流动性和连续性，要求工序配合具有移动性；

(2)在开放的公路上施工，应将交通事故、阻塞等降至最低；

(3)应迅速而正确地进行施工，并保持与道路线形的协调一致；

(4)应在施工过程中对涂料、溶剂、烟火等实施安全管理；

(5)恶劣天气，如雨、雪、强风等不能进行标线施工。

345. 交通标线施工应把握的“三性一度”是指什么？

答：交通标线施工的“三性一度”如下。

(1)三性，即安全性。要求做好交通疏导工作，防止交通阻塞和事故；耐久性，应从标线涂料本身的品质与施工质量来把握；经济性，与施工组织安排的合理，全体员工积极性的发挥，涂敷设备运转是否正常有直接关系。

(2)一度，即醒目度。首先是标线涂料与路面的对比度，从涂料本身看是否变色、褪色、渗色，标线是否干净。从反光性能看，逆反射系数的大小，在恶劣气候条件下的视认效果。

346. 如何正确选用交通标线材料?

答:选用交通标线材料的要求如下。

(1)选用交通标线涂料其技术要求应符合现行《路面标线涂料》(JT/T 280)和《道路交通标线质量要求和检测方法》(GB/T 16311)和设计的要求。

(2)二级及以上等级的公路应采用反光型涂料。无照明设施的三、四级公路宜采用反光型涂料,有照明设施的三、四级公路可采用非反光型涂料。

(3)选用标线材料时,应根据标线材料的逆反射值、防滑值、抗污性能、环保性能、与路面的附着力、性价比等综合考虑。

(4)标线的厚度应根据其种类、使用位置和施工工艺按《公路交通安全设施设计细则》(JTG/T D81—2006)表7.3.4中选取。

347. 常温型涂料标线的缺陷有哪些,如何解决?

答:常温型涂料标线在施工中易产生缺陷的原因和采取的措施见表11-2。

常温型涂料标线施工产生缺陷的原因和可采取措施　　表11-2

现象	原　因	措　施
污损	①涂料干燥迟缓 ②玻璃珠撒布太多 ③施工后过早放行车辆 ④沙尘、污泥多的路面	①严格执行施工温度、涂敷量控制 ②玻璃珠撒布量适当 ③确认涂膜干燥不粘胎后再开放交通 ④彻底清扫路面
变色	①因沥青渗色 ②长期存库树脂氧化 ③长期接触防冻剂 ④涂得过厚 ⑤长时间高温加热涂料(第2类)	①使用不侵害沥青的稀释剂,稀释剂的用量遵制造厂的规定 ②不使用长期存库的涂料 ③仔细搅拌涂料,均匀后使用 ④保持规定的涂敷量 ⑤严格执行有关涂料的加温控制,不得超过规定的温度
夜间反射不良	①玻璃珠粘合性不足 ②玻璃珠撒布有堆积 ③涂料的喷射形状不好	①检查涂料的涂敷量,不能薄于设计厚度。恰当地保持玻璃珠的注入角度 ②调整玻璃珠枪,风速大时装挡板 ③调整涂料枪,检查喷射尖,使涂膜厚度均匀

续上表

现象	原　　因	措　　施
剥落	①路面未扫干净 ②路面潮湿、冻结 ③路面剩有防冻剂 ④新浇筑的混凝土路面，留有灰浆皮（脆弱层） ⑤施工后过早放行交通 ⑥难于互溶的涂料混合使用 ⑦使用不适宜的稀释剂 ⑧涂料罐内混入水 ⑨带钉齿轮胎车辆、履带车行驶	①用清扫车，钢丝刷，扫帚仔细地清扫路面 ②待路面完全干燥、部分用煤气燃烧器强行干燥 ③冲洗路面，待干燥后再涂敷 ④去除路面表皮脆弱层 ⑤待涂膜不粘胎后放行交通 ⑥要遵照制造厂的说明，不可随便找涂料原料混合使用 ⑦遵照制造厂规定的专用稀释剂 ⑧加盖保存涂料，不使雨水渗入涂料罐内 ⑨应禁止这些车碾压标线涂料
耐久性不够	①施工涂膜厚度比规定的薄 ②路面不平，部分骨干材料显著的暴露 ③路面清扫不干净 ④路面潮湿冻结 ⑤新浇筑的混凝土路面表面脆弱	①严格遵守施工速度，使获得规定的涂敷量，以保证标线厚度 ②比规定多涂一些，在凹处要涂得略厚些 ③彻底清扫路面 ④除冰除水，使路面充分干燥 ⑤开放交通，清扫路面，做好混凝土路面底漆的前道工序
裂纹	①新浇筑沥青混凝土路面保养时间短 ②涂膜过硬 ③涂膜特厚	①保养时间要二周以上 ②不使用长期存库的原料，涂料要充分搅拌均匀后使用 ③使用对沥青侵蚀不严重的快干性溶剂 ④保持规定的涂漆量
起泡	①混凝土路面表面有孔穴 ②涂料表面干燥过快 ③施工温度过高	①选择合适的底漆 ②使用表面干燥略缓的涂料 ③控制适当的温度施工

续上表

现象		原因	措施
喷射形状不良	尾部厚度不匀	①喷嘴尖不正 ②喷嘴尖磨损 ③涂料循环系统堵塞（软管、热交换器、过滤器） ④喷射压力不足 ⑤加热温度过高	①选择正的嘴尖 ②调换新的喷嘴尖 ③用稀释剂洗涤和清扫过滤器 ④检查空压机和泵，调整压力 ⑤控制适宜的温度
	飞溅	①喷嘴尖不正 ②喷嘴尖磨损 ③加热温度不对 ④过多使用稀释剂 ⑤喷射力不足	①选择正的嘴尖 ②调换新的喷嘴尖 ③控制适宜的温度 ④遵制造厂的规定，选用稀释剂 ⑤检查空压机和泵，调整压力
	脉动	①喷射压力不足 ②空压机和泵能力不足 ③喷嘴尖口径过大 ④过滤器堵塞 ⑤涂料黏度过稠	①检查空压机和泵，调整压力 ②进行检修，保持稳定的压力，或根据情况调换性能好的机种 ③调换喷吐量少的喷嘴尖 ④清洁过滤器 ⑤稀释适中，调整适当的涂料温度

348. 热熔型标线的缺陷有哪些，如何解决？

答：热熔型涂料标线在施工中易产生缺陷的原因和采取的措施见表11-3。

热熔型涂料标线施工产生缺陷的原因和可采取措施 表11-3

现象	原因	措施
涂层表面污染	①由于气温或季节的影响，涂层变软，黏性增加，容易污染 ②玻璃珠撒布量过多，易积灰尘，造成污染 ③底漆用量过多，渗入涂料中使标线污染，沥青与使用底漆不匹配，造成标线污染 ④汽车发动机滴落的油类和铁锈等造成的污染 ⑤轮胎制动痕迹 ⑥人流活动密集地点对标线的污染	①将涂料分成适用寒冷地区和温暖地区的不同品种，以满足不同软化点的要求 ②适量撒布玻璃珠 ③适量使用底漆，选用与路面材料相匹配的底漆 ④经常清扫各种路面污染，清除汽车滴漏的油污、铁锈 ⑤清除标线上的制动痕迹 ⑥清洗人流活动造成标线污染污迹

续上表

现象	原　　因	措　　施
变色	①熔融过程中温度过高而变色 ②热熔釜底部烧焦 ③长期库存变质 ④太阳紫外线照射而变色	①严格加强温度管理； ②操作前清扫； ③不使用长期库存原材料； ④选用耐热性好，具有良好耐裂解性材料。选用具有抗紫外线作用能力的添加剂
夜间反射光效果不良	①风大玻璃珠被吹散 ②玻璃珠受潮，撒落不均匀 ③预混玻璃珠杂质太多 ④撒布机摇晃倾斜 ⑤剥落的旧标线上重涂反光效果不佳 ⑥凹凸不平的路面反光不均 ⑦涂料流动性和年度不好，玻璃珠固着不好 ⑧涂料软化点太低，流动性太好，玻璃珠沉入涂料中	①玻璃珠撒布机装防风罩 ②注意玻璃珠防潮，严格撒布量 ③使用合格的玻璃珠 ④做好涂料操作中的准备工作，注重涂料质量掌握施工速度 ⑤采用先进的文撒珠机械，控制流量和均匀度 ⑥要求玻璃珠成圆率高，杂质少，透明度高，黏度适中，粒径分布合理 ⑦提高施工技术，培养熟练操作工人，提高应变能力
起皮脱落	①路面断裂处的起皮现象 ②在旧标线上施工，由于结合不好，涂料附着力不够 ③路面清扫不干净、彻底；没有用下涂剂处理 ④下涂剂涂后长时间不画线，粘上灰尘，会引起标线起皮脱落 ⑤标线涂层受路面潮湿程度影响，路面上有水，或比较潮湿一定要采取措施，干燥路面后再画线 ⑥除雪剂会降低标线与路面的黏结力，造成起皮 ⑦环境温度低于5℃，施工质量不稳定，容易引起起皮脱落，熔融温度太低，会严重影响标线与路面的黏结力 ⑧涂料熔化不充分，搅拌不均 ⑨水泥路面下涂剂选择不当，新铺水泥路面由于表面碱性大和脆性层存在，易起皮脱落 ⑩车轮胎铁链打击起皮 ⑪涂料品种与季节温度不符	①调整涂料配方，增加黏结力和柔韧性 ②将旧标线彻底除去，采用下涂剂处理，保证新旧标线很好结合，尽量选用附着力强的热熔涂料 ③彻底清扫路面 ④下涂剂干燥后应立即画标线 ⑤施工时确保路面干燥，在特殊情况下必须赶工，可用人工方法进行干燥 ⑥使用除雪剂路段必须经过雨水冲洗后才可施工，在少雨地区，可在标线范围内人工冲洗，干燥后施工 ⑦如没有下涂剂处理，环境温度宜在10℃以上施工为好。涂料涂敷到路面瞬间温度不宜低于180℃ ⑧涂料应充分熔解，充分搅匀和熟化后拆能涂敷 ⑨选用渗透型下涂剂处理水泥路面可提高附着强度。新浇水泥路面进行认真清扫 ⑩防止履带车、防滑链车压标线 ⑪应根据季节选择涂料品种

续上表

现象	原　因	措　施
裂纹	①寒冷裂纹。冬季施工,涂层遇冷收缩,产生内应力,这种应力集中在一处时,极易产生裂纹;寒冷裂纹的出现与施工季节和涂料的性能有关。春夏季节进行标线施工,由于夏季温度高,涂层变软,内部应力便会消除,产生寒冷裂纹的可能性小。寒冷裂纹的发生也跟路面状况有关。新铺设的水泥路面有脆弱的灰浆层,或养护薄膜,容易产生寒冷裂纹,沥青路面表层软弱也易产生寒冷裂纹 ②路基裂纹产生的反射裂纹。路基材料膨胀或收缩产生的裂纹,或由于不均匀下沉产生裂纹等致使路面标线出现裂纹 ③路面变软产生的裂纹,夏季气温达35℃以上,在烈日下沥青路面高温可达60℃,沥青变软,而涂料相对较硬,在车轮冲击荷载下,可能产生软路面裂纹 ④涂层表面裂纹是涂层施工后,表面出现不规则网状裂纹,这种裂纹深度较浅,但往往在此基础上进一步发展为老化开裂,使涂层损坏 ⑤圆形裂纹,指混凝土路面或多孔性沥青路面上发生的“大气泡痕迹”较圆形裂纹环 ⑥老化裂纹。涂层表面材质的劣化和自然风化作用,使标线产生裂纹,老化裂纹还由于标线涂料长期暴露在路面上,经受日晒雨淋,春夏秋冬,昼夜间温差和季节温度变化,遭受紫外线的作用,遭受周期性的膨胀和收缩而产生 ⑦微孔和起泡由于路面空穴中的空气、水分或未干的下涂剂,在涂料高温作用下膨胀或气化所引起的。起泡是膨胀气体顶起涂层而引起的,微孔则是膨胀气体穿破涂层而留下的孔洞,使涂层较普遍存在的缺陷。潮湿路面产生微孔和起泡的机率增大,这是因为道路微孔中充满水分或潮气,高温涂料使残留在微孔中的水分气化膨胀而形成微孔和气泡,下涂剂中含有某些低沸点成分,不易干燥,当残留于孔穴中未干的下涂剂,遇高温涂料时,发挥性物资急速气化膨胀,形成下涂剂微孔气泡	①防止寒冷裂纹产生首先应选择合适的施工季节,尽量避免在寒冷的冬季进行标线施工。同时要注意涂料性质的合理使用,不同季节选择合适的涂料。新铺设的水泥路面,养护时间在2周以上,路面上的脆弱灰浆层或养护薄膜,应清扫干净,表面软弱的沥青路面,应建议适当增加碾压遍数或碾压重量 ②路基裂纹产生的反射裂纹而引起的涂料开裂,一般情况下无法避免,可加强路基的施工质量 ③路面变软产生裂纹,主要指夏季,沥青路面在高温和太阳暴晒作用下,沥青变软,而路面标线涂料相对较硬,在汽车轮胎作用下产生裂纹。产生软路面裂纹的直接原因是涂料与路面的软硬程度不匹配,在冲击荷载作用下产生的,适当调整配方可以缓解 ④要防止涂层的表面干裂,应从选用相容性好的树脂和添加剂入手,注意控制施工温度 ⑤圆形裂纹多产生在水泥路面主要系下涂剂处理不良造成 ⑥老化裂纹,要选择合适的涂料,防止涂层提前老化,表现施工应严格控制温度,确保前处理的质量,防止起泡 ⑦微孔、起泡不仅影响标线外观,而且减少了涂层与路面实际结合的面积,因而严重影响涂料的附着性和使用寿命。因此要选用流动性好熔点低的涂料品种。保证路面干燥,雨后要经过充分日照后再进行施工。选择干燥快的下涂剂,严格控制施工温度要注意环境温度的配合

续上表

现象	原　因	措　施
表面状态不良	①涂层表面有纵向条纹,是由于热熔涂料在加热过程中产生局部烧焦,也可能有异物混入;涂料斗槽口有缺陷或有涂料焦渣附着等造成纵向条纹 ②涂层表面有横向条纹是由于涂料斗槽振动,涂料黏度过大路面不平等原因 ③涂层麻点,是涂料本身流动性和自流平性不好也由于沥青路面石料级配过大,产生路面麻坑过多造成的,表面状况不良有操作控制不当,涂料温度控制不严,涂料没有充分搅拌和熔化,或涂料加热时间过长,温度过高,引起涂料中的有机成分裂解和挥发,使涂料粘度上升,流动性变差	①表面状况不良影响标线外观质量,影响夜间反光效果,首先从涂料加热熔化抓起,严格控制温度,不允许出现烧焦和异物混入;施工前检查机械,斗槽,处于正常状态 ②彻底清扫路面,不使斗槽振动,选择较好涂料 ③掌握好施工温度,斗槽刮板及时检修
标线变形	①标线扭曲变形为沥青软化造成 ②轮胎压痕和斑迹	①防止沥青软化,采用改善沥青的技术,如使用该性沥青等 ②选择合适黏度和较好流动性的优质涂料 ③加强施工管理,涂膜干燥后开放交通
耐磨性不良	①标线磨损与交通量有关,交通量大,车到变换频繁,一般涂料磨损就快;涂料磨损也与标线厚度有关。标线磨损与道路条件有关,路面较脏又尘土和小石子存在,将会加速标线的磨损 ②标线的耐磨性与涂料本身有关,就是生产配方的调节,加入一些耐磨性填料如石英砂等	要保证热熔标线有较长的使用寿命,就要根据不同的气候条件选择涂料配方,购买质量可靠的性能稳定的原材料。在熔化过程中严格控制温度,搅拌均匀,在施工过程中掌握标线施工速度,确保厚度的均匀性,保持路面清洁

349. 如何安全使用公路涂料及其底漆和稀释剂?

答:公路涂料及其底漆和稀释剂是一种易燃易爆的危险品,在使用中应注意以下几点。

(1)公路涂料和底漆、稀释剂的种类及安全使用限量见表11-4。

公路涂料和底漆、稀释剂安全使用限量　　表11-4

危险品的种类	公路涂料	底漆、稀释剂	
	第1类、第2类	第4类、第2石油类	第4类、第1石油类
限定数量	2 000L	500L	100L

①超过上述限定数量的涂料、底漆、稀释剂等危险品,应放入储藏仓库内,不

能随意放在其他场所。

②在制造厂，储藏仓库及使用地，除危险品使用人（交付证件），或者甲种或乙种危险品使用人以外，其他任何人均不得使用该危险品。

③车辆搬运超过限定数量时，车上要挂特殊标志。

（2）一般规则

①严禁烟火：有火或火花飞溅的地点，危险物品不可接近。“吸烟、烘炉、焊接或有火花溅出的电气器具等均不得靠近”。

②灭火器（粉末灭火器）要装备在能快速使用的位置。

③装涂料、底漆、稀释剂的容器要密封后储存。

④要避免在气温容易上升的场所储存。

⑤避免涂料长期存库。长期存库容易使颜料沉淀，涂料使用前要充分搅拌。

⑥黏附有涂料的棉丝、手套等要放在有盖的金属容器内，并在当天进行处理。

⑦放入开口滚筒内的物品，滚筒要竖立储放。

⑧储存或使用时，不要随便翻倒、摔落、冲击容器，或者做拖拉等粗暴行为。

⑨施工现场要求通风良好，特别是在工厂、仓库、隧道内施工，一定要通风。对施工机械进行调整或冲洗时也应注意通风。

⑩操作时尽量不要使涂料等接触皮肤，必要时要穿戴防护服和戴防毒面具，保护手套等，以免吸入蒸发气体引起中毒。

⑪从容器内倒进倒出溶剂时，注意不要溢出，如有溢出时则须进行撒砂等善后处理。

⑫涂料等黏附在工作服上时，要立即将污染地方擦掉。

⑬施工结束，要充分洗手、漱口。

？350. 热熔型涂料使用时应注意哪些事项？

➡**答**：热熔型涂料使用时应注意以下几点。

（1）储藏在室内，防止潮湿。不要直接放在混凝土或泥地上，上面要铺衬板，涂料应放置在衬板上，在施工现场如不得不放在室外保管时，要加盖防雨布，，使之不受雨淋，并尽快使用。

（2）避免储藏在气温容易上升的场所。不要放置在阳光直射的地方或放置在关闭不通风的仓库内，这种地方易成为高温的处所。

（3）避免长期存库，应遵循先入库先使用的原则，否则会引起原料的氧化。

（4）储藏时应堆放整齐，防止堆料倾倒下来。

(5)一般都有指定的使用期限,要在使用期限内施工。

(6)使用操作场所通风要良好。

(7)涂料倒进倒出时不要使其受污染。

(8)操作时要穿戴防护手套,必要时需戴防尘面具。

(9)涂料粉末溅进眼内时,或黏附在皮肤上时,要快速地用水冲洗干净。

(10)施工结束后要充分洗手、漱口。

(11)涂料等黏附在工作服上时,要尽快将污染地方擦掉。

351. 如何安全使用标线施工用的LP气(液化石油气)?

答:安全使用标线施工用的LP气(液化石油气)注意事项如下。

(1)储藏应遵守以下安全规则:容器周围2m范围内,不准有火源或引火、发火性物品,但如容器外围设有混凝土(混凝土预制块)的围墙,则不在此限。容器要始终保持在40℃以下。原则上,容器不可以叠放,但10kg以下的容器,如有防止翻倒、摔落等的措施,则可叠放二层。充气容器、有余气的容器要分开堆放,并要安装密闭阀门。

(2)搬运。在运输车辆的两侧和后面应贴上醒目的警示标记;在运输过程中要避免太阳暴晒,容器要始终保持在40℃以下;50kg容器的阀缘突出处,如未装护板的要安装螺帽;要采取防止容器翻倒、摔落受冲击而使阀门受损伤的安全措施。搬运时动作不可粗暴;搬运前,要检验随带的灭火器,及应急措施的材料和工具;除容器装卸作业以外,停车时要避免停在学校、医院等附近,或停在住宅区等人口稠密的地区,搬运者不得擅离职守;在搬运装载充满气体的容器,其质量不满3t时,为了防止搬运中发生事故,应将必要的注意事项记入薄册交给驾驶员,并且在搬运中要始终携带着。

352. 如何落实标线施工安全管理?

答:标线施工安全管理的主要工作如下。

(1)施工前的管理

包括健康管理(休息、睡眠、体育锻炼等的合理安排及监督);操作工序的划分、人员分工、各负其责;与交警部门、公路管理机构商量有关(交通管理事项)的实施方案;服装、工作服的纽扣是否有掉落,安全帽、手套、笛、臂章、安全背心有否缺少;检查车辆:亮灯灭灯、油、水、燃料、制动器、轮胎、转向灯等是否正常齐全,要注意定期检修、保养;划线设备检查:螺栓、螺帽是否松动、管道是否有损伤或泄漏现象,压力调整器、煤气燃器、压缩机、电器布线、冷水、油、灭火器等是否正常齐全;备有必需的工具,并能熟练使用;检查交通管理用设施:交通锥、路栏、诱导标、施工安全标志、手旗、方向灯、警告标志等是否齐全;材料器材装载在车上时,要绑扎缆绳,固定,不使掉落、翻下。

(2)施工中的管理

①要根据公路的宽度、交通量、地形、白天黑夜及施工现场状况,合理组织施工,注意交通安全;注意车辆停放位置的安全;学习交通安全法律法规的,配备必要的交通安全设施,确定交通诱导方案;合理安排和组织施工方法。

②防止操作事故:在服装方面,要扣上纽扣,戴上安全帽,系上帽带,穿靴子、安全背心、手套等;防止火灾、爆炸方面,液化石油气、公路用涂料第1类、第2类、底漆、稀释剂是否有泄漏、液化气体是否有引火的危险;防止烫伤方面,靠近加热的地方或熔解第3类涂料含水时要注意水蒸气的喷射;防止其他伤害方面,要注意在修刮标线时,当心手、衣服被卷入旋转的器具中,防止划线器从汽车上掉落下来。

③对危险品、液化石油气、灭火器、熔解釜、划线机具等设备和装置,一定要有专人负责,大家都要熟悉使用要点和注意事项。

④施工过程中,指挥和各方作业人员的信号联系要迅速可靠。

(3)施工后的管理

在确保交通安全的前提下撤消临时交通安全设施;清除一切有火源的地方,密封液化石油气的阀门;放松一切有气压或其他压力的机器压力。如压缩机、空压管道、底漆喷雾机等;装载第1类、第2类公路用涂料、底漆及稀释剂的容器要加盖和塞头;在整修机器、材料和工具等的同时,要对下一个施工地区进行准备;施工后要进行讨论和检查,总结经验教训,以利不断改进施工管理和安全工作。

353. 路面标线的维护管理包括哪些内容?

答:路面标线的维护管理主要如下。

(1)检查与评价

标线的检查主要是外观检查、剥落程度、可见性、裂纹及磨损量等,根据检查结果可以对标线的清晰程度、磨损状况作出评价。标线的评价方法有外观评价、剥落程度评价、夜间视认性评价、昼夜视认性评价、滑动摩擦阻力测定、裂纹测定、综合评价、标线的老化性能调查等。

(2)路面标线的重涂

根据检查,路面标线由于磨损几乎已经失去功能时,并且其严重磨损的长度达到该路段的一半时,应尽快安排重涂。在重涂前应调查旧标线位置是否需要

进行必要的调整，如标线位置不变，则可根据标线残留痕迹重划。重划前应对路面进行彻底的清扫，清除缝隙中的灰砂及松动的涂膜，再喷洒下涂剂。重涂时，应针对标线磨损严重的路段，分析原因，寻求对策，首先应选用适合当地气候条件的涂料，选择最佳的涂料配方。在涂料熔化过程中，应搅拌均匀，严格控制温度，确保涂料的黏结力和流动度。在施工过程中注意控制标线的厚度。同时根据道路交通状况在需要提高标线夜间识认性时，除选用预混玻璃珠的涂料外，还应考虑面撒玻璃珠。

(3)路面标线的去除

路面标线使用一段时间之后，由于交通管理方面的改变，或由于立体横断设施的建立，改变了原有的路面标线体系。在重划标线以前，必须去除原有的标线。路面标线的去除方法有物理去除法和化学去除法，两种方法常常混合使用，以达到去除目的。物理去除法是指用机具凿敲、切削、打磨的机械方法，如切削法、喷砂法；化学去除法是指用化学反应的方法使涂膜变成容易清除的物质的方法，如溶解法和燃烧法。

第三节　公路其他设施管理

354. 公路安全设施的实施原则是什么？

答：公路安全设施应遵循“安全、经济、环保、有效”的原则，针对整治路段中影响交通安全的主要因素，采取综合治理措施进行整治，以避免只侧重被动防护而盲目设防或过渡设防，造成对环境及景观的破坏，实施路段工程措施应注意和周围景观的和谐。并按照“轻重缓急、分步实施”来确定公路安全设施的实施计划，同时考虑发挥整条路线的规模效益，在新、改建公路及大中修工实施中可同步实施安保工程。

鼓励采用经过论证的新技术、新材料、新工艺和新产品。

355. 哪些路段应设置安全设施？

答：急弯、陡坡、连续下坡、视距不良和路侧险要路段没有达到如下指标之一，且 2km 范围内 3 年发生过 1 起死亡 3 人以上的事故或 500m 范围内 3 年发生过 3 起以上死亡事故的路段，作为公路安全设施实施路段的判定标准。

(1)急弯路段

指平曲线半径(R)小于下列数值的路段。

——单个急弯

二级公路(设计车速 40km/h)$R < 125$m

三级公路(设计车速 30km/h)$R < 60$m

四级公路(设计车速 20km/h)$R < 30$m

——连续急弯路段

连续有三个或三个以上小于下列半径(R)的平曲线,且各圆曲线间的距离(L)小于下列长度的路段。

二级公路(设计车速 40km/h)$R < 125$m $L < 50$m

三级公路(设计车速 30km/h)$R < 60$m $L < 35$m

四级公路(设计车速 20km/h)$R < 30$m $L < 25$m

受公路周边环境等因素影响,有些连续急弯路段危险性要高于单个急弯路段,在选取实施路段时,可结合事故情况将连续急弯的 R 取值适当放宽。

(2)陡坡路段

是指纵坡($I\%$)大于下列数值的路段。

二级公路(设计车速 40km/h)$I > 6$

三级公路(设计车速 30km/h)$I > 7$

四级公路(设计车速 20km/h)$I > 8$

(3)连续下坡路段

是指连续里程大于 3km、多个连续下坡且平均纵坡($I\%$)大于下列数值的路段。

二级公路(设计车速 40km/h)$I > 4.5$

三级公路(设计车速 30km/h)$I > 5$

四级公路(设计车速 20km/h)$I > 5.5$

连续下坡路段的长度越长,危险性越大。在具体选取路段时,可以结合事故情况,将平均纵坡适当降低。

(4)视距不良路段

是指会车视距(L)不满足设计车速要求的路段。

二级公路(设计车速 40km/h)$L < 150$m

三级公路(设计车速 30km/h)$L < 80$m

四级公路(设计车速 20km/h)$L < 60$m

(5)路侧险要路段

是指陡崖、沟深、填方边坡高度或路肩挡墙高度 $h \geqslant 4$m 的路段,或至路肩边缘水平距离小于 3m 有湖泊、铁路等路侧险要的路段。

356. 护栏防护等级有哪些?

答:设置于一般公路上的护栏,按防撞等级划分,有:B、A、SB 三级。每一种护栏碰撞条件见表 11-5。

护栏等级与碰撞条件　　表 11-5

等级	碰撞车速(km/h)	车辆质量(t)	碰撞角度(°)	最大碰撞能量(kJ)	加速度(g)
B	40	10	20	70 以上	≤20g
A	100	1.5	20	160 以上	≤20g
	60	10	20		
SB	100	1.5	20	280 以上	≤20g
	80	10	20		

注:$g=9.81m/s^2$

357. 各级护栏适用条件是什么?

答:护栏的适用条件见表 11-6。

护栏适用条件　　表 11-6

公路等级	设计车速	适用护栏等级		
		一般区间路侧危险程度 2 级	有可能造成重大伤害的区间路侧危险程度 3 级	和铁路、高速公路相交的区间路侧危险程度 4 级
二~四级	60km/h 及以上	B	A	SB
	40km/h 及以上		B	

注:一般区间:路侧危险程度 2 级,需要设置护栏的地方;有可能造成重大伤害的区间:路侧危险程度 3 级,路侧危险于一般区间,护栏需要加强的地方;和铁路、高速公路相交的区间:路侧危险程度 4 级,有可能造成严重后果、路侧特别危险,需要重点保护的路段。

358. 根据不同的路段情况,护栏该如何设置?

答:护栏的设置主要是根据路侧危险情况进行设置。路侧危险程度主要分成 4 级,1 级 ~4 级,路侧越危险,级别越高。

(1)1 级

路侧有一定宽度的净区,边坡坡度较缓,车辆驶出以后可以自己驶回公路,即使不能驶回公路,也不会产生事故。

可以不设护栏。

(2)2 级

路侧净宽度较小,边坡坡度较陡,车辆驶出以后不能驶回公路,会产生事故,事故严重程度较轻。

可以设置 B 级护栏。

(3)3 级

路侧净宽度较小,边坡坡度较陡,车辆驶出以后不能驶回公路,路外有坚硬障碍物或水域,会产生事故,事故严重程度较重。

路堤高度不很高,但是路外是巨石滩,车辆驶出后事故较严重。

车辆驶出路外,可能闯入相邻公路或碰撞上跨公路的墩柱引发二次事故。

根据公路等级和车速,可以设置 B 级或 A 级护栏。

(4)4 级

公路上跨铁路。可以设置 SB 级护栏。

359. 哪些路段应设置避险车道?

答:对于连续长大下坡,在驶出路外事故频发路段,在地形地势合适的地点修建避险车道。

(1)连续下坡或陡坡路段小半径曲线前方:连续下坡路段或陡坡路段与小半径平曲线相接是事故多发点。在车辆驶入小半径曲线前,沿曲线切线设置避险车道。

(2)连续长下坡的下半部:从驾驶员行车心理角度,驾驶员更易接受长坡路段下半段使用避险车道。

360. 公路安全设施的实施步骤怎样?

答:安全设施的实施步骤如下。

(1)收集基础数据

通过走访有关部门及现场调查,收集交通事故、运行车速、路况、路侧条件、交通及气象条件等资料。

①交通事故数据:按路线汇总的交通事故数据(尤其是近 3 ~ 5 年)、事故地点、事故对象、事故形态、事故类型、事故结果和事故原因等。

②运行车速数据:对因超速易发交通事故的路段做重点调查,并通过实地观测获得运行车速数据。

③公路技术指标等数据:应收集的公路技术指标数中的公路几何设计要素

（平曲线半径、纵坡、路基宽度等）、平面图、纵断面图、标准横断面图、路面结构图等。此外，还要掌握与公路安全设施紧密相关的交通标志、标线、安全防护设施等的现状、路侧环境等。

④交通量资料：年平均的交通量及主要交通构成况等。

⑤气象资料：应收集的气象资料雾、雪、雨、大风及其季节规律，以及沿线特殊气象特征，如侧向风、积雪、局部雾团等。

⑥现场踏勘：对已有相关资料的校核，如几何线形、交通设施状况、自然环境、交通状况及交通事故发生现场的校核等。重点掌握路侧危险程度、交叉口的位置与环境、沿线道路环境等重要信息。同时，对技术资料缺乏的公路，应对重点路段进行几何要素测量，如纵坡、平曲线、路面宽度等。为分析交通事故原因、拟定和校核设计方案奠定坚实的基础。

（2）确定实施路段

在确定公路安全设施实施路段前，应结合本辖区公路交通的基本情况，按照"轻重缓急、分步实施"的思路制定本辖区实施总体规划，以发挥整条路线的规模效益。

确定实施路段时，应首先根据沿线交通事故分布情况（应具体到百米桩或具体的出入口、交叉口），确定事故多发点、段。然后结合实施路段判定标准中的公路技术指标，最终确定具体实施路段。确定事故多发点、段时，应剔除明显与公路技术状况无关的事故数据，如：酒后驾车、扒车等，并按路段分析造成交通事故的主要原因。

确定具体实施路段时，对于不符合实施路段判定标准中的公路技术指标要求，但属事故多发点、段，应加强这些路段的交通管理工作，并进一步论证交通事故的成因。如果通过增设警告标志、防护设施等措施对预防和减少交通事故有明显作用，可以将这些路段纳入公路安全设施实施路段。

（3）确定设计方案

对实施路段存在的技术隐患和交通事故原因进行深入分析，制定实施方案，并进行经济和技术分析，最终确定实施安全保障工程的设计方案。

确定设计方案时，应根据事故原因采取综合处治措施，针对影响交通安全的主要矛盾制定设计方案。设计完成后，还应在实施路段现场进行设计方案论证和校核，检查设计的工程措施是否针对事故形态、原因，是否与现场环境协调，是否和前后路段协调，是否便于现场实施等。避免警告标志林立、处处设防和处治措施单调呆板等情况。

鉴于安全保障工程实施路段的路线情况较为复杂，设计单位应做好设计现场交底和施工过程中的设计配合工作,及时解决施工过程中出现的技术问题,确保设计意图实现。

(4)工程施工、验收

应按照相关技术标准和管理规定组织工程的施工和验收工作。建立健全符合公路安全设施特点的质量监管体系,确保工程质量。同时,严格施工现场管理,合理布设施工作业区,做好交通组织管理工作,保证交通安全及现场施工人员安全。

(5)效果评价

应适时收集工程实施后的防护设施破坏情况(分人为破坏和车辆破坏)及实施路线的交通事故数据变化情况,对工程实施效果作出客观评价,为完善公路安全设施相关技术标准提供依据。

361.公路安全设施养护有哪些内容?

答:公路安全设施的养护内容主要包括检查、保养维护和更新改造。养护应满足设施完整性、外观质量、安装质量、技术性能等各项质量要求。养护时应尽可能使用与原工程建设性能相同或相近的材料。

(1)养护检查

公路安全设施养护检查包括日常巡查、经常性检查、定期检查、特殊检查和专项检查。应及时对交通安全设施进行各项必要的检查。经常性检查的频率不少于1次/月;定期检查的频率不少于1次/年;遭遇自然灾害、发生交通事故或出现其他异常情况时,应及时进行附加的特殊检查;设施更新改造之后,应进行全面的专项检查。

(2)保养维护和更新改造

应结合设施特点,加强对公路安全设施的保养维护和更新改造。因交通事故、自然灾害或其他原因造成的设施损伤应及时进行修复。

对于事故多发路段和一些特殊路段,应结合公路安全设施方面的技术内容,及时改造完善各种公路安全设施。

第四节　公路交叉的管理

362.平面交叉改善一般有哪些规定?

答:平面交叉改善前应收集交叉道口的交通管理方式、交通量、交通延误、几何构造、设施现状、交通事故数量、程度及其原因等,并根据其确定相应改

善措施。

(1)通过平面交叉的改善,确保交叉范围的各种视距和平面交叉的安全距离。

(2)按下述原则,完善平面交叉的渠化:四车道以上的多车道公路平面交叉必须予以渠化。二级公路的平面交叉,应予渠化。三级公路的平面交叉,当转弯交通量较大时应予渠化。

(3)当交通管理方式不完善时,应完善交通管理方式,完善或重新设置标志、标线。

(4)当多车道公路位于人口密集区时,应指定行人和非机动车的越路场所,改善行人越路设施,如增设越路避险岛、建设天桥或通道等。

? 363.公路与公路平面相交有哪些要求?

➔答:公路与公路相交应符合以下规定。

(1)一般规定。

①平面交叉设计原则。平面交叉位置的选择应综合考虑公路网现状和规划、地形、地物和地质条件、经济与环境因素等;平面交叉形式应根据相交公路的功能、等级、交通量、交通管理方式、用地条件和工程造价等因素而确定;平面交叉选型应选用主要公路或主要交通流畅通、冲突点少、冲突区小,且冲突区分散的形式;平面交叉几何设计应结合交通管理方式并考虑相关设施的布置;平面交叉范围内相交公路线形的技术指标应能满足视距的要求;相交公路在平面交叉范围内的路段宜采用直线;当采用曲线时,其半径宜大于不设超高的圆曲线半径。纵面应力求平缓,并符合视觉所需的最小竖曲线半径值;平面交叉设计应以预测的交通量为基本依据。设计所采用的交通量应为设计小时交通量;平面交叉处行人穿越岔路口的设施应根据行人流量、公路等级和交通管理方式等设置人行横道或人行天桥或人行通道;平面交叉的几何设计应与标志、标线和信号设施一并考虑,统筹布设。视距不良的小型平面交叉,可根据具体情况设置反光镜;平面交叉改建时,除应收集交通量以外,还应调查交通延误以及交通事故的数量、程度、原因等现有交叉的使用状况。

②交通管理方式。平面交叉根据相交公路的功能、等级、交通量等可分别采用主路优先交叉、无优先交叉或信号交叉三种不同的交通管理方式。公路功能、等级、交通量有明显差别的两条公路相交,或交通量较大的T形交叉,应采用主路优先交叉交通管理方式。相交两条公路的等级均低且交通量较小时,应采用无优先交叉交通管理方式。下述交叉应采用信号交通管理方式:两条交通量均

大,且功能、等级相同的公路相交,难以用“主路优先”的规则管理时;两相交公路虽有主次之别,但交通量均较大(主要公路双向交通量大于或等于600辆/h,次要公路单向交通量大于或等于200辆/h,采用“主路优先”交通管理方式会出现较频繁的交通事故和过分的交通延误时;主要公路交通量相当大(主要公路双向交通量大于或等于900辆/h),而次要公路尽管交通量不大,但采用“主路优先”交通管理方式,次要公路上的车辆由于难以遇到可供驶入的主流间隙而引起不可接受的交通延误,或出现冒险驶入长度不足的主流间隙而危及安全时;两相交公路的交通量虽未达到上述程度,但由于有相当数量的行人和非机动车穿越交叉而引起交通延误,甚至造成阻塞或交通事故时;环形交叉的入口因交通量大而出现过多的交通延误时,则入口应采用信号管理。

③平面交叉设计速度。平面交叉范围内主要公路的设计速度,宜与路段设计速度相同。两相交公路的功能、等级相同或交通量相近时,平面交叉范围内的直行车道的设计速度可适当降低,但不应低于路段的70%。次要公路因交角等原因改线,或因条件受限采用较低的线形指标时,可适当降低设计速度。转弯车道的设计速度应根据路段设计速度、交通量、交叉类型、交通管理方式和用地情况等因素综合确定。

④平面交叉交角与岔数。平面交叉的交角宜为直角。斜交时,其锐角应不小于70°;受地形条件或其他特殊情况限制时,应不小于60°。平面交叉数不应多于四条;岔数多于四条时应采用环形交叉。环形交叉的岔数不宜多于五条,有条件实行“入口让路”规则管理时,应采用“入口让路”环形交叉。新建公路不应直接与已建的四岔或四岔以上的平面交叉相连接。

⑤平面交叉渠化设计四车道及其以上的多车道公路的平面交叉,必须作渠化设计。二级公路的平面交叉,应作渠化设计。三级公路的平面交叉转弯交通量较大时,应作渠化设计。三级公路、四级公路的平面交叉交通量较小时,可不作渠化设计。

⑥平面交叉间距。平面交叉的间距应根据公路功能、等级,及其对行车安全、通行能力和交通延误的影响确定。一级公路、二级公路作为干线公路时,应优先保证干线公路的畅通,采取排除纵、横向干扰措施,平面交叉应保持足够大的间距,必要时可设置立体交叉。一级公路、二级公路作为集散公路时,应合理设置平面交叉,宜将街道式的地方公路或乡村道路布置在与干线公路相交的次要公路上,或与干线公路平行而只提供有限出、入口的次要公路上。一级公路作为干线公路时,平面交叉最小间距一般值为2 000m,最小值为1 000m;作为集散公路时,最小间距为500m。二级公路作为干线公路时,平面交叉最小间距为

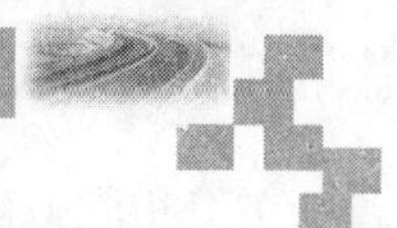

500m，作为集散公路时，最小间距为300m。

(2)平面交叉处公路的线形

①平面线形。平面交叉范围内两相交公路应正交或接近正交，且平面线形宜为直线或大半径圆曲线，不宜采用需设超高的圆曲线。新建公路与等级较低的现有公路斜交时，交角不应小于70°。若交角过小，则次要公路在交叉前后一定范围内应作局部改线。

②纵面线形。平面交叉范围内，两相交公路的纵面宜平缓。纵面线形应满足停车视距的要求。主要公路在交叉范围内的纵坡应在0.15%～3%的范围内；次要公路紧接交叉的引道部分应以0.5%～2.0%的上坡通往交叉。主要公路在交叉范围内的圆曲线设置超高时，次要公路的纵坡应服从主要公路的横坡。

③立面设计。平面交叉的两相交公路共有部分的立面形式及其引道横坡，应根据两相交公路的功能、等级、平纵线形、交通管理方式等因素而定。采用"主路优先"交通管理方式的交叉，应使主要公路的横断面贯穿交叉，而调整次要公路的纵断面以适应主要公路的横断面；当调整纵断面有困难时，应同时调整两公路的横断面。分隔的右转弯车道或右转弯附加路面上，各处的高程和横坡应满足相交公路共有部分及其相邻的局部段落的岔路的立面、转弯曲线所需的超高、整个交叉范围内的路面排水和路容的需要。平面交叉范围内的路面排水应流畅，并以此作为立面设计的主要考虑因素之一。包括隐形岛在内的任何部分路面上不得有积水。

(3)视距

①引道视距。每条岔路上都应提供与行驶速度相适应的引道视距。引道视距在数值上等于停车视距，但量取标准为：眼高1.2m；物高0。各种设计速度所对应的引道视距及凸形竖曲线的最小半径应符合规定。

②通视三角区。两相交公路间，由各自停车视距所组成的三角区内不得存在任何有碍通视的物体。条件受限制不能保证由停车视距所构成的通视三角区时，则应保证主要公路的安全交叉停车视距和次要公路至主要公路边车道中心线5～7m所组成的通视三角区。安全交叉停车视距应符合规定。

(4)转弯设计

平面交叉转弯曲线的线形及路幅宽度应根据车辆转弯行迹确定。转弯曲线所采用的设计车型及行驶速度规定如下：各级公路，应以鞍式列车(总长16m)行迹设计。左转弯曲线的行驶速度采用5～15km/h；大型车比例很少的公路可采用5km/h。条件受限制时，可采用载货汽车(总长12m)以较低速行驶的行迹设计。公路等级低、交通量不大时，可不设右转弯车道，其行驶速度可与左转弯

车道相同或略高一些。设置分隔的右转弯车道,行驶速度不宜大于40km/h;当主要公路设计速度小于或等于60km/h时,右转弯行驶速度不宜低于其50%。

转弯路面内缘的最小圆曲线半径和线形规定如下:鞍式列车在各种转弯速度情况下,路面内缘的最小圆曲线半径符合规定。转弯路面边缘线形应符合车辆转弯时的行迹。非渠化平面交叉以载重汽车为主,转弯路面边缘可采用半径15m的圆曲线。当按鞍式列车设计时,路面边缘可采用符合转弯行迹的复曲线。渠化平面交叉的右转弯车道,其内侧路面边缘应采用三心圆复曲线;左转弯内侧路面边缘以一单圆曲线来控制分隔岛端的边缘线。

(5)附加车道及交通岛

①右转弯附加车道。主要公路设计速度大于或等于60km/h时,应在主要公路上增设减速分流车道和加速汇流车道。两条一级公路相交或一级公路与交通量大的二级公路相交时,其右转弯运行应设置经渠化分隔的右转弯车道。一级公路、二级公路的平面交叉中,符合下列情况之一者应设置右转弯车道:斜交角接近于70°的锐角象限;交通量较大,右转弯交通会引起不合理的交通延误时;右转弯车流中重车比例较大时;右转弯行驶速度大于30km/h时;互通式立体交叉连接线中的平面交叉右转弯交通量较大时。

②左转弯车道。四车道公路除左转交通量很小者外,均应在平面交叉范围内设置左转弯车道。二级公路符合下列情况之一者,应设置左转弯车道:与高速公路或一级公路互通式立体交叉连接线相交的平面交叉;非机动车较多且未设置慢车道的平面交叉;左转弯交通会引起交通拥阻或交通事故时。左转弯车道,应由渐变段、减速段和等候段组成。左转弯等候段长度应不小于30m。当左转弯交通量很小时,可不考虑等候长度。

③变速车道。变速车道的长度根据相交公路的主次、类别和变速条件等规定。变速车道为等宽车道时,其长度应按规定另增加渐变段长度。公路的设计速度大于或等于80km/h,且直行交通量较大时,右转弯变速车道应采用附渐变段的等宽车道;否则,宜采用渐变式变速车道。当直行车道的通行能力有富裕,或条件受限制而难以设置应有长度的加速车道时,可采用较短的渐变式加速车道。

④渠化平面交叉中应按下列情况设置交通岛:需专辟右转弯车道时应设置导流岛。信号交叉中,左转弯为两条车道时,左转车道与同向直行车道间宜设置导流岛。左转车道与对向直行车道间应设置分隔岛。T形交叉中,次要公路引道上的两左转弯行迹间应设置分隔岛。对向行车道间需提供行人越路的避险场所,或需设置标志、信号立柱时,应设置分隔岛。

⑤交通岛类型。当被交通岛分隔的车行道有不少于两条的车道，或虽为一条车道但设置绕避故障车辆的加宽时，或岛中需设置标志、信号柱时，应采用由缘石围成的实体岛。岛的面积较小，或不需要，或不宜采用强行分隔时，宜采用在路面上由标线示出的隐形岛。岛的面积很大时，宜采用由附宽度不小于0.5m的路缘带的行车道围成的浅碟式岛。

364. 在公路上增设平面交叉道口应报哪些资料?

答:在公路上增设平面交叉道口，应事先向交通主管部门或者其设置的公路管理机构提交申请书和设计图或者平面布置图，申请书主要内容有：主要理由、地点（公路名称、桩号）、施工期限、安全保障措施。

365. 公路与铁路平面相交有哪些要求?

答:公路与铁路相交应符合以下规定。

（1）公路与铁路平面相交，以垂直交叉为宜。必须斜交时，其交叉的锐角应不小于70°；受地形条件或其他特殊情况限制时，应不小于60°。

（2）道口应设置在汽车规定瞭望视距的地点外。瞭望视距为汽车驾驶者在距道口相当于该级公路停车视距并不小于50m处，能看到两侧铁路上火车的范围。道口不得设置在铁路站场、道岔、桥头、隧道洞口及有调车作业的地段附近。受地形等条件限制汽车在距铁路最外侧钢轨5m处停车后，小于规定的汽车驾驶者的侧向瞭望视距的道口必须设置看守。

（3）道口附近的铁路路线以直线为宜。公路路线宜为直线，道口两侧公路的直线长度，从最外侧钢轨算起，不应小于50m。

（4）道口两侧公路的水平路段长度（不包括竖曲线），从铁路最外侧钢轨外侧算起，不应小于16m。紧接水平路段的公路纵坡，不应大于3%；当受地形条件及其他特殊情况限制时，不得大于5%。对于重车驶向道口一侧的公路下坡路段，紧邻道口水平路段的纵坡不应大于3%。

（5）道口应设置坚固、平整、稳定且易于翻修的铺砌层，其长度应延伸至钢轨以外2.0m。道口两侧公路在距铁路钢轨外侧20m范围内，宜铺筑中级以上路面。道口铺砌宽度和公路引道宽度均不应小于相交公路的路基宽度。

366. 公路与乡村道路平面相交有哪些要求?

答:公路与乡村道路相交应符合以下规定。

（1）平面交叉以垂直相交为宜。当必须斜交时，其交叉的锐角应不小于

70°;受地形条件或其他特殊情况限制时,应不小于60°。

(2)交叉处公路两侧的乡村道路直线长度应各不小于20m。

(3)交叉处公路两侧应分别设置不小于10m的水平段。紧接水平段的纵坡不应大于3%,困难地段不应大于6%。

(4)平面交叉处应使驭手或驾驶者在距交叉20m处,能看到两侧二、三级公路相应停车视距并不小于50m范围内的汽车。视线范围内不得有障碍物。

(5)经常有履带耕作机械通行时,交叉范围内的公路路面、路肩应进行加固,且公路路基边缘外侧的乡村道路应各设置不小于10m的加固段。

367. 公路与沿线单位出入道路平面相交有哪些要求?

答:公路与沿线单位出入道路相交时,交叉道口的交叉角度应为直角或接近直角,交叉道口应设置在公路直线路段上,不准在设置超高的弯道上修建交叉道口。沿线单位出入道路在公路边缘应有不小于10m的水平段,紧接水平段的纵坡一般不大于3%。

交叉道口应有良好的视距,在距交叉道口不小于20m范围内,与交叉公路的停车视距长度所构成的三角形范围内,应保证通视。

368. 公路与架空送电线相交有哪些要求?

答:公路与架空送电线交叉应符合以下规定。

(1)公路与架空送电线路相交,以垂直交叉为宜。必须斜交时,其交叉的锐角应不小于70°;受地形条件或其他特殊情况限制时,应不小于60°。

(2)公路从架空送电线路下穿过时,应从导线最大弧垂与杆塔间通过,送电线路导线与送电线路导线与公路交叉处的距路面的垂直距离不小于下表规定值。

公路交叉处距路面的垂直距离不小于下表11-7规定值。

送电线路与公路交叉处距路面的最小垂直距离 表11-7

架空送电线路标称电压(kV)	35~110	154~220	330	500
距路面最小垂直距离(m)	7	8	9	14

(3)架空送电线路导线与路面的垂直距离,应根据最高气温情况或覆冰无风情况求得的最大弧垂和根据最大风速情况或覆冰情况求得的最大风偏进行计算确定。

369. 公路与原油、天然气输送管道相交有哪些要求?

答:公路与原油、天然气输送管道相交应符合以下规定:

(1)公路与原油、天然气输送管道相交,以垂直交叉为宜。必须斜交时,其交叉的锐角宜不小于60°;受地形条件或其他特殊情况限制时应不小于45°。

(2)原油、天然气输送管道与高速公路、一级公路相交,应采用穿越方式,埋置地下专用通道;原油、天然气输送管道穿越二级公路、三级公路、四级公路时,应埋置保护套管。

(3)穿越公路的地下专用通道的埋置深度,除应符合石油天然气行业标准的荷载相关规定外,还应符合《公路桥涵设计通用规范》(JTG D60—2004)的有关规定,并按所穿越公路的车辆荷载等级进行验算。穿越公路的保护套管其顶面距路面底基层的底面应不小于1.0m。

(4)严禁天然气输送管道利用公路桥梁跨越河流。原油、天然气输送管道穿(跨)越河流时,管道距大桥的距离,不应小于100m;距中桥不应小于50m。

(5)严禁原油、天然气输送管道通过公路隧道。

(6)各种管线跨越公路的设施,不得侵入公路建筑限界,不得妨碍公路交通安全、损害公路设施,也不得对公路及其设施形成潜在威胁。

第十二章 公路机电系统养护管理

370. 公路机电系统包含哪些子系统?

答:公路机电系统包括监控系统、通信系统、收费系统、供电照明系统等。

371. 机电系统的维护应遵循哪些基本要求?

答:机电系统的维护基本要求如下。

(1)对公路机电系统应进行预防性、经常性和周期性维护。应根据机电系统的实际运行情况制订常规保养和维护计划,做好进度安排,确保维护工作的正常实施。对于使用时间较久、接近或已达到使用年限的设施的维护,应根据实际使用状况,及时安排大、中修和改建工程。

(2)应加强技术管理,做好相关竣工资料和工程技术档案工作,为公路机电系统的维护提供可靠的技术依据。

(3)公路机电系统的维护和管理应依靠科技进步,积极应用新设备、新技术、新材料和新工艺,保障公路机电系统的正常运行。

(4)公路机电系统的维护必须贯彻安全生产的方针,制订安全技术措施、加强安全教育和技术培训,安全操作、文明施工,确保维护安全和系统安全。

372. 机电系统维护的一般规定是什么?

答:机电系统维护的一般规定如下。

（1）公路机电系统的维护应保证监控设施运行正常、收费系统工作可靠、通信系统信息畅通、供电和照明系统状况完好。

（2）在日常维护工作中，应加强对机电系统的检查和测试，及时掌握机电系统的运行情况，发现异常现象应及时报告，尽快修复。

（3）对机电系统较大的故障和缺陷，应根据设备损坏的程度和对系统的影响范围，及时安排大、中修或抢修工程，对损坏严重或已不能正常运行的系统，应根据实际需求进行改建。

（4）应加强通信系统的维护管理，并应重视网络安全和数据库安全，建立完善的公路机电系统维护和管理制度，为公路机电系统的正常运行提供可靠平台。

373. 机电系统的管理包括哪些主要内容？

答：机电系统管理包括如下主要内容。

（1）维护管理：指对机电系统的小修保养、中修、大修、改建工程、专项工程等工作的管理。

（2）故障管理：指对机电系统的不正常运行状况和环境条件的检测、隔离和调整，在故障状况下的维护管理。故障管理宜采用故障自动诊断系统。

（3）性能管理：指对机电系统的设备运行性能状况的检测、控制，以及对设备的运行指标的统计、分析，对性能调整所进行的管理。

（4）配置管理：指根据机电系统的运行需求，对系统进行升级、扩容的管理。

（5）安全管理：①应加强公路机电系统维护作业的安全管理，应对维护人员进行安全操作和安全用电的培训和考核；②应加强公路机电系统计算机和网络的安全管理，应配备经过专门培训的技术人员进行网络和数据库的管理，应采用符合安全要求的计算机软件、终端和网络架构。

（6）综合管理：对人机界面、报表、软件、账目，以及运行状况统计等工作的管理。

（7）技术档案的管理：公路机电系统维护管理部门应加强技术档案的管理，保证技术档案完整、准确，并应有专人负责管理。宜采用机电系统计算机辅助管理系统，安排维护计划，建立系统日常运行和维护日志、记录和统计报表。

机电系统的工程验收，必须同时对竣工图纸、技术资料、软件文档等技术档案进行核查，并整理归档。

374. 机电系统的维护包括哪些主要内容？

答：应包括如下主要内容。

(1)小修保养

小修保养分为常规保养、常规检查与测试、软件与数据维护、小修等内容。

小修应以系统正常运行为原则,小修过程不应中断系统的正常运行。对设备和系统的小修可采用定期轮修和发生故障重点检修的方法。

(2)中修工程

中修工程主要包括对已损坏系统设备(部件)的更换和修复、应用软件的局部升级、系统局部扩容等工作内容。实施中修工程时,不应影响系统的正常运行和各项业务的正常开展。

(3)大修工程

大修工程主要包括系统设备更换、子系统重建和系统局部扩容等工作内容。

在大修工程中,应对工程涉及的内容进行详细设计,设计应充分考虑现有系统情况,充分利用现有系统的设备、软件和数据。系统设计应完整,与相互系统的关联应良好。

(4)改建工程

改建工程的工作内容主要包括:①机电设备的全面扩容;②通信系统的改造;③应用系统软件的全面升级;④供电与照明系统的改造。

在改建工程中,应对工程涉及的内容进行详细设计,设计应充分考虑现有系统情况,充分利用现有系统的设备、软件和数据。系统设计应完整,与相互系统的关联应良好。

(5)专项工程

专项工程是指在自然灾害时,或其他特殊原因需要对机电系统进行修复或整修,使公路机电系统恢复和处于良好的技术状态。

? 375. 监控系统是由哪些部分组成的？维护的一般规定是什么？

答:监控系统的设备一般包括监控中心设备(地图屏、投影显示屏等)、外场设备(区域控制器、匝道控制器、可变信息标志、气象检测仪等),车辆检测器以及隧道与特大桥梁的专用设备等。

应定期对监控系统的地图屏、投影显示屏、监视器、区域控制器、匝道控制器、车辆检测器、可变信息标志、闭路电视、气象检测仪等设备的工作环境、状态和性能进行检查和测试。

隧道监控的计算机管理、车辆检测器、标志与交通信号灯、闭路电视、紧急电话、广播、火灾报警、环境检测装置、照明控制、通风控制等系统的维护应符合《公路隧道养护技术规范》(JTG H12—2003)的规定。

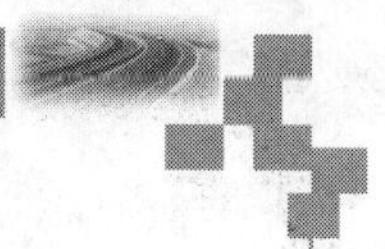

376. 收费系统维护的包括哪些内容?

答: 收费系统维护的主要内容是:

(1)系统的功能测试;

(2)计算机软件的测试和维护;

(3)浪涌保护器(包括电源和信道)的性能检测;

(4)外场设备防尘、防水、防震、防雷等性能的维护;

(5)收费系统的设施进行除尘、保洁和除锈保养;

(6)收费中心、收费站的计算机系统的维护相关规定执行;

(7)应建立维护记录,包括维护人员、维护时间、维护内容、设备状态等。

377. 通信系统维护的一般规定是什么?

答: 公路通信系统由光电缆传输线路、数字传输系统(包括准同步数字系列 PDH、同步数字系列 SDH)、数字程控交换机、IP 网络设备、紧急电话系统和无线通信系统等组成。

378. 公路沿线的专用变配电设施主要由哪些部分组成?

答: 公路沿线的专用变配电设施主要由电力变压器、高低压配电装置、继电保护及信号装置、补偿电容和其他附属设备、专用计量设备和配电线路等组成。

参考文献

[1] 中华人民共和国行业标准. JTJ 073—96 公路养护技术规范. 北京:人民交通出版社,1996.

[2] 中华人民共和国行业标准. JTJ 075—94 公路养护质量检查评定标准. 北京:人民交通出版社,1994.

[3] 公路养护作业管理规程. 北京:人民交通出版社,2004.

[4] 马敬坤. 公路施工组织设计. 北京:人民交通出版社,2002.

[5] 张秉刚. 公路财务管理学. 北京:人民交通出版社,1994.

[6] 许永明. 公路养护与管理. 北京:人民交通出版社,2000.

[7] 贺晓红. 公路养护工程材料与管理. 北京:人民交通出版社,2004.

[8] 贾长海. 公路养护机械与养护机械化. 北京:人民交通出版社,2004.

[9] 孟华. 公路施工与养护管理. 北京:人民交通出版社,2005.

[10] 中华人民共和国行业标准. GB 5768—1999 道路交通标志和标线. 北京:人民交通出版社,1999.

[11] 中华人民共和国行业标准. JTG F80/1—2004 公路工程质量检验评定标准(第一册 土建工程). 北京:人民交通出版社,2004.